———————————— 님의 소중한 미래를 위해
이 책을 드립니다.

나의 첫 메타버스 수업

메타버스가 궁금한 사람이라면 꼭 알아야 할 50가지

나의 첫 메타버스 수업

이재원 지음

메이트북스

메이트북스 우리는 책이 독자를 위한 것임을 잊지 않는다.
우리는 독자의 꿈을 사랑하고,
그 꿈이 실현될 수 있는 도구를 세상에 내놓는다.

나의 첫 메타버스 수업

초판 1쇄 발행 2021년 11월 1일 | **지은이** 이재원
펴낸곳 ㈜원앤원콘텐츠그룹 | **펴낸이** 강현규·정영훈
책임편집 안정연 | **편집** 오희라 | **디자인** 최정아
마케팅 김형진·이강희·차승환 | **경영지원** 최향숙 | **홍보** 이선미·정채훈
등록번호 제301-2006-001호 | **등록일자** 2013년 5월 24일
주소 04607 서울시 중구 다산로 139 랜더스빌딩 5층 | **전화** (02)2234-7117
팩스 (02)2234-1086 | **홈페이지** blog.naver.com/1n1media | **이메일** khg0109@hanmail.net
값 18,500원 | **ISBN** 979-11-6002-355-8 03320

우리는 이미 가상현실 안에 살고 있다.
"We're living in science fiction".

• 젠슨 황 (엔비디아 CEO) •

"그래서 메타버스가 뭔데?"라고 묻는 이들에게

메타버스가 한국에서 화제가 되기 시작한 것은 지난해 12월쯤입니다. 메타버스에 대한 이야기가 막 나올 즈음 저도 몸담고 있는 유튜브 채널 〈티타임즈TV〉에 메타버스를 개괄하는 첫 영상을 게시했습니다. 국내에서는 메타버스를 소개하는 초기 영상이었던 덕에 30만 회에 가까운 조회수를 모으며 많은 관심을 받았습니다.

이후 많은 이들이 메타버스를 다뤘습니다. 유튜브와 지상파를 가리지 않고 메타버스의 개념에 대해 이야기했고, 수혜주를 언급했습니다. 테크기업들도 "메타버스는 미래의 인터넷"이라며 메타버스 기업이 되겠다고 나섰습니다. 한국의 대기업들도 너도나도 메타버스에 뛰어들었습니다. 저도 많은 독자들의 요청으로 이런 움직임에 대해 분석했습니다.

여전히 질문은 끊이지 않습니다. "메타버스가 그래서 뭘 바꾸는데?" "메타버스가 꼭 필요해?" "그래서 메타버스가 돈이 돼?" 가장 답하기 어려운 질문들입니다. 이런 질문에 답변을 주저하는 사이 메타버스 게임도 쏟아지고, 우리가 즐겨 하던 인스타그램, 페이스북까지 메타버스의 일종이라는 말까지 나오고 있습니다.

"메타버스를 하려면 뭘 해야 하느냐"는 질문도 많이 받았습니다. 기업에 다니는 분들도 업종을 가리지 않고 메타버스와 관련한 사업 기획안을 마련해야 하는 데 뭘 해야 할지 모르겠다고 호소했습니다. 여전히 명쾌한 답을 주지는 못합니다.

그 사이 메타버스는 반짝 유행하는 마케팅 용어, 즉 '버즈워드 Buzzword' 취급을 받기 시작했습니다. 최신 기술에 대한 관심을 유도하고 판매하기 위한 수단에 불과하다는 것이죠. 하지만 제 생각은 다릅니다. 메타버스 세상은 이제 막 시작했습니다. 막 땅을 뚫고 올라온 새싹이 눈에 띄기는 쉽지 않습니다. 이런 생각은 메타버스에 대해 취재하면 할수록 강해집니다.

메타버스를 게임으로, SNS로 정의하는 시선도 있습니다. 하지만 메타버스를 간단하게 정의하기란 생각보다 쉽지 않습니다. 콘텐츠 한두 개, 서비스 한두 개로 완성될 세상이 아니기 때문입니다. 메타버스는 엄청난 산업의 변화가 따라올 기술의 진화입니다. 화려한 몇몇 완성품에 가려진 이면을 봐야 합니다. 예를 들어 자동차 산업을 생각해보겠습니다. 운전자의 입장에서 '자동차 산업'이라고 하면 완성차 업체를 떠올리게 됩니다. 한국의 현대차, 기아차, 미국의 포드, GM, 독일의 아우디폭스바겐, 메르세데스-벤츠 같은 회사들 말이죠.

하지만 자동차 산업을 자세히 뜯어보면 그 끝을 가늠하기가 어렵습니다. 완성차 업체를 비롯해 자동차를 제어하기 위한 전장(전자·전기장치) 기업, 전기차의 시대가 오면서는 배터리 회사까지 자동차 산업에 포함됩니다. 자율주행차가 발달하면서 자율주행차를 위한 반도체 회사와 인공지능 개발 회사까지 자동차 산업군에 편입되고 있습니다.

이처럼 하나의 산업이 태동한다는 것. 그리고 그 산업이 세상을 바꾸는 데에는 어마어마한 변화를 동반합니다. 이 과정에서 관련 기업들에도 많은 기회가 따라옵니다. 이 기회를 제대로 잡아내는지에 따라 기업의 부침이 결정되기까지 합니다.

메타버스도 마찬가지입니다. 하늘에서 뚝 떨어진 개념과 기술 같지만, 사실은 그렇지 않습니다. 오랜 기간 발전해 온 게임과, 그 게임을 구성하는 철학들. 함께 발전해온 컴퓨터 그래픽, 그리고 이를 한데 연결하는 5G 네트워크 등 수많은 기술이 얽히고설켜 메타버스 세상의 문을 열고 있습니다. 메타버스 세상과 메타버스 기술을 활용하는 갖은 아이디어가 소환되고 있습니다. 마치 아이폰이 처음 등장했던 2007년을 보는 것 같습니다. 많은 이들이 스마트폰 속으로 자신의 서비스를, 새로운 아이디어를 집어넣었습니다.

모두가 성공한 것은 아닙니다. 스마트폰을 제대로 이해하고 이용하는 이용자들의 특성을 제대로 반영한 기업만이 살아남았습니다. 모바일 환경에 맞는 사용자 경험을 제공한 기업들은 더 크게 성장했습니다. 그렇지 않은 기업들은 그저 자신을 스마트폰에 욱여넣은 것에 불과했죠.

메타버스 세상 역시 같은 흐름을 보이고 있습니다. 새로운 기술에 올라타려는 이들이 우선은 세상 이곳저곳에 묘목을 심고 있습니다. 이들이 무엇이 될지는 아직 알 수 없습니다. 하지만 분명한 것은 메타버스의 문법은 다르다는 것입니다. 소비자와 생산자의 경계가 무너지고, 많은 것들이 탈중앙화decentralized되는 세상입니다. 그리고 이를 만족시킬 새로운 직업이 등장하겠죠.

기업들 입장에서 중요한 것은 딱 한 가지입니다. 혁신의 본질은 새로운 사용자 경험이라는 것입니다. 기술은 곁가지일 뿐이죠. 메타버스 세상에서, 메타버스 기술을 통해 어떤 사용자 경험을 제공할지, 어떤 효용을 건넬 수 있을지를 고민해야 하는 이유가 여기에 있습니다. 이 산업에 투자해보고 싶은 투자자의 입장에서는 이를 정확히 알고, 기업들이 어떻게 변화하는지, 그리고 나는 이 세상에서 무엇을 할 수 있을지를 고민해봐야 합니다.

그런 점에서 메타버스를 다시 정리하고, 돌아보았습니다. 어떤 기술의 물줄기가 모여 메타버스라는 거대한 강을 만들었는지 정리했습니다. 메타버스의 어떤 요소들이 모여 어떤 새로운 체제를 만드는지 살펴보았습니다. 따라가기 벅찰 정도로 빠르게 변화하는 메타버스 흐름 속에서 도움이 되는 정보들을 최대한 모으고 정리해보았습니다. 메타버스 세상에 뛰어들고자 하는 이들에게 좋은 가이드북이 되었으면 하는 바람입니다.

좋은 제안을 주시고, 한 권의 책으로 완성될 수 있도록 도와주신 메이트북스 관계자 여러분과, 많은 도움을 준 〈티타임즈〉 팀원들에게 감사의 말씀을 전합니다. 마지막으로 더운 여름, 지난한 집필 과정 내내 옆에서 응원해준 사랑하는 아내 유연에게도 고마움을 전합니다.

이재원

CONTENTS

PART 2
메타버스의 뿌리, 실감기술

PART 3
메타버스를 주도하는 플랫폼

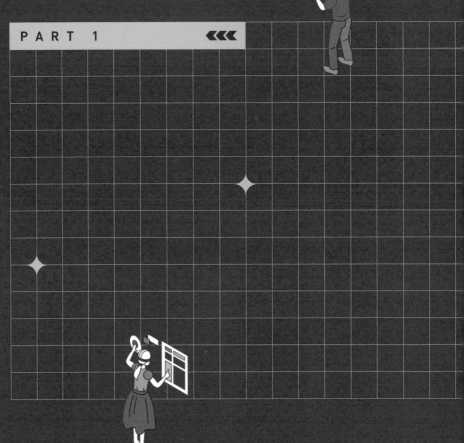

메타버스란 무엇인가?

메타버스에 대한 정의는 아직 모호하다. 어떤 이들은 게임이라고, 어떤 이들은 SNS라고 말한다. 왜 같은 것을 두고도 이렇게 다양한 정의를 내리게 되는 것일까? 메타버스로 발전해온 서비스에 대한 경험이 모두 다르기 때문이다. 경험의 차이는 메타버스를 구성하는 요소를 받아들이는 방식에서도 차이를 가져온다. 메타버스는 어디서 와서 어디로 가는 것인지, 메타버스의 요소는 무엇인지를 살펴보고 메타버스에 대한 정의를 다시 내려본다.

METAVERSE

◄◄◄

우리는 메타버스를
어떻게 이해하고 있을까?

2030년 시장규모 1,770조!
스마트폰처럼 우리 삶을 바꿀 것이란 메타버스를 어떻게 이해하고 있을까?

┃ 성큼 다가온 미래, 메타버스 ┃

"메타버스가 오고 있다The metaverse is coming."

전 세계 그래픽카드 시장 점유율 1위 반도체 회사 엔비디아Nvidia
의 CEO 젠슨 황의 선언입니다. 우리에게 메타버스 세상을 활짝 열
어젖힌 한마디였습니다. 여기에 "페이스북의 미래는 메타버스에 있
다"고 말한 페이스북 창업자이자 CEO인 마크 저커버그의 한마디가
기름을 부었죠. 그리고 지금 온 세상이 메타버스를 이야기하고 있습
니다.

젠슨 황의 이 발언은 2020년 10월 6일에 열린 자사의 개발자 이벤
트 'GTCGPU Technology Conference October 2020' 기조연설의 일부였습

니다. 회사의 비전을 발표하는 자리에서 그는 가장 먼저 메타버스를 꺼내들었죠.

그는 메타버스에 대해 한참 설명하면서 앞으로 메타버스가 엔비디아의 가장 큰 원동력이 될 것이라고도 했습니다. "지난 20년이 놀라웠다면, 앞으로 20년은 SF(공상과학)와 다름없을 것"이라면서요. 향후 20년간의 엔비디아의 새로운 먹거리로 메타버스를 콕 집은 것입니다.

그 뒤로 메타버스에 대한 사람들의 관심이 급증했습니다. 그해 겨울을 넘기기도 전에 전 세계 언론은 물론 투자업계에서도 메타버스와 관련한 리포트를 쏟아냈습니다. 이후 반년 넘게 메타버스는 쉼 없이 달려왔습니다. 많은 테크 뉴스의 헤드라인에 메타버스가 등장했고, 메타버스 기업을 자청하는 스타트업이 속속 생겨났죠.

2021년 들어서도 메타버스에 대한 관심은 이어졌습니다. 2020년 주식 활황 속에서 테슬라를 비롯한 테크 종목 선제 투자로 주가를 올린 투자자 캐서린 D. 우드가 이끄는 아크 인베스트ARK Invest의 예측보고서 〈2021 빅 아이디어스2021 Big Ideas〉 때문이죠. 총 15개의 챕터 가운데 세 번째인 '가상세계Virtual World' 챕터에서 다시 한 번 메타버스가 등장합니다.

보고서에서는 '비디오 게임, 증강현실, 가상현실'로 구성된 가상세계와 우리가 매일 상호작용을 하고 있다고 밝혔습니다. 지금은 서로 독립적이지만 미래엔 이것이 모두 메타버스로 이어질 것으로 전망했죠. 물론 경제적 효과도 어마어마하다고 예측했습니다. 그리 먼

2021년 3월 10일 뉴욕증권거래소에 상장한 대표적인 메타버스 플랫폼인 〈로블록스〉. 상장 당일에만 54.44% 급등하며 메타버스에 대한 관심을 증명했다. ©Roblox

미래도 아닙니다. 2025년만 돼도 메타버스와 관련한 매출이 3,650억 달러, 한화로 410조 원에 달할 것이라고 봤습니다. 돈이 되는 시장이란 건 확실하죠.

메타버스가 돈이 된다는 것을 증명한 일은 한 번 더 있었습니다. 메타버스에 대한 관심이 절정을 찍은 시기이기도 합니다. 바로 미국의 게임회사인 로블록스Roblox의 미국 나스닥 상장입니다. 2021년 3월 10일 뉴욕증권거래소에 상장했는데, 상장 당일에만 54.44% 급등하며 시가총액 460억 달러(약 52조 원)를 달성했습니다. 당초 시장에서는 시가총액을 한참 낮은 300억 달러(약 34조 원) 수준으로 예측했는데, 그야말로 대박을 터뜨린 셈이죠.

〈로블록스〉는 2004년 창업해서 2006년 서비스를 개시한 게임 플랫폼이자, 플랫폼 게임입니다. 이게 무슨 말이냐고요? 그러니까 〈로블록스〉는 접속해서 주어진 과제를 수행하며 즐기는 '게임'이기도 하면서 스스로 게임을 만들거나 남이 만든 게임을 골라서 플레이할 수 있는 '플랫폼'의 요소를 동시에 가지고 있습니다. 마치 남이 올려 둔 영상을 볼 수도, 업로드할 수도 있는 유튜브와 같죠. 이 플랫폼이 어떻게 작동하는지, 그리고 왜 인기가 있는지는 뒤에서 자세히 다루 도록 하겠습니다.

| 메타버스는 또 하나의 '버즈 워드'일까? |

성공적인 나스닥 상장으로 〈로블록스〉는 메타버스의 대명사가 되었습니다. 주위에서도 메타버스 이야기를 하면 "어, 그거 〈로블록스〉"라고 답하는 이들이 대부분일 정도이죠. 하지만 〈로블록스〉가 메타버스의 대명사가 되면서 오히려 대중들의 관심은 식었습니다.

구글 검색량을 기반으로 사람들의 관심도를 보여주는 구글 트렌드 서비스에서도 메타버스에 대한 검색량이 로블록스 상장 이후 곤두박질쳤음을 보여줍니다. 로블록스 상장 주간의 검색 지수가 82였는데요, 한 달 뒤인 4월에는 49로, 두 달 뒤인 5월에는 39까지 추락했습니다. 그렇다면 왜 〈로블록스〉가 메타버스의 대명사가 된 뒤 메타버스에 대한 관심이 식었을까요?

두 가지 이유가 있습니다. 게임이라는 것, 그리고 Z세대(1996~2013년생)가 주 이용층이기 때문이죠. 여기에서 메타버스에 대한 오해가 발생합니다. 물론 이런 평가가 거짓은 아닙니다. 로블록스는 자신들의 공식 회사 소개에서 "우리의 미션은 게임을 통해 우리를

〈로블록스〉한국어판 공식 홈페이지에 명시된 〈로블록스〉의 미션. "게임을 통해 세상의 모든 우리를 하나로 모으는 기업"이라고 설명하고 있다. ©Roblox

하나로 모으는 것"이라고 말합니다. 분명히 게임이죠.

이용자층 역시 마찬가지입니다. 〈로블록스〉는 월간 활성 이용자 MAU 수, 그러니까 30일 이내에 앱에서 일종의 행동을 취한 이용자의 수가 1억 5천만 명에 달하는데요, 이 중 3분의 1이 16세 미만이라고 합니다. 미국 9~12세 어린이 중 3분의 2가 〈로블록스〉에 가입되어 있다고도 하고요. 〈로블록스〉에 붙는 대표적인 수식어인 '초통령(초등학생+대통령)'이란 표현이 꼭 맞죠.

이런 특징을 가진 〈로블록스〉가 메타버스의 대표주자가 되다 보니 오해가 시작됩니다. "메타버스가 뭐야?" 하고 찾아온 이들에게 메타버스에 대해 설명하려면 너무 어렵습니다. 결국 잘나가는 〈로블록스〉에 비유해서 메타버스를 설명하게 되죠. 그럼 돌아오는 대답은 비슷합니다.

"아, 그러니까 게임이라는 거지?"

결국 메타버스라는 것은 '초등학생들이 즐기는 게임'이 되어버립니다. 아직 곳곳에 남아 있는 '게임은 게임일 뿐'이라는 생각과 '구매력이 부족한 초등학생들이 즐기는 세상'이라는 인식으로 인해 있던 관심도 급속도로 식어버리는 불상사가 생긴 것입니다.

물론 어마어마한 매출과 성장가능성을 보고 투자하는 이들도 있지만, 심지어 투자를 하고 있는 분들조차 '메타버스=게임'이라는 공식을 벗어나지 못하는 경우가 많습니다. 게임이 아닌 메타버스의 확장성에 대해 설명하면 "그럼 이것도 메타버스네?" "여기도 메타버스네?" 하는 식의 조롱 섞인 답변도 종종 돌아옵니다.

그래서 메타버스를 단지 또 한 번 지나갈 유행으로 보는 시선도 많습니다. 명확한 합의나 정의 없이 유행하는 '버즈 워드Buzz Word'라는 오명도 썼죠. 마치 온갖 음식에 다 붙어 우리를 혼란스럽게 했던 '웰빙'처럼 말입니다.

하지만 웰빙 열풍이 지나간 뒤 단어는 더 이상 들리지 않지만 건강한 음식과 삶에 대한 관심은 남았습니다. 웰빙이란 단어 없이도 이 시장은 끊임없이 성장하고 있죠.

메타버스도 마찬가지입니다. 지금은 메타버스가 특별한 서비스, 눈에 띄는 기술이지만 우리 생활 전반에 메타버스가 스며들고 나면 메타버스란 단어 자체가 사라질 수도 있습니다. 이미 존재하는, 그리고 곧 상용화할 기술들이 우리 삶과 다양한 방식으로 결합하면서 우리 삶을 다채롭게 바꾸고 난 뒤에 말이죠.

실제로 이미 메타버스에 익숙한 세대인 Z세대에겐 메타버스라는 단어 자체가 생소합니다. 메타버스와 관련된 유튜브 콘텐츠의 댓글 창을 보면 꽤 많이 보이는 댓글이 "뭐야? 맨날 하는 건데 이게 메타 버스임?ㅋㅋㅋㅋ"입니다. Z세대 입장에선 마치 숨 쉬듯 접속하던 세상에 갑자기 어른들이 관심을 갖더니 메타버스로 정의한 것입니 다. 메타버스 원주민이라는 Z세대는 어른들의 그런 반응 자체를 신 기해합니다. 자신들에겐 너무나 당연한 일상이, 특별한 세상으로 취 급받으니 웃음이 나오겠죠.

실제로 마케팅 에이전시 대학내일의 부설 연구 기관인 '대학내일 20대연구소'가 발표한 설문조사 결과에서도 이 같은 온도차가 드러 납니다. 밀레니얼 세대와 Z세대에게 메타버스에 대해 물어봤을 때 '잘 알고 있다'는 응답은 11.8%, '들어본 적 있지만 잘 모른다'는 응 답이 37.1%였습니다.

하지만 〈모여봐요 동물의 숲〉 〈제페토〉 〈로블록스〉 등 메타버스 플랫폼에 대해 들어본 적 있는지를 물었을 때에는 73.3%가 들어본 적이 있다고 응답했다고 합니다. 이 중 45%는 실제로 이용해본 적 이 있다고도 했고요.

메타버스는 Z세대가 아니라 모든 세대에게 하나의 생활이자 일 상이 될 것입니다. 메타버스라는 단어 자체에 대한 대중들의 관심은 줄어들었을지 몰라도 생활 곳곳에 메타버스가 스며들고 있습니다. 이미 많은 기업들도 뛰어들고 있습니다.

"에이, 저게 뭐야, 게임 아니야?"라고 거리를 두던 어른들조차 자 신이 메타버스 속에 살고 있는지도 모르는 사이, 우리는 그 세상 속에 자연스럽게 편입될 것입니다. 스마트폰은 절대 안 쓰실 것 같던 우리 부모님도 지금은 능숙하게 터치스크린을 다루며 잠금을 해제하고 카카오톡으로 사진을 보내오듯 말입니다.

그래서 지금부터는 메타버스의 정의를 다시 차근차근 살피며 궁금증을 풀어보겠습니다. 지금까지 정립된 메타버스의 조건과 형태, 그리고 이를 위해 필요한 기술까지도 하나씩 살펴봐야겠죠. 그 후엔 메타버스가 활발하게 쓰이고 있는 다양한 영역과 산업의 사례에 대해서도 살피며 우리 삶에 녹아들고 있는 기대한 메타버스 흐름을 조망해보겠습니다.

메타버스는
어떤 공간인가?

1992년 소설 『스노 크래시』에 처음 등장한 가상세계 '메타버스'.
그리고 이를 시각화한 영화 〈레디 플레이어 원〉. 이게 전부일까?

▌소설 『스노 크래시』의 메타버스 ▌

메타버스의 정의부터 다시 살펴보겠습니다. 일반적으로 메타버스는 현실과 가상의 경계가 희미해진 세계 혹은 공간으로 알려져 있습니다. 쉽게 말해 인간의 아바타와 소프트웨어, 즉 인공지능이 만들어 낸 가상 캐릭터가 섞여 살아가는 가상의 공간이죠.

단어 그 자체를 쪼개서도 한번 해석해보겠습니다. '메타Meta-'는 초월·가상을 뜻하는 접두사인데, 여기에 우주·세계를 뜻하는 영단어 '유니버스Universe'가 더해진 합성어입니다. 직역하면 초월세계, 가상세계가 됩니다. 현실을 초월한 세계, 현실에는 없는 가상의 우주 등 여러 해석이 가능하죠. 메타버스는 가상세계의 일종이라는 인식

1992년 출간된 미국의 SF 작가 닐 스티븐슨의 소설
『스노 크래시』. 메타버스라는 단어가 최초로 언급된
작품이다.

역시 여기서 출발합니다. 반대로 메타버스가 현실과 또 다른 어떤
'세계'라는 오해 역시 단어에서 비롯됩니다.

　이 단어는 누가 가장 먼저 사용했을까요? 무려 지금으로부터 약
30년 전으로 돌아가야 합니다. 메타버스는 1992년 출간된 미국의
SF작가 닐 스티븐슨의 소설 『스노 크래시Snow Crash』에서 가장 먼저
등장합니다.

　근미래를 배경으로 한 이 소설에는 주민들이 자신의 아바타로 접
속해 살아갈 수 있는 가상현실세계가 존재합니다. 현실의 직업과는
무관하게 가상현실세계 속에선 자기가 원하는 모습으로 변신할 수

있죠. 소설 속에서 이 가상현실세계를 부르는 이름이 바로 '메타버스'입니다. 소설 속에선 이 메타버스를 이렇게 묘사하고 있습니다.

그들은 빌딩들을 짓고, 공원을 만들고, 광고판들을 세웠다. 그뿐 아니라 현실 속에서는 불가능한 것들도 만들어냈다. 가령 공중에 여기저기 흩어져 떠다니는 조명쇼, 삼차원 시공간 법칙들이 무시되는 특수지역, 서로를 수색해서 쏘아죽이는 자유 전투 지구 등. 단 한 가지 다른 점이 있다면, 이것들은 물리적으로 지어진 것들이 아니라는 점이었다. 더 스트리트 자체가 실재하는 것이 아니기 때문에, 더 스트리트는 다만 종이에 적힌 컴퓨터 그래픽 규약일 뿐이었다. 아니, 그것들은 광섬유 네트워크를 통해 전 세계에 공개된 소프트웨어 조각들일 뿐이었다.

현실과 같은 빌딩과 공원, 그리고 광고판이 설치된 메타버스 속 공간 '더 스트리트'에 대한 묘사입니다. 현실과 같은 공간에 배치된 가상의 요소들도 있습니다. 여기저기 떠다니는 조명과 삼차원 시공간 법칙이 무시되는 공간들이죠.

이 소설의 주인공은 히로 프로타고니스트입니다. 현실에서는 피자 배달부이지만 메타버스 속에서는 검객劍客으로 활약하던 청년이죠. 어느 날 그는 메타버스 안에서 아바타들을 위한 마약 '스노 크래시'가 퍼져나가는 것을 알게 됩니다. 그리고 이 마약이 아바타의 주인, 즉 현실세계의 사용자의 뇌에 치명적인 손상을 입힌다는 사실을 알게 되고, 이를 추적해 세계를 구해냅니다.

『스노 크래시』는 대중적으로 크게 성공한 소설은 아니었지만, 기술에 대한 기발한 상상력이 돋보이는 소설이라는 평가를 받았습니다. 덕분에 당시에도 전 세계 SF 독자들과 컴퓨터 관련 산업 종사자들의 뜨거운 관심을 받았다고 합니다. 이후 각종 소설, 영화, 게임에서 메타버스 세상에 대한 아이디어를 많이 차용하죠.

| 영화 〈레디 플레이어 원〉 속의 메타버스 |

『스노 크래시』에 등장한 메타버스를 시각적으로 우리 앞에 선사한 영화도 있습니다. 2011년 출간된 어니스트 클라인의 동명 원작 소설을 바탕으로 2018년 개봉한 〈레디 플레이어 원Ready Player One〉입니다. SF 장르의 거장인 스티븐 스필버그 감독이 맡아 다양한 볼거리를 제공했죠.

영화 〈레디 플레이어 원〉
예고편

이 영화는 2045년의 지구를 다룹니다. "1번 플레이어 준비"라는 게임 시스템 메시지를 차용한 제목답게, 이 영화의 주된 배경은 게임 〈오아시스Oasis〉입니다. 주인공 웨이드는 VR 헤드셋 안에 펼쳐진 오아시스 세상에서 학교를 다니고, 친구를 만나고, 게임을 하고, 돈을 벌고, 세상을 탐험합니다. 심지어 비밀 창고를 만들어 친구와 함께 로봇을 만들기도 하죠. 물론 실제로 본 적도 없는 가상세계의 친구와 말입니다.

소설 속 공간인 메타버스를 시각적으로 재현해낸 2018년 개봉 영화 〈레디 플레이어 원〉. ©Warner Bros. Pictures

    영화 속 '오아시스'는 작중 대형 게임사인 GG^{Gregarious Games}에서 운영하는 초거대 가상현실 게임입니다. 말이 게임이지 사실상 또 다른 세계인 메타버스입니다. 주인공뿐 아니라 엄청나게 많은 사람들이 오아시스를 즐깁니다. 회사에서도 오아시스에 접속하고, 식사를 하면서도 접속해 있습니다. 접속한 이들의 모습은 현실과 전혀 다릅니다.

    건담, 로보캅, 배트맨, 닌자거북이… 무엇이든 원하는 캐릭터로 변신할 수 있습니다. 다칠 걱정 없이 거친 레이싱을 즐길 수도 있고, 돈 걱정 없이 뜨거운 태양 아래서 휴가를 즐길 수도 있습니다. 말 그대로 사막 같은 현실에서 벗어나 뭐든지 즐길 수 있는 오아시스 같은 세상입니다.

영화 〈레디 플레이어 원〉 속의 주인공 웨이드의 아바타 퍼시벌과 동료들의 아바타. ©Warner Bros. Pictures

주인공인 웨이드도 현실은 컨테이너 빈민촌에서 이모와 함께 사는 가난한 청년입니다. 접속에 필요한 최신 장비를 구입하는 데도 어려움을 겪죠. 하지만 오아시스에 접속하는 VR기기를 뒤집어쓰면 매력적인 메타버스 속 인물인 퍼시벌로 변신합니다. 이 퍼시벌이 오아시스 세상을 구하기 위해 고군분투하는 것이 영화의 주된 줄거리입니다.

현실과 연결된 가상세계라는 메타버스답게 가상세계에서 퍼시벌과 경쟁하는 회사 IOIInnovative Online Industries는 현실세계의 퍼시벌, 다시 말해 웨이드를 살해하려고도 합니다. 결국 퍼시벌은 오아시스를, 웨이드는 현실세계를 구해내면서 영화가 끝나죠.

주인공만이 아닙니다. 영화 속 사람들은 그 공간에서 자기 삶의 의미를 찾을 수 있고 상상하는 모든 것을 이루는 공간으로 여기고 있습니다. "내 삶의 의미를 찾을 수 있는 유일한 공간이자 상상하는 모든 것이 이뤄지는 곳"이라고 표현한 웨이드의 대사처럼 말이죠. 하늘을 날아다니며 파티를 열고 자신의 모습을 끊임없이 바꾸기도 하죠.

이처럼 영화 속 가상세계인 오아시스는 소설 『스노 크래시』에서 글로 등장했던 메타버스 세상을 그대로 구현합니다. 마치 "이것이 메타버스이다"라고 보여주는 것처럼 말이죠.

이 두 작품 『스노 크래시』, 〈레디 플레이어 원〉은 우리가 메타버스를 이야기할 때 빠지지 않고 등장하는 예시입니다. 아마 이 책을 보기 전에도 두 사례를 많이 접해봤을 겁니다. 개념이 모호한 메타버스를 설명하기에 적절한 예시이다 보니 자주 인용되고 있습니다. 특히 〈레디 플레이어 원〉은 시각적으로 많은 메타버스의 요소들을 갖추고 있기 때문에 메타버스 입문을 위한 필수 교보재처럼 쓰이고 있습니다.

그러다 보니 여기서 오해가 발생합니다. 마치 메타버스란 〈레디 플레이어 원〉 영화 속의 게임인 오아시스 세상처럼 완벽하게 현실과 분리된 가상현실세계라는 인식을 줍니다. 메타버스라 함은 마치 화려한 아바타와 완벽한 3D 세상이 있어야 한다는 착각을 가지게 하죠. 즉 메타버스라는 단어에서 '세상', 그러니까 유니버스Universe란 것을 현실세계와 대척점에 있는 가상현실로 생각해버리게 되는 것이죠.

이렇게 '메타버스=가상현실'이라는 정의를 내리고서 메타버스 사례들을 보다 보면 혼란이 발생합니다. 완벽한 가상현실 세상을 구현하지 않았는데도 메타버스라고 하고, 현실세계와 거의 차이가 없는데도 메타버스라고 하니까요. 결국 메타버스란 것은 억지이자 또 하나의 마케팅 용어라는 결론에 도달하죠. 그렇게 메타버스에 대한 흥미를 잃게 됩니다.

메타버스를
다시 정의한다면?

아직 명확한 정의가 내려지지 않은 메타버스 세상.
그래도 메타버스를 정의하기 위한 '제1원칙'은 존재한다.

| '메타버스=가상현실'이라는 편견을 깨자 |

메타버스를 제대로 알기 위해서는 메타버스를 다시 정의하는 일이
필요합니다. 앞으로 메타버스 세계 속에서 살기 위해서, 그리고 메
타버스라는 거대한 흐름 속에서 또 다른 기회를 잡기 위해서는 바라
보는 관점을 바꿔야 한다는 말이죠.

그럼 메타버스를 바라보는 관점을 어떻게 바꿔야 할까요? 우선
메타버스의 개념에 대해 학술적으로 접근한 이들의 의견부터 살펴
보도록 하겠습니다.

메타버스에 대한 연구는 소설 『스노 크래시』의 출간 이후 지속적
으로 이어졌습니다. 인터넷과 웹의 보급 이후 높아진 새로운 세상에

대한 관심 때문입니다. 특히 2000년대 초반에 메타버스의 모습부터 활용 방안까지 많은 논의가 있었습니다.

논의들에서 특히 눈에 띄는 것은 이 부분입니다. 연구자들은 메타버스를 접하는 이들에게 '메타버스가 가상세계'라는 지나친 단순화에서 벗어나기를 주문합니다. 메타버스가 현실과 동떨어진, 아무 상관없는 가상세계는 아니라는 말이죠. 메타버스가 상상의 것들이 마음껏 펼쳐지는 가상의 공간인 것은 맞지만 현실과 단절된 도피처, 탈출구는 아니라는 설명입니다.

2000년대 초반부터 메타버스를 연구하고 로드맵을 제시해온 비영리 기술 연구 단체 '가속연구재단ASF, Acceleration Studies Foundation'의 의견 역시 마찬가지입니다. 메타버스 연구자들에게 바이블처럼 인식되는 ASF의 〈메타버스 로드맵〉에서도 "메타버스를 현실세계의 대안 또는 반대로 보는 이분법적 접근에서 벗어나야 한다"고 제안합니다. 대신 물리세계(현실세계)와 가상세계의 교차점junction, 결합nexus, 수렴convergence으로 이해할 것을 주문하죠.

그럼 메타버스는 어떤 세상일까요? 이 부분에서는 연구자들도 명확히 정의하지는 못하고 있습니다. 아마도 메타버스라는 개념 그 자체가 아직 존재하지 않기 때문이겠죠. 확실한 예시가 등장하지도 않았고, 완벽한 메타버스를 구현할 만한 기술이 완성되지도 않았기 때문입니다.

대신 어떤 과정을 통해 가상과 현실이 융합해야 하는지, 그리고 이를 위해 어떤 기술이 준비되어야 하는지 엿볼 수 있는 곳이 있습니다. 바로 메타버스란 세상을 만들어낸 소설 『스노 크래시』의 한 부분에서죠. 이 부분을 한번 보고 가겠습니다.

양쪽 눈에 서로 조금씩 다른 이미지를 보여줌으로써, 삼차원적 영상이 만들어졌다. 그리고 그 영상을 일초에 일흔두 번 바뀌게 함으로써 그것을 동화상으로 나타낼 수 있었다. 이 삼차원적 동화상을 한 면당 이 킬로픽셀의 해상도로 나타나게 하면, 시각의 한계 내에서는 가장 선명한 그림이 되었다. 게다가 그 작은 이어폰을 통해 디지털 스테레오 음향을 집어넣게 되면, 이 움직이는 삼차원 동화상은 완벽하게 현실적인 사운드 트랙까지 갖추게 되는 셈이었다. 그렇게 되면 히로는 이 자리에 있는 것이 아니었다. 그는 컴퓨터가 만들어내서 그의 고글과 이어폰에 계속 공급해주는 가상의 세계에 들어가게 되는 것이었다. 컴퓨터 용어로는 〈메타버스〉라는 이름으로 불리는 세상이었다.

연구자들이 이 묘사에서 주목하는 메타버스의 가장 중요한 요소가 바로 '고글과 이어폰'입니다. 이용자들은 '시각의 한계 내에서 가장 선명한' 그림을 만들어주는 고글과 '현실적인 사운드 트랙'을 재생해주는 이어폰 덕에 가상의 세계, 메타버스에 접속할 수 있습니다. 메타버스는 고글과 이어폰이라는 기술을 통해 완성되는 또 다른 세계인 것입니다.

고글과 이어폰은 지금으로 치면 VR헤드셋입니다. 1992년의 상상력에서는 둘을 따로 착용해야 했지만 최근엔 둘의 기능이 하나로 합쳐져 있죠. 이런 기술 혹은 기기를 실감기술*이라고 합니다. 말 그대로 가상의 요소들을 극한으로 끌어올려 실감나게 구현해주는 기술이죠. 현실에 사는 우리가 가상세계에 몰입할 수 있게 도와주는 기술입니다.

물론 『스노 크래시』가 출간되었던 1992년과 지금의 상황은 많이 다릅니다. 지금의 실감기술은 소설에서 언급된 것과 같은 VR헤드셋에 한정되지 않습니다. 그땐 VR 기기가 상상할 수 있는 최신의 기계였지만 지금은 현실이 되었습니다. 지금은 VR 외에도 인간의 오감을 뛰어넘어 현실과 가상을 융합하는 많은 기술들이 등장하고 있죠.

메타버스 구현을 위한 그래픽 기술, 통신 기술까지 넓은 의미에서는 실감기술일 것입니다. 어떤 기업에서는 인간의 뇌가 근육에게 보내는 전기신호까지 실감기술에 이용하고 있습니다.

이러한 실감기술도 필요하지만, 이를 매개로 현실세계와 소통하며 제3의 세계를 만들어낼 가상세계도 필요합니다. 메타버스의 재료 정도로 생각하면 됩니다. 아직 미완의 메타버스이긴 하지만 게임, SNS, 가상사무실 등 메타버스를 표방하는 최근의 다양한 서비스들이 바로 가상세계입니다.

이처럼 실감기술의 발달로 메타버스를 구현하는 기술도 늘어나고

● 실감기술
실감기술(Immersive Technology)이란 인간의 오감을 극대화해 실제와 유사한 경험을 제공하는 차세대 기술을 말한다. 가상현실(VR), 증강현실(AR), 혼합현실(MR)부터 넓게 보면 프로젝션 맵핑, 인터랙티브 미디어, 홀로그램 등도 이에 포함된다.

있습니다. 또한 이 기기를 활용한 메타버스 서비스의 유형 역시 확대되고 있습니다.

그래도 메타버스의 제1원칙은 뛰어난 몰입감입니다. 완전한 가상현실이든, 현실 위에 가상의 요소가 더해진 상태이든 현실과 가상이 구분되지 않을 정도로 몰입감이 있을 때 메타버스가 완성됩니다.

메타버스를 다시 정의하면

이 모든 것을 종합해서 새로운 정의를 내려보겠습니다. 메타버스란 단순한 가상공간이 아닙니다. 고도화한 실감기술을 매개로 현실세계와 가상세계가 적극적으로 상호작용하는 과정에서 생긴 제3의 세계이자, 상호작용하는 방식 그 자체입니다.

이해하기 쉽게 그림으로 한번 정리해보겠습니다. 아래 그림의 왼쪽은 우리의 일반적인 인식을 나타냅니다. 실감기술에 대한 명확한 인식 없이 메타버스를 현실세계의 대척점에 둔 형태입니다. 그림의 오른쪽은 다시 내린 메타버스의 정의입니다. 실감기술을 매개로 물

메타버스에 대한 인식 재정의

메타버스를 현실 세계의 대척점에 둔 인식(왼쪽)과 실감기술을 통한 현실세계와 가상세계의 결합으로 보는 인식(오른쪽).

리적 실재와 가상의 공간이 결합해 만들어진 새로운 세계가 바로 메타버스인 것입니다.

다시 메타버스라는 단어로 돌아가보겠습니다. 메타버스가 (무엇인가를) 초월한 세계라는 뜻에는 여전히 변함이 없습니다. 다만 무조건 현실을 초월한 것이 메타버스는 아닙니다. 현실에 발을 딛고, 가상의 요소와 결합해 만들어진 새로운 세계가 바로 메타버스입니다. 이런 관점에서 메타버스와 관련된 몇 가지 단어들도 여기서 정리하고 가겠습니다.

최근 부쩍 많이 이용되는 '메타버스 기술'이라는 것 역시 실제로는 실감기술을 지칭하는 것입니다. 이는 주로 하드웨어 영역을 포함합니다. 각종 휴대용 디바이스부터 콘텐츠를 만들어내기 위한 3D 모델링 기술과 물리엔진까지 다양한 것들이 있죠.

최근 '메타버스 콘텐츠' 혹은 '메타버스 서비스'라고 불리는 것들도 있습니다. 흔히 메타버스라고 부르기는 하지만, 아직 미완이니 이들을 완성된 메타버스라고 부를 수는 없습니다.

실감기술이 도구라면, 이들은 메타버스가 되기 위한 재료입니다. 위의 그림에서 말하는 가상세계들이죠. 유형은 다양합니다. 게임이 될 수도, SNS가 될 수도 있습니다. 어떤 식으로든 실감기술을 매개로 현실세계와 소통하며 완벽한 메타버스로 탈바꿈하기 위해 노력하고 있습니다.

그래서 메타버스 세상을 제대로 알고 관련 산업을 살피기 위해서는 두 가지 요소를 모두 살펴야 합니다. 하나는 메타버스를 구현하

는 기술인 실감기술이고, 다른 하나는 현실세계와 상호작용하며 새
로운 세상을 만들어낼 재료인 가상세계이죠. 아직 태동하는 메타버
스의 도구를 알고 재료를 파악한다면, 앞으로의 가능성과 방향까지
파악하기가 더 수월할 것입니다.

메타버스엔
또 어떤 요소들이 있나?

메타버스를 구성하는 데에는 세 가지 요소가 필요하다.
현실, 가상, 그리고 이 둘을 연결시켜 줄 실감기술.

▍메타버스의 3요소는 '현실, 가상, 실감기술'▍

이제 우리는 메타버스의 제1조건, 몰입감에 대해 이해했습니다. 실감기술을 통해 현실과 가상이 자연스럽게 만나고 융합해야 한다는 것도요. 지금부터는 메타버스의 또 다른 조건들에 대해서 한번 살펴보겠습니다.

앞서 설명했듯 메타버스라는 화학반응을 일으키기 위해 필요한 것은 딱 세 가지입니다. 우리가 지금 살고 있는 '현실세계'와 컴퓨터 그래픽으로 구현한 '가상세계', 그리고 두 세계를 융합하는 촉매제가 될 '실감기술'입니다.

실감기술이 갖춰야 할 조건은 '극한의 몰입감'입니다. 현실인지 가상인지 이질감이 느껴지지 않을 정도로 실감나게 만드는 것이 실감기술의 조건입니다. 기술을 개발하는 일 자체는 어렵겠지만, 가야 할 길은 명확합니다.

가상세계라는 요건 역시 간단한 편입니다. 말 그대로 가상의 세계여야 합니다. 물리적 제약도 없고, 모습에 제약도 없습니다. 컴퓨터 그래픽으로 구현된 가상의 세계 속에서 주민들은 자신이 꿈꾸는 것들을 마음껏 펼칠 수 있습니다. 다른 이들을 해치지만 않는다면 행동에 제약도 없어야 합니다. 이런 조건들은 게임이나 SNS 같은 메타버스 플랫폼을 통해 이미 구현된 상태입니다. 여러 유형의 메타버스 플랫폼을 통해 충족이 되어 있죠.

이 둘만큼이나 중요한 요소가 현실세계입니다. 메타버스가 현실과 가상이 융합된 세상이 되려면 가상의 요소도 중요하지만 현실의 요소들도 중요합니다. 메타버스의 구성과 유지 여부는 참여자들의 의지에 따라 달라집니다. 물론 메타버스 플랫폼을 운영하는 기업이 있기는 하겠지만, 이는 참여자들이 메타버스를 즐기기 위한 기술적인 지원에 집중될 것입니다. 메타버스 세상 속으로 사람들을 끌어오고 락인Lock-In● 하는 것은 결국 참여자들이 만들어내는 콘텐츠에 달렸습니다.

지금의 유튜브를 생각하면 됩니다. 유튜브는 플랫폼만 제공하니

● **락인(Lock-In) 효과**
특정 재화나 서비스의 이용이 다른 선택을 제한해 기존의 것을 계속 구매하는 현상. 고객을 가둔다는 의미에서 '락인 효과'라고 불린다. '잠금 효과' '자물쇠 효과' '고착 효과' 등으로도 불린다.

다. 물론 영상 감상을 편리하게 하기 위한 각종 기능들을 제공하고, 또 업데이트하죠. 하지만 결국 유튜브가 유지될 수 있는 것은 수많은 유튜버(크리에이터)들의 노력 덕분입니다. 유튜버들이 시간과 노력을 들여 영상을 만들어 올리면 이를 보기 위해 사람들이 몰려와서 시간을 보내죠.

이처럼 메타버스가 참여자들을 꾸준히 붙잡아두기 위해서 꼭 필요한 것이 현실세계의 요소들입니다. 아무리 가상세계를 화려한 그래픽과 볼거리로 채우고 실감기술이 발전한다고 해도 잠시 즐길 거리에 불과하다면 메타버스는 성립하지 않습니다.

메타버스에서도 유지되는 현실의 요소 세 가지

그럼 현실세계의 어떤 요소가 메타버스에 그대로 이전되어야 할까요? 그것은 바로 커뮤니티와 경제 그리고 항상성입니다.

메타버스는 결국 현실에서 출발한 세계입니다. 아바타로 변신해 접속하기는 하지만 그 반대편 끝에는 실제 사람이 있습니다. 아바타는 어떤 방식으로든 실제 존재하는 나의 모습을 투영해서 만들기 때문입니다.

그래서 물리 지구의 인간들이 사회를 구성하고 살듯, 메타버스에서도 커뮤니티가 구성되어야 합니다. 메타버스라는 하나의 세상은 마치 현실처럼 사람들이 모이고 교류하면서 직접 가치를 만들어가야 합니다. 커뮤니티가 만들어져야 메타버스 사회도 지속가능성이 생깁니다. 이 지속가능성은 메타버스의 성공 여부와 직결됩니다.

메타버스에 구현되는 현실의 또 다른 특징은 항상성persistency입니다. 우리가 자는 사이에도, 사무실에서 컴퓨터만 보고 있는 사이에도 세상은 끊임없이 돌아갑니다. 메타버스도 마찬가지입니다. 내가 로그인을 해 있든, 해 있지 않든 세계는 계속해서 운영되죠. 사람들은 소외되는 것에 대한 공포FOMO, fear of missing out를 느낍니다. 소외되지 않기 위해서라도 메타버스와 그 안에 꾸려진 커뮤니티로 돌아오게 됩니다.

그리고 가상세계에 커뮤니티가 꾸려지려면 현실에서는 전혀 모르는 사이더라도 친구를 사귈 수 있어야 합니다. 또한 이 친구들과 활동을 이어나가야 합니다. 현실세계의 친구와 가상세계의 친구를 구분하지 않는 시대가 오고 있습니다. 이미 코로나19 사태로 인해 화상통화로 친구와의 첫 인사를 나눈 코로나 세대, 즉 'C세대'는 이 둘을 구분하지 않고 있습니다.

이를 간과한 채 메타버스에 도전했던 많은 기업들이 고배를 마셨습니다. 그들은 오직 화려한 그래픽과 오락적인 요소에만 집중했죠. 그래서 최근에 메타버스에 도전하는 기업들은 현실의 요소들을 강화하고 있습니다. 각종 기술들도 가상세계에서의 만남이 현실에서의 만남처럼 '심리스Seamless●'하게 이어지는 데 집중하고 있습니다.

● 심리스(Seamless)
심리스란 '겹친(seam) 부분이 없다(less)'로 해석되는 단어로, 어떤 것에 어색함 없이 자연스러운 연결이나 끊김 없음을 의미한다.

얼굴을 자연스럽게 반영한 아바타가 대표적입니다. 아바타는 자연스럽게 관계를 맺을 수 있게 도와줍니다. 그리고 바로 앞에서 대화하는 것처럼 끊김 없는 음성 대화를 위한 통신기술도 있죠. 인터넷을 통한 음성 대화나 화상 대화를 나누다 보면 어딘가 말소리가 늦게 전달되는, 즉 지연이 생기는 경험은 다들 한 번씩 있을 겁니다. 이런 경험들이 몰입을 깨고, 가상과 현실의 차이를 만듭니다.

이런 마찰을 줄이기 위해 초저지연 기술을 개발하고 있으며, 다른 언어를 이용하는 아바타간의 소통을 가능하게 하는 실시간 번역 기술도 있습니다. 일반적인 대화도 자연스럽게 인식해서 번역하는 '자연어 처리 기술' 같은 것들이 이런 부분에 활용되고 있습니다.

또 다른 요건도 있습니다. 바로 경제활동입니다. 현실에서의 경제활동은 각 개인이 시간과 노동력을 투입해 얻는 보상입니다. 메타버스 역시 마찬가지입니다. 이용자들은 접속할 수 있는 시간을 쪼개 에너지를 투입하고 가치를 창출합니다. 현실로 치면 잠에서 깨 직장으로 출근하는 것과 같습니다. 이런 가치 창출의 보상은 화폐로 주어집니다. 메타버스에서도 마찬가지입니다.

예를 들면 메타버스 게임으로 분류되는 닌텐도의 〈모여봐요 동물의 숲〉이 있습니다. 게임 속에서 사람들은 낚시를 하고, 당근을 수확합니다. 때론 남의 농장에 가서 훔쳐오기도 합니다. 게임 그 자체의 재미이기도 하지만, 이 당근과 물고기를 팔아 게임 속 화폐인 '벨'을 얻을 수 있습니다. 이 벨을 이용해 내 섬에 새로운 건물을 짓고, 집을 꾸밀 수 있습니다.

메타버스 게임으로 분류되는 닌텐도의 〈모여봐요 동물의 숲〉. 섬으로 구분되는 자신의 공간을 꾸미고 친구들을 초대할 수 있다. ⓒNintendo

그래서 메타버스에는 '화폐'가 필요합니다. 물론 커뮤니티로 형성되기 시작하면 자연스레 생산과 소비가 일어나기는 합니다. 과거 인류의 조상들이 그랬듯 서로 부족한 것을 교환하기 때문이죠. 물물교환을 넘어 현실의 경제로 가기 위해서는 화폐가 있어야 합니다. 이건 플랫폼 운영자의 몫입니다.

더욱 중요한 점은 이 화폐를 현실에서도 이용할 수 있게 해야 한다는 것입니다. 가상세계의 지갑이 현실세계의 지갑에 영향을 미칠 때 메타버스가 완성됩니다. 메타버스 속 아바타의 활동에 대한 보상이 플랫폼 안에서 통용되는 화폐로 이루어질 수도 있고, 이 화폐를 현실에서 이용할 수도 있어야 합니다. 혹은 아무 수수료 없이 환전이 가능해야 합니다. 반대로 메타버스 속에서 한 일의 대가로 현실의 화폐를 지급받을 수 있습니다. 메타버스 세상 속 당근을 판 대금을 내 카카오뱅크 계좌로 입금받는 식이죠.

더 나아가 메타버스에서 생성한 재산을 메타버스에서 거래할 때 이를 보장하기 위한 개념과 기술들도 등장하고 있습니다. 블록체인 기술을 기반으로 한 진정한 의미의 '가상 자산'의 등장입니다. 아직도 투기와 투자 사이에서 갈피를 못 잡고 있는 가상화폐 역시 현실보다 메타버스 안에서 제 역할을 찾을 수 있을 것이란 전망입니다.

이처럼 몰입감을 고도화하고 가상세계를 꾸리는 것만큼이나 중요한 것이 현실세계와의 연계입니다. 커뮤니티가 구성되고 경제활동이 일어나지 않으면 하나의 '세상'으로 작동하기 어렵습니다. 즉 메타버스로 기능하기엔 어렵다는 말이죠.

지금의 메타버스는
가짜에 불과한가?

완벽한 메타버스 세상과는 거리가 있는 지금의 서비스들.
그럼에도 이들은 메타버스로 향해 가고 있다.

| 아직 완벽한 메타버스 세상은 없다 |

이런 기준에서 지금 다시 쏟아지고 있는 수많은 메타버스 플랫폼들을 살펴보겠습니다. 최근 메타버스 서비스로 화제를 모으고 있는 각종 콘텐츠나, 정부나 기업에서 추진하는 메타버스와 관련된 기획들은 엄격한 의미에서 메타버스라고 보기 어렵습니다.

정확히는 메타버스를 구현하는 데 필요한 기술 일부를 가져다 쓴 것에 불과합니다. 메타버스 기술을 차용해 진화한 서비스 정도인 것이죠. 〈로블록스〉 〈제페토〉 〈포트나이트〉 〈모여봐요 동물의 숲〉 〈마인크래프트〉가 최근 대표적인 메타버스 플랫폼으로 꼽히는 서비스들입니다. 이들을 앞서 언급했던 기준에 적용해 간단히 뜯어보겠습니다.

우선 실감기술입니다. 대부분 PC와 모바일, 플레이스테이션과 같은 콘솔 기기를 이용해 플레이하는 서비스입니다. 유일하게 〈마인크래프트〉가 플레이스테이션VR 기기를 통한 접속을 지원합니다. 당장 실감기술이라는 조건에서부터 맞지가 않죠. 현실과의 연계를 봐도 부족한 부분이 많이 보입니다. 그나마 커뮤니티와 관련한 부분은 잘 갖춰져 있는 편입니다. 〈제페토〉는 아예 커뮤니티 중심의 SNS 서비스이고, 나머지는 모두 게임이지만 이용자들이 모여서 커뮤니티 구축을 할 수 있는 모드mode를 마련해두었습니다.

경제활동 면에서 현실과 연계가 된 서비스는 〈로블록스〉와 〈제페토〉 정도입니다. 둘 다 서비스 안에서 아바타를 이용해 만든 제작물을 판매하고, 크레딧(서비스 내 화폐)으로 보상받을 수 있습니다. 일정 이상의 크레딧이 모이면 이를 환전하는 방식을 통해 현실세계의 화폐로 수익을 창출할 수 있죠. 나머지 서비스들은 게임머니 수준입니다.

이처럼 아직 메타버스를 완벽하게 구현한 서비스나 이를 제작한 기업은 없습니다. 무엇보다 기대하는 것에 비해 아직 성장이 더딘 실감기술 문제가 큽니다. 그나마 가장 기술적으로 성숙한 실감기술에 속하는 가상현실VR 시장도 이제 막 대중화에 접어든 정도입니다. 나머지는 아직 갈 길이 멀죠.

| 진짜 메타버스 세상을 향해 |

다른 요소들 역시 완벽하게 갖춘 곳은 아직 없습니다. 커뮤니티이든, 경제활동이든 일부 요소만 조금씩 선택적으로 갖춘 경우가 많습니다. 이 역시 의도된 것이 아닌 경우도 많습니다. 나중에 다시 자세히 설명하겠지만 〈제페토〉를 제외하고는 모두 게임 서비스이기 때문에 게임 특유의 커뮤니티 문화가 발생했을 뿐이죠.

결과적으로 일부 메타버스 요소들을 갖춘 서비스들은 많이 등장하고 있습니다. 하지만 이런 요소들이 애초에 의도되지 않은 경우도 많고, 의도했다고 해도 기술 문제로 완벽하게 구현되지 않은 경우는 더 많죠.

그래서 일부 연구자들은 지금의 메타버스 플랫폼에 대해 '유사 메타버스'라고 비판하기도 합니다. 다만 이건 지금 메타버스 구현을 위해 열심히 노력하고 있는 분들에게 실례일 것 같습니다. 그래서 지금 기준에서 편의상 이들을 메타버스 서비스 혹은 메타버스 플랫폼이라고 하겠습니다.

이 메타버스 플랫폼들이 메타버스의 요건을 완벽히 갖추지 못했다고 해서 의미가 없는 것은 아닙니다. 우리에게 메타버스 세상의 문틈을 살짝 열어주는 길잡이 역할을 충분히 하고 있습니다. 언젠간 시공간을 극복한 완벽한 메타버스로 성장할 '메타버스 묘목'들이기도 하죠. 다만 이들을 분별없이 수용하는 것은 독이 될 수도 있습니다. 진짜 메타버스 세상을 향해 항해하는 우리 메타버스 여행자들에게 혼란을 줄 수도 있죠. 그래서 메타버스의 정의와 필수 요소들을 제대로 알고 이를 기준점 삼아 메타버스 서비스들을 살펴보는 것이 중요합니다.

메타버스의 유형은
어떻게 나눌까?

메타버스의 유형을 네 가지로 분류하는 기존의 틀은 잊자.
기술 발전에 따라 유형들이 크로스오버(crossover)되고 있다.

| 메타버스 유형을 구분하는 법 |

지금 존재하는 다양한 메타버스 서비스를 유형별로도 한번 구분해 보겠습니다. 지금까지 메타버스의 조건에 대해 이야기했죠. 그와 동시에 이를 모두 균형 있게 충족하는 완벽한 메타버스를 만들기는 쉽지 않다는 것 역시 확인할 수 있었습니다.

대신 메타버스라는 개념의 등장 이후부터 메타버스의 유형을 구분하려는 노력은 있었습니다. 메타버스라는 거대한 개념을 한번에 이해하기도 힘든 데다, 관련된 기술도 워낙 다양하기 때문이죠. 그래서 어떤 콘텐츠가 어떤 기술과 결합하는지에 따라서 메타버스의 유형이 달라집니다. 같은 기술을 적용한 콘텐츠라도 스펙트럼에 따

메타버스의 네 가지 유형

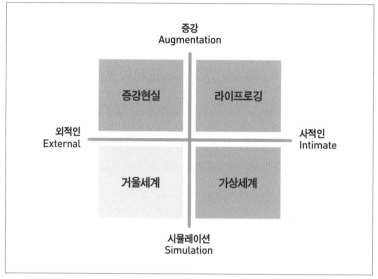

비영리 기술 연구 단체 가속연구재단(ASF·Acceleration Studies Foundation)의 메타버스 분류. ©ASF

라 다양한 유형으로 구분할 수 있습니다.

유형의 구분은 ASF의 분류를 가지고 오겠습니다. ASF는 2007년에 〈메타버스 로드맵〉이라는 보고서를 발표하며 메타버스의 정의와 메타버스의 유형을 제시했습니다.

참고로 이 메타버스 로드맵은 메타버스 로드맵 서밋(회의)과 설문 조사를 통해 수집한 전문가와 대중의 의견을 바탕으로 작성된 것입니다. 당시 한창 떠오르는 개념으로 논의되었던 메타버스 관련 기술과 이슈에 대한 미래 성장 예측을 담은 보고서입니다. 어쩌면 소설 속 환상의 개념이었던 메타버스가 제대로 정착하게 된 계기 역시 이 보고서 덕분이라고 할 수 있겠습니다.

ASF는 당시 이 보고서에서 총 네 가지 유형의 메타버스를 제안했습니다. 물론 예측에 불과하지만 당시 유망했던 기술을 바탕으로 구현될 메타버스의 모습들을 그려냈습니다. 결과적으론 15여 년이 지난 지금 기술 발전에 따라 다소 속도의 차이는 있지만, 모두 각자의 메타버스의 일종 혹은 메타버스의 묘목으로 성장하고 있는 세상들입니다.

그림에서 보듯 메타버스의 유형은 '1 증강현실Augemnted Reality, 2 라이프로깅Lifelogging, 3 가상세계Virtual Worlds, 4 미러월드Mirror Worlds', 이렇게 네 가지입니다. 그래프의 각 사분면에서 각각의 유형을 확인할 수 있습니다.

각 유형을 규정하는 그래프의 X축과 Y축도 주목해야 합니다. X축은 이용자를 중심으로 한 관계의 스펙트럼을 나타내는데, 어떤 메타버스 콘텐츠를 만들어나가는지에 대한 기준입니다. Y축은 테크놀로지와 현실 간 관계의 스펙트럼을 나타냅니다. 쉽게 말해 얼마나 더 현실을 배경으로 그 위에 가상의 요소를 끼얹는 기술인지, 아니면 완전히 현실과 단절된 가상현실을 구현하는지의 차이입니다. 메타버스에서 어떤 세상, 그러니까 어떤 배경을 만들지를 결정하는 축이 됩니다.

먼저 X축을 살펴보겠습니다. 좌측의 외적인External 기술은 이용자를 둘러싸고 있는 바깥 세계에 대한 정보와 통제력을 제공하는 기술을 말합니다. 이용자는 현실에 있고, 메타버스 기술을 통한 현실세계의 사물 조작이나 환경 변화를 불러오는 기술들이죠. 영화 〈마이너리티 리포트〉에서 주인공 존 앤더튼(배우 톰 크루즈)이 허공에 손을 획획 휘젓는 것만으로 컴퓨터를 조작하는 그런 장면을 생각하면 됩니다.

반대로 우측의 사적인Intimate 기술은 메타버스 세상에 접속할 이용자의 정체성에 초점을 둔 기술입니다. 이용자 자신의 모습을 메타버스 상에 어떻게 구현하는지에 대한 기술에 초점이 맞춰져 있죠. 아바타Avatar, 온라인 프로필과 같은 기술들입니다. 싸이월드에서 등장했던 2D 아바타 '미니미'나 제페토의 3D 아바타가 대표적인 예시입니다.

Y축도 보겠습니다. 어떤 세상을 구현하는지를 기준으로 상단의 증강Augmentation은 이용자가 인식하는 물리적 환경, 즉 현실세계 위로 새로운 제어, 정보를 쌓아올리는 기술입니다. 시선이 가는 대로 눈앞 모니터에 적의 정보와, 적이 이용하는 무기의 정보가 자세히 출력되는 영화 〈아이언맨〉의 아이언맨 수트 헬멧을 생각하면 됩니다. 현실을 배경으로 한다는 점이 중요합니다.

하단의 시뮬레이션Simulation은 단어 그대로 시뮬레이션을 위한 공간을 만드는 기술입니다. 이용자를 비롯한 메타버스의 구성요소들이 상호작용을 위한 완전한 가상의 공간을 만들어내는 기술이죠. 영화 〈레디 플레이어 원〉의 가상현실 세상 '오아시스'를 생각하면 됩니다. 현실의 물리적 상호와는 전혀 상관없는 새로운 세상이 펼쳐집니다.

| 네 가지 유형의 메타버스 |

이 같은 X축과 Y축의 조합으로 탄생한 네 가지 유형의 메타버스에 대해서도 하나씩 알아보겠습니다.

1. 증강현실

먼저 증강현실입니다. 이름에서도 유추할 수 있듯 증강현실 메타버스를 구축하는 대표적인 기술의 이름이자, 이러한 유형의 기술을 통해 구현되는 것이 바로 AR^{Augmeted Reality} 기술입니다. 현실세계 위에 스크린과 같은 디스플레이 장비를 이용해 각종 가상의 사물과 인터페이스를 겹쳐 올리는 기술입니다. 그냥 현실 지구에서의 경험보다 사용성이나 편의성이 더욱 증강되죠.

자동차 앞 유리에 차량 주행과 관련된 정보들을 표시해주는 HUD 기술. ©현대모비스

최근 일부 자동차 브랜드에서 옵션으로 제공하는 HUD^{Head Up} Display 기술이 이런 증강현실 기술의 대표적인 예시입니다. 자동차 앞 유리에 차량 주행과 관련된 정보들을 표시해주는 기능입니다. 속도와 차선, 자동차에 달린 센서로 획득한 전·후방의 다른 차량의 정보까지 투명한 유리 위에 홀로그램 방식으로 출력되죠.

또 다른 증강현실의 대표적인 예시로는 2016년에 전 세계 사람들을 집 밖으로 끌어냈던 닌텐도와 나이언틱Niantic의 합작 게임 〈포켓몬 GO〉가 있습니다. 앱을 실행하고 스마트폰 카메라로 현실세계를 비추면 스마트폰 스크린에 포켓몬들이 등장하는 방식이죠. 현실엔 포켓몬이 없지만 스마트폰 디스플레이를 통해 가상의 요소가 현실과 결합하는 방식입니다.

이런 증강현실 메타버스는 영화에서도 단골 소재로 등장하는데, 다양한 홀로그램 기술이나 조그마한 렌즈를 통해 현실세계의 여러 정보를 확인하는 기술들이 이런 증강현실과 관련이 있습니다. 최근에는 다양한 산업과 결합해 활용도가 점차 높아지고 있는데요, 이에 대해서는 뒤에서 자세히 소개하겠습니다.

2. 라이프로깅

다음은 라이프로깅 메타버스입니다. 신체, 감정, 경험, 움직임 등 이용자의 사적인 데이터들을 디지털화하고, 디지털 공간에 기록하는 방식입니다. 현실세계에서 생긴 일들을 디지털 공간에 저장하고 공유하는 방식이죠.

대표적으로는 SNSSocial Networking Service가 있습니다. 각자의 개인 공간, 즉 계정을 생성하고 그 안에 다양한 정보들을 기록하죠. 트위터와 같은 텍스트 기반의 SNS에서는 자신의 생각이나 지금 생긴 일을 텍스트로 저장하고, 인스타그램과 같은 사진 기반의 SNS에는 각종 사진·영상 데이터들을 저장합니다.

현실 지구의 일부와 현실에서 흘러가는 시간 중 일부가 차곡차곡 쌓여 생긴 또 다른 디지털 세상인 것입니다. 자신이 업로드한 게시물들을 모아 보여주는 피드Feed를 보면 한 사람이 걸어온 시간과 그 시간이 쌓여 만들어진 하나의 세상을 볼 수 있죠.

2000년대 말부터 각광받고 있는 운동 앱 역시 이런 라이프로깅 메타버스의 대표적인 사례입니다. 각종 센서와 GPS 등 기록 기술의 발달과 개인화 덕분에 자신의 운동 역량을 수치화하는 '자기 수치화Quantified Self'가 유행하고 있습니다. 운동을 한 뒤 단순히 만족감으로 끝내는 것이 아닙니다. 내가 흘린 땀을 데이터화해서 확인하는 작업이죠.

대표적으로는 나이키에서 출시한 달리기 앱 〈나이키 런 클럽Nike Run Club, NRC〉이 있습니다. 앱을 작동하고 달리면 GPS를 통해 내가 달린 거리와 코스를 지도 위에 그려주고, 속도도 계산해줍니다. 심박계를 차고 있다면 심박까지 결합해 내가 달리는 순간순간의 심박수 변화를 모두 기록해주죠.

라이프로깅은 그 자체로 메타버스라는 느낌은 잘 오지 않습니다. 뭔가를 기록할 뿐, 이를 통해서 구현하는 무엇의 수는 적기 때문이죠. 지금 기준으로는 자신이 업로드한 기록들을 모아 보여주는 피드 정도만이 전부입니다.

하지만 라이프로깅 메타버스의 진짜 힘은 데이터에 있습니다. 이용자들이 쌓은 데이터들을 바탕으로 새로운 비즈니스가 창출됩니다. SNS에 기록한 나의 일상과 관심은 추천 기반의 온라인 커머스Commerce의 재료가 됩니다. 내가 쌓은 운동 데이터는 맞춤형 피트니스 서비스라는 새로운 영역을 열어주죠.

이런 서비스들이 다양한 메타버스 기술들과 결합한다면, 더 개인화된 서비스를 제공받을 수 있을 것입니다. 기술의 발전이 궤도에 오르고 나면 이 같은 라이프로깅 메타버스를 통해 수집된 데이터가 더욱 중요해질 것입니다. 이런 관점에서 보면 라이프로깅 메타버스를 운영하는 기업들이 또 다른 메타버스 기술과 결합할 때 폭발적인 성장의 가능성도 있을 것입니다.

3. 가상세계

가상세계는 가장 흔한 형태의 메타버스 세상입니다. 보통 메타버스 서비스라고 할 때 언급되는 대부분이 이 가상세계에 속하죠. 말 그대로 그래픽 기술로 구축한 가상의 세상에, 인터넷 기술을 통해 접속하는 방식입니다. 디지털 기술을 통해 구축된 현실이 아닌 대부분의 공간이 가상세계라고 생각하면 됩니다.

하지만 이 가상세계와 가상현실VR, Virtual Reality은 메타버스를 알아가는 단계에서 반드시 구분해 생각해야 합니다. 가상현실, 즉 VR은 가상세계에 접속하는 기술 중 하나입니다. 다른 표현으로는 가상세계를 구현하는 기술인 셈이죠. VR은 가상세계를 구현하는 가장 진보된 기술 중 하나이지만, VR 그 자체로 하나의 가상세계 메타버스를 구축하지는 않습니다.

이해하기 쉽게 설명해보겠습니다. 가상세계에는 다양한 예시가 있지만 주로 게임이 가상세계 메타버스의 유형으로 자주 언급됩니다. 대표적으로 2000년대 초반 유행했던 〈세컨드 라이프〉, 최근 가장 강력한 메타버스 플랫폼으로 떠오르는 〈포트나이트〉, 마찬가지로 기업공개IPO를 하며 화제가 된 〈로블록스〉 등이 모두 가상세계이죠. 이외에 3D 작업으로 구현한 다양한 게임이나 SNS 서비스 대부분을 이런 가상세계 메타버스로 분류할 수 있습니다.

2021년 현재 이 서비스들을 이용하는 방법은 컴퓨터PC나 스마트폰입니다. 일부 서비스는 플레이스테이션PS, PlayStation이나 엑스박스Xbox와 같은 콘솔형 게임기에서도 접속이 가능합니다. 하지만 모두 모니터나 5인치 수준의 스크린과 같은 실재감이 떨어지는 출력장치를 통해 세상을 구현합니다. 입력장치 역시 마우스와 키보드, 조이스틱과 터치패드 정도이죠.

기존에 보급된 장비들인 만큼 가상세계 메타버스를 어렵지 않게 구현할 수 있지만, 한계가 뚜렷하죠. 완벽한 메타버스의 조건인 실감기술에 해당하지 않습니다. 3D로 구현된 메타버스 세상을 우리의 현실처럼 이질감 없이 경험하기엔 부족합니다.

이때 해결책이 되는 것이 VR입니다. 다른 유형의 메타버스를 구현하는 데도 쓰일 수 있지만, 가상세계 메타버스와 만났을 때 가장 강력한 효과를 발휘하는 하드웨어입니다. VR은 주로 머리에 뒤집어쓰는 헬멧 형태의 헤드마운티드디스플레이HMD, Head Mounted Display 형태로 제작됩니다. 눈에서 떨어져 있던 모니터가 눈 바로 앞으로 다가오고, 입력장치 역시 내 동작을 그대로 인식하기 시작합니다.

이 같은 VR의 발달로 가상세계 메타버스는 네 가지 유형의 메타버스 중에서도 가장 많이 발전한 유형으로 꼽힙니다. 오랜 기간 쌓여온 각종 3D 콘텐츠에 진화하는 실감기술인 VR 기술이 결합되어 가장 빠르게 완전한 메타버스를 구현할 수 있다는 예측이죠.

4. 거울세계

마지막으로 거울세계입니다. 거울세계는 물리 지구를 사실적으로 복제·재현하고 그 위에 추가 정보를 덧붙인 메타버스의 유형입니다. 물리 지구의 정보를 단순히 복제하는 것을 넘어 '정보적으로 확장된Informationally Enhanced' 세계라는 점이 특징입니다.

대표적인 서비스로는 구글에서 제공하는 3D 지도 서비스인 〈구글 어스Google Earth〉가 있습니다. 구글이 2004년에 인수한 〈키홀 KeyHole〉의 어스뷰어 서비스를 기반으로 만들어진 서비스입니다. 그간 축적된 위성 사진을 모아 전 세계를 3D 공간으로 구현했죠. 실제 산, 강, 바다와 같은 지형은 물론 건물과 같은 요소까지도 실제 형상 그대로 재현한 것이 특징입니다.

여기에 어스 스튜디오, 어스 엔진, 어스 VR 등의 서비스를 결합해

시간대별 공간 변화 파악, 지형, 기후 자료 수집, VR 탐방 등을 가능하게 합니다. 물리 지구에 아무 영향 없이 복제된 지구 안에서 시계를 앞뒤로 돌려가며 지형의 변화를 확인하고 기후 시뮬레이션을 해볼 수 있는 것입니다.

복제된 지구를 거래하는 콘텐츠도 등장했습니다. 〈업랜드Upland〉와 〈어스2Earth2.io〉 등이 대표적입니다.

업랜드는 2019년 출시된 거울세계 부동산 게임입니다. 복제된 지구 곳곳에 부동산 투자와 거래가 가능합니다. 2020년 미국 대선일 업랜드에서는 당시 미국 대통령이던 도널드 트럼프 소유의 트럼프타워가 경매에 올라와 화제가 되었습니다.

〈어스2〉도 마찬가지로 2020년 11월 출시된 부동산 거래 플랫폼입니다. 지구 전역을 블록화해서 가상 부동산을 구매할 수 있는 서비스를 제공합니다. 한국의 서울 압구정동과 반포동같이 현실에서도 인기 있는 지역은 어스2에서도 50배 이상 가치가 뛰었다고 합니다.

이 같은 거울세계는 최근에는 디지털 트윈Digital Twin의 개념으로 확장되고 있습니다. 각종 요소 그대로 섬세하게 디지털로 복제한 쌍둥이 세계, 즉 거울세계를 만드는 노력입니다. 복제된 세상 속에서 현실에 영향을 주지 않으면서 다양한 실험을 해보려는 것이죠.

그래서 대기업이나 공공기관에서 이를 적극 활용하고 있습니다. 제조 대기업의 경우 자신들의 공장을 그대로 복제한 뒤 이런저런 실험을 해볼 수 있죠. 공장의 운영을 중단하지 않고도 이리저리 기계의 배치를 바꿔볼 수 있습니다.

2020년 11월 출시된 부동산 거래 플랫폼 〈어스2〉. 지구 전역을 블록화해서 가상 부동산을 구매할 수 있는 서비스를 제공한다. ©earth2.io

공공기관 역시 마찬가지입니다. 도로 정책이나 건설 정책 수립은 물론 도시 운영에 큰 도움을 줄 수 있습니다. 최근 서울시도 디지털 트윈 지도 서비스 〈S-Map〉을 내놨습니다. 항공 사진 2만 5천여 장과 건축물 내부 사진까지 동원해 서울 전역을 3D로 구축한 거울세계이죠. 지하철역은 물론 역 안에 배치된 소화기 하나까지 3D 그래픽으로 완벽히 구현했습니다.

이 지도를 소방재난본부 시스템과도 연결해 이용하기도 합니다. 건물의 특정 층, 특정 구역에서 화재가 발생하면 소방 IoT(사물인터넷) 화재경보기가 작동해 S-Map 지도에 화재 위치가 정확하게 표현됩니다. 소방대원에겐 화재진압에 도움이 되고, 건물 이용자들에게는 대피하는 데 도움이 되죠.

여기에 3D 라이브러리 기능을 이용하면 3D로 구현된 서울시 위에서 마치 도시건설 게임 〈심시티SimCity〉를 하듯 도시를 다시 설계해볼 수 있습니다. 원하는 지역에 빌딩·주택·상가 등 건축물을 골라 배치하고, 도로와 다리 등 기반시설을 조성하면 됩니다. 여기에 바람이 흘러가는 바람길과 계절과 시간에 따른 일조량까지 확인해볼 수 있습니다.

▌흐려지는 유형의 구분▐

하지만 이 구분은 ASF에서 2007년에 내놓은 기준입니다. 어떤 기준도 불변은 없죠. 이 유형은 당시에 발전하지 않았던 기술들을 바탕으로 '메타버스가 이렇게 발전할 것이다'라는 상상과 예측을 기반으로 구분한 것입니다.

기술 발전에 따라 이미 구분되어 있는 유형 안에서 콘텐츠의 종류와 기술의 종류에 따라 더 많은 유형이 생기고 있고, 유형은 세분화하고 있습니다. 마찬가지로 기술 발전에 따라 유형 간 경계가 허물어지는 경향까지 나타나고 있습니다.

〈제페토〉를 예로 들어보겠습니다. 제페토는 AR 기술을 바탕으로 구현한 아바타를 활용해 가상현실 안에서 이용자 간 소통하는 SNS로 주로 소개가 됩니다. 그럼 제페토는 AR 기술을 활용하니 증강현실일까요? 아바타가 활동하는 세상이 가상현실이니 가상세계일까요? 그것도 아니라면 SNS 기능에 초점이 맞춰져 있으니 라이프로깅 메타버스일까요?

이처럼 기술의 발전과 다양한 콘텐츠의 등장으로 인해 메타버스를 특정한 유형으로 구분하기란 쉽지 않습니다. 그래서 어떤 메타버스 서비스를 접했을 때 이 메타버스 서비스가 어느 유형인지를 파악하기 위해서는 요소들을 분리해서 살펴보는 것이 좋습니다. 저는 나름의 방법을 통해 새로운 메타버스 서비스를 분해한 뒤 유형화해서 머릿속에 저장하는데요, 이 방법을 소개해보겠습니다.

메타버스 서비스를 분해하는 방법은 간단합니다. 콘텐츠와 기술로 분리하면 됩니다. 앞서 설명했던 메타버스의 3요소(현실세계, 가상세계, 실감기술)로 해당 서비스를 나누는 것입니다. 콘텐츠를 A, 기술을 B라고 한다면 'B를 통해 A를 메타버스화 하는 서비스'라고 생각하면 되죠.

예를 들어 최근 많은 사람들이 달리기나 자전거를 탈 때 이용하는 〈즈위프트Zwift〉라는 서비스를 생각해보겠습니다. 즈위프트는 집에서 자전거를 타거나 러닝머신을 달릴 때 이 정보를 스크린으로 변환해서 보여주는 일종의 홈 트레이닝 서비스입니다.

일반적인 운동 앱이나 운동 서비스에서 제공하는 속도, 거리 등을 제공할 뿐만 아니라 특별한 센서로 수집한 각종 정보를 이용해 실제 내가 달리는 만큼, 내가 움직이는 만큼 즈위프트 화면 속 내 캐릭터가 움직이게 됩니다. 내가 러닝을 하고 있다면 내 아바타도 나의 속도에 맞춰 달리고, 자전거를 타고 있다면 내가 페달을 돌린 만큼 아바타도 페달을 돌려 앞으로 나아갑니다.

나의 아바타가 달리는 배경은 미국 뉴욕, 영국 런던 등 세계 각지를 그대로 복제해둔 가상세계입니다. 오스트리아 인스부르크를 배경으로 선택하면 실제 프로 선수들이 경주를 펼치는 도로에서 달려볼 수 있습니다. 런던에선 빅벤Big Ben을 끼고 우회전해서 웨스트민

센서로 수집한 각종 정보를 이용해 실제 내가 달린 만큼, 내가 움직이는 만큼 화면 속 내 캐릭터가 움직이게 하는 홈 피트니스 플랫폼 서비스 〈즈위프트〉. ⓒZwift

스터 다리Westminster Bridge를 통해 템즈강을 건널 수도 있고, 뉴욕으로 간다면 센트럴파크에서 일출을 보며 러닝을 할 수도 있습니다. 나와 가상현실 속 캐릭터가 센서(입력)와 모니터(출력)라는 기기를 통해 상호작용하며 하나의 메타버스를 만들어가는 것입니다.

반대로 이런 경우도 있습니다. 하드웨어에 따라 지원 여부가 조금은 다르지만, 내 아바타가 즈위프트 가상현실 속에서 언덕을 만나면 러닝머신이나 자전거의 앞 부분이 들어 올려지며 운동의 강도가 더해집니다. 현실의 내가 밟는 페달이 가상세계 아바타의 움직임을 만들어내고, 반대로 아바타가 맞닥뜨리는 다양한 상황이 실제 현실에도 영향을 미치는 셈이죠.

그렇다면 즈위프트는 어떤 메타버스일까요? 운동 정보를 기록한다는 차원에서 라이프로깅 메타버스일까요? 뉴욕과 런던의 도로를 그대로 옮겨두었으니 물리적 세계를 복제해둔 거울세계일까요? 가상의 아바타가 활동할 수 있는 세상이니 가상세계일까요? 이처럼 과거의 기준으로 오늘날 쏟아지고 있는 다양한 서비스들을 이해하기는 쉽지 않습니다.

그래서 다른 방식으로 즈위프트를 간단히 정리해보면 이렇습니다. '센서와 모니터를 통해 운동을 메타버스화하는 기술'이라고요. 직관적으로 어떤 기술을 통해 어떤 콘텐츠가 현실과 결합하는지를 확인할 수 있습니다.

반대로 생각하면, 특정 기업이 어떤 기술로 어떤 정보들을 수집하고 있는지를 보면 그 기업이 그리고 있는 메타버스가 어떤 것인지도 엿볼 수 있습니다.

2020년 한 해에만 3,400만 대의 스마트워치를 판매한 웨어러블 시장 세계 1위인 애플의 애플워치를 생각해보겠습니다. 애플은 애플워치를 통해 심박, 심전도, 혈중산소포화도 등 이용자들의 다양한 건강정보를 수집하는데, 이 정보들을 애플의 '건강' 앱에 종합하고 수치화해서 제공하고 있습니다.

지금은 구체적으로 이 건강정보들을 어떻게 이용할지에 대한 비전은 없는 상태입니다. 하지만 애플이 곧 출시할 것이라는 소문이 있는 'AR 글래스' 등을 생각한다면 그들이 구현하려는 메타버스를 추측해볼 수는 있습니다. 각종 센서를 이용해 수집한 건강정보를 이용한 헬스케어 메타버스이죠.

이용자들은 자신의 동의하에 건강정보를 애플에 제공하고, 애플은 이를 분석해서 제공합니다. 이용자들은 이 정보를 애플이 제공하는 플랫폼에 저장합니다. 그리고 다시 애플은 이 정보를 이용해 AR 이나 홀로그램 기반의 원격의료에 서비스에 이용할 수 있겠죠. 애플이 제공하는 가상현실세계 속에서 이용자들은 자신의 건강정보를 기반으로 추천받은 운동을 즐길 수도 있고, 의사와 만나 진료를 받을 수도 있습니다.

메타버스는
게임인가?

기술, 콘텐츠, 운영방식까지 게임에 많은 빚을 진 메타버스.
하지만 메타버스가 모두 게임인 것은 아니다.

| 메타버스를 게임으로 생각하는 이유 |

"메타버스는 게임인가요?"

메타버스에 대한 정보를 전하다 보면 가장 많이 듣는 질문입니다. 많은 분들이 헷갈려 하죠. 이는 반은 맞고 반은 틀린 말입니다. 게임 서비스, 게임 콘텐츠가 메타버스로 발전할 가능성은 가장 높지만 메타버스가 모두 게임은 아니죠.

그럼 왜 메타버스는 게임이라는 착각을 하게 되는 것일까요? 메타버스를 게임에 한정하고 지나치는 함정에 빠지지 않기 위해 이 질문에 대한 세 가지 이유를 먼저 짚고 가겠습니다.

첫 번째로 지금 대부분의 메타버스 서비스가 게임을 중심으로 소개되고 있기 때문입니다. 대표적으로 〈포트나이트〉와 〈로블록스〉 그리고 〈마인크래프트〉가 있습니다. 모두 글로벌 이용자 수억 명을 보유한, 소위 잘나가는 게임들입니다. 여기에 이 게임 이용자의 절반 이상이 메타버스의 주 이용층이라는 Z세대(1996~2013년생)라고 합니다.

두 번째는 경험입니다. 가상세계에 내가 조종하는 아바타, 여러 사람이 한데 모여 만드는 커뮤니티. 메타버스의 개념과 구성요소에 대해 듣다 보면 많은 이들이 자연스럽게 게임을 떠올리게 됩니다. 특히 〈리니지〉 〈월드오브워크래프트〉 〈아이온〉과 같은 MMORPG*게임 플레이의 경험이 있는 분들이라면 거의 100% 메타버스를 이들 게임과 연관 지어 생각하게 되죠.

위에 나열한 게임을 즐겼던 세대의 스펙트럼은 매우 넓습니다. 리니지가 1998년에, 월드오브워크래프트가 2005년에 시작해 아직까지 서비스를 하고 있으니까요. 지금 경제활동을 하는 세대, 그러니까 메타버스에 관심을 갖는 세대 중에서는 Z세대를 제외한 거의 대부분이 이 게임들을 접했을 겁니다. 자연스레 경험과 상식을 바탕으로 메타버스를 받아들이게 되는 것이죠.

마지막으로 시각적 효과입니다. 위의 두 가지 이유를 아우르는 이

● MMORPG
대규모 다중 사용자 온라인 롤플레잉 게임(Massively Multiplayer Online Role-Playing Game)의 줄임말. 수천 명 이상의 플레이어가 인터넷을 통해 모두 같은 게임, 같은 서버에 접속해 각자의 역할을 맡아 플레이하는 게임의 유형을 말한다.

유이기도 한데요, 메타버스의 뿌리인 가상현실세계를 가장 잘 구현한 서비스가 게임이기 때문입니다. 오랜 기간 축적되어 온 각종 그래픽 기술과 공간 연출로 화려하고 촘촘하게 구성된 가상현실을 선보이죠. 그래서 메타버스를 소개하는 각종 시각자료, 영상자료에서 주로 게임의 장면이 등장합니다. 그럼 또다시 경험에 의해 '메타버스는 게임'이라는 오해가 시작되죠.

▎게임을 메타버스로 만드는 기술들 ▎

하지만 이런 이유들은 게임 콘텐츠와 이를 개발하는 기업들이 가장 먼저 완성된 메타버스 세상을 구현할 수 있는 근거가 됩니다. 많은 이들이 '게임=메타버스'라고 착각할 정도로 게임은 수십 년간 발전하며 메타버스의 요소들을 추가해왔기 때문이죠.

지금부터는 게임이 어떤 메타버스 요소들을 결합하며 어떻게 성장해왔는지, 그리고 어떤 지점을 보완할 때 완벽한 메타버스로 성장할 수 있을지에 대해 알아보겠습니다. 기술적 측면과 콘텐츠적 측면을 함께 살펴봐야 합니다.

먼저 기술 이야기입니다. 최초의 컴퓨터 게임은 언제 개발되었을까요? 잠시 1958년으로 돌아가보겠습니다. 미국의 물리학자 윌리엄 히긴보덤은 〈테니스 포 투Tennis for Two〉라는 게임을 개발합니다.

이 게임은 지금의 테니스 게임과는 비할 바가 되지 못합니다. 모니터의 검은 화면에 픽셀

〈테니스 포 투〉 유튜브 영상

로 네트와 평평한 바닥이 표시된 정도이죠. 조이스틱처럼 생긴 조작 장치를 이용해 공을 이쪽 저쪽으로 넘기는 것이 전부인 게임입니다.

최초의 디지털 게임이기는 하지만 컴퓨터로 개발되지 않았습니다. 당시에도 컴퓨터가 있었지만 이 게임은 컴퓨터가 아닌 전압 변화 표시장치인 오실로스코프oscilloscope 상에서 개발되고 플레이되었습니다.

지금 보면 조악하지만, 당시 히긴보덤이 이용한 기술들은 나름 최신의 기술이었습니다. 그는 '첨단 과학기술과 그래픽 기술을 즐거운 유희의 형태로 이용할 수 있지 않을까' 하는 생각으로 이를 만들었다고 합니다. 재미를 위해서였죠.

게임은 히긴보덤이 일하던 브룩헤븐 국립 연구소를 방문하는 손님들의 지루함을 달래기 위해 주로 이용되었다고 합니다. 마치 구글

1958년 윌리엄 히긴보덤이 개발한 세계 최초의 게임 〈테니스 포 투〉.
©Brookhaven National Laboratory (BNL)

의 웹 브라우저 '크롬'에서 인터넷 연결이 끊어지면 다시 연결될 때까지 오류 메시지와 함께 출력된 공룡 캐릭터로 달리기 게임을 할 수 있는 것처럼요.

히긴보덤처럼 많은 컴퓨터 산업 종사자들은 자연스럽게 컴퓨터를 이용해 게임을 개발합니다. 아마도 유희에 대한 인간의 기본적인 욕구도 한몫했던 것이겠죠. 컴퓨터 위에 또 다른 세상을 구현할 수 있는 기술이 생겼지만, 활용방법에 대한 구체적인 논의가 없는 상황에서 게임이 포문을 연 것이죠.

이후 평면, 즉 2D 게임의 시대가 옵니다. 누군가에겐 추억이고, 누군가에겐 처음 들어보는 이름일 수 있는 〈스페이스 인베이더〉 〈갤러그〉 〈테트리스〉와 같은 아케이드Arcade 게임을 시작으로 각종 게임들이 1990년대 후반까지 쏟아집니다. 물론 그 과정에서 꾸준히 그래픽 수준의 향상은 진행됩니다.

게임 기술은 1998년에 큰 터닝포인트를 겪습니다. 당시에 등장한 〈언리얼 엔진〉 덕입니다. 언리얼 엔진이란 지금 메타버스 게임으로 자주 언급되는 〈포트나이트〉의 개발사인 에픽게임즈Epic Games, Inc.에서 개발하고 공개한 게임엔진입니다. 게임엔진은 게임 개발에 필요한 각종 구성 요소들이 통합되어 있는 개발 소프트웨어라고 생각하면 됩니다.

원래 에픽게임즈의 게임인 1인칭 슈팅 게임 〈언리얼〉 제작을 위해 만들어진 이 게임엔진을 여러 기업에 제공 및 판매한 것입니다. 〈언리얼 엔진〉 덕에 3D 기반의 각종 비디오 게임이 등장하기 시작합니

<에픽게임즈>에서 개발하고 공개한 게임엔진인 <언리얼 엔진>. 게임 개발에 필요한 각종 구성 요소들이 통합되어 있는 개발 소프트웨어이다. ©Epic Games, Inc.

다. 지금에 비하면 여전히 그래픽은 조잡하고, 인물들의 움직임은 어색하지만 2D의 평면세계가 아닌 3D 가상세계가 게임의 배경으로 등장하기 시작한 것이죠. 이 같은 변화에 맞춰 소비자용 그래픽 카드, 소위 GPU가 처음으로 등장한 것도 이 무렵입니다. 게임 자체의 그래픽이 고도화하면서, 이를 이용하기 위한 소비자들의 컴퓨터 그래픽 처리 성능도 높아져야만 했기 때문이죠.

그래서 1999년 미국의 반도체 기업 엔비디아Nvidia는 "세계 최초의 GPU"라는 광고 카피와 함께 지포스 256GeForce 256을 내놓습니다. 이 지포스 시리즈는 아직까지도 엔비디아의 소비자용 그래픽카드 브랜드명으로 쓰이고 있습니다. 지금은 메타버스를 위한 필수품처럼 여겨지는 이 그래픽카드도 게임 산업의 발전에 따라 태어난 것이라 말할 수 있습니다.

게임의 3D 기술 발전은 2004년 유니티 엔진Unity이 등장하면서 더욱 가속화합니다. 유니티 엔진은 덴마크에서 20대 3명이 창업한 오버 디 엣지 엔터테인먼트Over the Edge Entertainment에서 개발한 게임 엔진입니다. 이들은 게임엔진 출시 이후 유니티 테크놀로지스Unity Technologies로 사명을 변경하죠. 지금은 이 유니티 테크놀로지스와 에픽 게임즈가 게임엔진 업계의 1, 2위를 다투고 있습니다.

최근 두 엔진의 기술은 현실보다 더 현실 같은 가상현실세계를 구현하는 수준까지 발전했습니다. 모래, 풀, 나뭇잎과 같은 사물object은 물론이고 시간 변화에 따른 일조량과 그림자 모양의 변화, 물결에 반사되는 햇살까지 구현하는 수준입니다.

┃콘텐츠는 어떻게 메타버스로 흘러갔을까?┃

기술로 구현한 가상세계, 게임 속 세상에 대한 이야기도 해야겠죠. 게임 콘텐츠에서 어떤 요소들이 더해지고 빠지면서 점차 게임이 메타버스적인 성격을 띄게 되었는지도 살펴보겠습니다.

그래픽 기술이 발전하면서 초기의 게임에도 가상현실 배경이 추가되기 시작합니다. 하지만 이를 메타버스에서 말하는 가상현실이라고 말하기엔 많이 부족합니다. 게임의 배경이 되는 공간이 가상이기는 했지만, 이용자가 또 다른 세상으로 느끼기엔 부족했죠. 게임 〈갤러그〉의 배경이 우주공간이지만 게임을 하는 우리가 우주를 여행하고 있다는 기분이 거의 들지는 않는 것처럼 말입니다.

하지만 그래픽 기술이 발전하면서 게임에도 좀더 발전한 가상현

PART 1 메타버스란 무엇인가?

실 배경이 구현되기 시작합니다. 이용자가 접속해서 활약할 수 있는 필드가 점점 발전한 것이죠. 광활한 우주세계를 그리기도 하고, 용암이 펄펄 끓는 지하세계를 구현하기도 합니다.

물리 지구의 요소들을 그대로 복제한 거울세계 형식의 가상현실 배경도 많이 등장하죠. 제2차 세계대전 배경의 1인칭 슈팅 게임 〈메달 오브 아너〉와 같은 게임이 대표적입니다. 이 게임은 노르망디 상륙작전의 격전지 중 하나인 오마하 해변Omaha Beach을 그대로 구현해 많은 관심을 받았죠. 물론 2002년에 출시된 만큼 지금의 그래픽과 비교하면 많이 부족하지만요.

1990년대 후반, 2000년대 초반을 지나며 많은 게임의 가상현실 레벨은 높아집니다. 2D를 벗어나 3D로 넘어가기 시작하죠. 이를 이용한 화려한 연출도 추가됩니다. 하지만 가상현실의 레벨만 높아졌다고 해서 메타버스가 된 것은 아닙니다. 여전히 연결성이 부족했죠. 당시의 게임은 주로 PC에 설치한 뒤 혼자 정해진 목표를 수행하는 1인 플레이 게임이 대부분이었습니다. 즉 나 혼자 가상현실을 즐기는 정도에 불과했죠.

하지만 1996년 게임 〈스타크래프트〉〈워크래프트〉〈디아블로〉 시리즈로 유명한 게임사 블리자드 엔터테인먼트가 온라인 대전 서비스 〈배틀넷Battle.net〉을 내놓으며 다시 한 번 변화가 옵니다. 배틀넷은 한 공간에 여러 이용자가 동시에 접속하게 하는 서비스입니다. 인터넷 기술을 이용해 여러 이용자가 동시에 한 공간에 접속하는 게 비로소 가능해진 것이죠. 메타버스가 잉태된 순간이 바로 이때가 아닐

까 합니다.

이용자들이 모이면서 이용자들의 캐릭터, 즉 아바타 간의 자유로운 상호작용에 대한 수요도 커지게 됩니다. 기존의 게임에서는 상호작용도 게임 내에서 정해진 것 외엔 하기가 힘들었습니다. 이미 정해져 있는 멘트, 예를 들어 "안녕하세요" "잘 부탁드립니다" "좋아요" 등을 클릭해서 출력하는 방식에 그쳤죠. 서로 충분한 메시지를 전달하기에는 어려운 환경이었습니다.

하지만 게임에도 채팅 기능이 추가되면서 본격적인 소통이 시작됩니다. 이때를 기점으로 게임에서 커뮤니티가 생기고, 메타버스화가 진행되기 시작합니다. 서로가 서로의 아바타를 상대방으로 대하고, 그 모습을 보면서 채팅을 통해 대화를 나누며 관계를 맺기 시작하는 것이죠.

이 같은 게임 서비스에서 게임적 요소, 그러니까 목표달성이나 사냥과 같은 요소를 제거하고 아바타와 커뮤니티적 요소만 떼어내어 만들어낸 서비스도 생겨납니다. 게임 기술 기반의 SNS 서비스인 셈인데요, 대표적으로는 최초의 메타버스 SNS 게임으로 알려진 〈세컨드 라이프〉가 있습니다.

게임 〈세컨드 라이프〉
트레일러

게임의 메타버스화는 MMORPG 장르의 게임들이 인기를 끌면서 급진전하게 됩니다. 일반적으로 MMORPG 장르 게임의 원조는 〈울티마 온라인〉이라는 게임을 꼽습니다. 플레이어끼리 모여서 단체를

MMORPG 장르 게임의 원조로 불리는 〈울티마 온라인〉. 플레이어끼리 모여서 단체를 만드는 길드(Guild) 시스템을 통해 강력한 커뮤니티를 구축했다. ©Electronic Arts

만드는 길드Guild 시스템을 통해 강력한 커뮤니티를 구축하죠.

이후 MMORPG 장르의 게임은 몇 년 동안 대세가 되는데요, 화려한 가상현실세계와 높은 자유도를 기반으로 점차 성장하게 됩니다. 게임의 성질 자체가 무조건적인 미션 수행과 레벨업과 같은 목표 달성에서 하나의 거대한 가상현실 플랫폼으로 변화한 것이죠.

게임에서 '자유도'란 이용자가 원하는 대로 아바타를 조종해 이곳 저곳을 탐험하는 등 게임 이외의 요소들을 즐길 수 있게 하는 가능성을 말합니다. 길 밖을 벗어나 이곳저곳을 탐험할 수 있는 이동의 자유, 정해진 목표(퀘스트)에 얽매이지 않고 자유롭게 돌아다닐 수 있는 선택의 자유 등을 모두 포함합니다.

이 같은 게임의 요소를 '오픈월드Openworld'라고도 합니다. 단어 그대로 열린 세계이죠. '이동의 자유'를 전제로 해 대부분의 게임 속

장소를 돌아다닐 수 있게 합니다. 이 같은 연결성을 통해 이용자들이 게임 속에 깊게 몰입할 수 있게 해주죠. 자유도는 게임의 메타버스적 요소 가운데 가장 중요한 지점입니다. 메타버스 가상세계는 물리적 제약이 없는 세상이니까요.

이러한 자유도를 바탕으로 게임 속에서 게임이 아닌 생활과 소통을 즐기는 플레이어들이 생기기 시작합니다. 대표적인 예시로는 게임 〈월드오브워크래프트〉의 해돋이 사례입니다. 이 게임에서는 현실의 시간 변화에 따라 해가 뜨고 집니다. 게임을 하다가 창밖이 어둑해지면 게임 안의 하늘에도 달과 별이 떠오르는 식이죠.

매년 1월 1일이 되면 마치 정동진에 해돋이를 보러 가듯, 플레이어들도 게임 내에서 해돋이가 잘 보이는 곳에 모여 새해 첫 일출을 보러 가곤 합니다. 게임에서도 이런 이용자들의 수요에 맞춰 게임 진행과 아무 상관이 없지만 재미삼아 소비할 수 있는 아이템, 그러니까 폭죽과 같은 것들을 제공하기도 했습니다.

이런 분위기에 맞춰 아예 게임을 사냥과 같은 전통 콘텐츠와 생활, 소통 콘텐츠로 분화해 동시에 제공하는 게임도 등장했습니다. 2004년 넥슨이 내놓은 〈마비노기〉이죠. MMORPG 장르인 〈마비노기〉는 세계 이곳저곳을 탐험하면서 레벨을 올리는 식의 캐릭터 육성을 기본으로 합니다. 하지만 반대로 마을에서 요리, 재봉과 같은 제작 기술로도 레벨업을 하고, 캐릭터를 육성할 수 있는 방법도 제시합니다. 심지어 음악은 연주하는 음유시인 직업으로도 레벨업을 할 수 있었죠.

이처럼 기존의 게임은 목표 해결, 경쟁 중심으로 시작했습니다. 하지만 사람들이 모여들고 커뮤니티가 구축되면서 자연스럽게 게임과 생활이 융합된 초기 메타버스 플랫폼으로 성장한 것입니다. 미션, 퀘스트 중심의 가상세계에서 다양한 체험과 소통이 가능한 메타버스 세상이 되어 가는 것이죠.

이 같은 진화는 샌드박스Sandbox의 개념이 등장하면서 가속화합니다. 샌드박스는 직역하면 (아이들이 가지고 노는) 모래상자입니다. 어린아이들이 모래놀이를 하듯 자유롭게 무엇인가를 만들 수 있는 장르의 게임을 뜻하는 개념이죠. 앞서 설명했던 오픈월드와 유사한 개념으로 이용되긴 하지만, 샌드박스의 경우엔 인게임in-game에서 이용자가 창작할 수 있는 요소가 더욱 많습니다.

게임 속의 툴tool을 이용해서 지형의 변화는 물론 다양한 사물들까지 만들어낼 수 있습니다. 이용자들은 가상공간에 직접 만든 다양한 객체objects를 활용해 전에 없던 공감각적인 체험과 시뮬레이션이 가능해지죠. 대표적으로 게임 속에서 얻을 수 있는 다양한 재료를 이용해 건물을 지어올리는 게임 〈마인크래프트〉가 있습니다.

게임 속에서 이용자가 자유롭게 콘텐츠를 만들어내는 것은 큰 변화를 가져옵니다. 게임 안에서 미니게임을 만들어 다른 이용자들과 함께 즐길 수 있게 하는 플랫폼이 등장하는 한편, 게임에서 만든 물건을 다른 이용자에게 판매하는 것까지 이어지죠. 디자이너와 개발자들이 만든 완제품을 소비하는 것에서, 콘텐츠 안에서 직접 생산한 콘텐츠를 소비하는 시대가 온 것입니다.

이런 샌드박스 장르 게임의 등장은 많은 이들에게 창작의 가능성을 열어줍니다. 마치 인간이 각자의 방법으로 사회에서 부가가치를 창출하듯, 게이머들도 단순히 게임을 소비만 하는 것이 아니라 삶의 터전으로 생각하게 했죠. 소비의 공간이었던 가상세계를 생산의 공간으로도 바꾼 것입니다. 단순히 게임이 메타버스의 인큐베이터가 된 것만이 아니라, 메타버스를 접하는 개념 자체를 바꾸는 데에 기여한 셈이죠.

게임 속 경제, 메타버스 경제의 체험판

메타버스 경제 혹은 가상경제 역시 게임에 상당 부분 빚진 것이 있습니다. 사람들이 무형의 자산에도 가치를 부여할 수 있다는 생각을 하게 했죠. 온라인으로 이용자끼리 이어진 MMORPG 장르에서는 아이템이 매우 중요합니다. 남들보다 더 강한 장비를 갖추면, 더 강한 플레이어가 될 수 있죠. 혼자서 게임을 할 때에는 상대적으로 덜 중요하던 부분이 기술 발전으로 중요해진 것입니다.

더 좋은 장비를 갖추면 더 강한 적을 사냥할 수 있고, 그 보상으로 더욱 좋은 장비를 획득할 수 있게 됩니다. 이 같은 선순환을 경험한 이용자들은 더 좋은 장비를 찾고, 다른 이용자와 거래하기 시작합니다. 물론 그 게임 속에서 한정된 가치이긴 하지만, 좋은 장비의 가치는 올라갑니다. 무형의 자산에도 가치가 부여되기 시작한 것입니다.

처음엔 게임 내 화폐로 아이템을 거래합니다. 하지만 아이템의 수는 한정되어 있고, 원하는 이들은 많죠. 그러다 보니 점차 가격이 상승하고, 게임 내에서 이용자가 일반적인 플레이로 모을 수 있는 화폐의 단위를 넘어서게 됩니다. 여기서 일반적인 플레이란, 하루 몇 시간 게임에 접속해서 사냥과 퀘스트를 통해 모으는 화폐를 말합니다. 게임에 시간을 투입해야 얻을 수 있는 화폐이죠.

그러나 게임에 그만큼의 시간을 투자할 수 없는 이들도 있죠. 그렇다고 게임 능력도 포기할 수 없습니다. 결국 이런 수요가 아이템 현금거래로 이어집니다. 현금으로 아이템의 값을 지불하고, 온라인상에서 아이템을 인도받는 것입니다. 가상의 물건을 현실의 화폐를 주고 구입하는 것이죠. 아이템을 직접 거래하기 어렵다면 현금으로 게임 속 화폐를 구입한 뒤, 이 화폐로 게임 속에서 쇼핑을 합니다.

자연스럽게 이 같은 활동을 전문적으로 해 수익을 올리는 이들도 생깁니다. 남들보다 더 많은 시간을 투자해서 얻은 게임 속 자산을 현금으로 받고 판매하는 것이죠. 이 같은 아이템 거래의 규모는 한국을 기준으로 1조 5천억 원에 달한다고 합니다. 게임 〈리니지〉의 유명 아이템 '진명황의 집행검'은 3천만 원이 넘는 가격에 거래가 되기도 했습니다.

물론 게임 운영사에서 이를 공식적으로 허용하는 것은 아닙니다. 많은 게임사에서 이 같은 활동을 불법 행위로 규정하고 근절하기 위해 노력하고 있죠. 아이템을 한 번 획득하면 양도할 수 없게 하는 귀속 시스템을 도입한다거나, 비정상적인 골드 거래가 있으면 이와 관련된 캐릭터와 계정을 제재하는 식으로요.

가상경제가 현실경제와 연결되어 있기는 했지만, 사실은 음성적이었던 것이죠. 이 때문에 아이템 사기 등의 사회적 문제가 발생하기도 했습니다. 현실에서 거래에 얽힌 이용자끼리 위해를 가하는 일도 생기기도 하고요. 이 같은 현금 거래의 어두운 면도 없지는 않습니다.

하지만 최근에는 이 양상도 변화하고 있습니다. 게임 운영사가 아이템 공급자에서 플랫폼으로 변화하고 있기 때문이죠.

이전의 게임 경제는 게임 운영사, 즉 공급자가 제공한 아이템을 중심으로 이뤄지는 거래였습니다. 게임 내에서 정해진 아이템이 있고, 이 아이템을 소비하는 과정에서 값이 매겨지는 식이었죠. 하지만 이제는 변화하고 있습니다. 이용자가 직접 게임 안에서 게임과 아이템을 생산하고, 이를 다른 이용자에게 판매하는 일들이 생기고 있죠. 게임이 콘텐츠 그 자체이자, 하나의 플랫폼이 되는 것입니다.

게임 속 가상경제가 이용자 생산, 이용자 소비 중심으로 바뀌어가고 있습니다. 현실경제와의 연계 역시 게임 운영사에서 마련한 방식으로 이뤄집니다. 일정 수수료를 지불하고 게임 화폐를 현금으로 환전하는 방식이죠.

이미 이 시장의 규모는 커지고 있습니다. 이런 플랫폼의 선두주자가 〈로블록스〉입니다. 700만 명이 넘는 〈로블록스〉 이용자들이 5천만 개가 넘는 게임을 로블록스 스튜디오Roblox Studio 기능을 이용해 만들었습니다. 이들이 얻은 수익도 2018년 7,180만 달러(약 825억 원)에서 2020년 3억 2,860억 달러(약 3,778억 원)으로 4배 이상 늘어난 상태입니다.

┃메타버스화하는 게임, 게임화하는 메타버스┃

이 과정에서 게임의 색채가 옅어지는 경향도 보입니다. 특히 메타버스 게임을 표방하는 게임의 경우엔 플랫폼화하고, SNS적 요소를 추가하면서 게임인지 SNS 서비스인지 구분하기 어려운 정도까지 왔습니다. 그래서 메타버스 게임을 처음 접하는 이들이 오히려 더 헷갈리는 것이죠.

예를 들면 메타버스 게임의 대명사 〈포트나이트〉는 원래 이용자끼리 1명이 남을 때까지 전투를 벌이는 배틀 로열Battle Royale 장르의 게임입니다. 하지만 가상세계에서 좀더 교류하고 그 세상 자체를 즐기고 싶어 하는 이용자들의 요구가 많아지자 생활·소통·문화 공간인 파티로열Party Royale 공간을 추가했습니다. 이 공간에서 이용자들은 다른 이용자들과 함께 칵테일 파티를 즐기며 휴식을 취할 수 있죠. 게임에 SNS를 추가한 셈입니다.

반대의 경우도 있습니다. 메타버스 SNS 서비스가 게임을 추가하는 것이죠. 전 세계 2억 명이 쓴다는 메타버스 SNS 서비스 〈제페토〉는 2021년 하반기에 게임 만들기 기능을 추가할 예정입니다. 이용자들이 직접 만든 게임을 공유하고 이를 통해 수익을 낼 수 있게 한다는 계획입니다. 아마도 게임이 이용자들을 붙잡아두는 데 효과적이기 때문이겠죠.

이처럼 게임은 그 자체로 완벽한 메타버스는 아닙니다. 하지만 메타버스의 개념을 제안하고, 또한 이용자들이 가상세계에 익숙해지는 데 있어서는 좋은 경험이 되었습니다. 메타버스의 많은 요소들이 게임에서 왔고, 또한 게임을 통해 실제로 작동한다는 것을 확인했으니까요. 메타버스가 게임처럼 보이는 이유도 그래서일 겁니다. 우리에게 익숙한 모습이기 때문이죠.

많은 게임들이 메타버스화할 것으로 보입니다. 이용자들이 원하는 요소들을 추가하다 보면 결국 그 방향성은 메타버스로 향하기 때문이죠. 게임의 메타버스화는 기술과 콘텐츠 양면에서 끊임없이 진행될 것입니다. 기술적으로는 대표적인 메타버스 기기인 VR기기에 맞춰 VR게임들이 개발되고 있으며, VR 세계 속에서 또 다른 가상 세계를 완벽하게 구현하기 위한 각종 그래픽 기술이 개발되고 있습니다.

콘텐츠 역시 진화중입니다. 아직 VR 기기를 위한 오픈월드 게임은 부족한 편입니다. 인기 있는 VR 게임 대부분이 옛날 아케이드 게임 수준이죠. 이용자는 가만히 있고 날아오는 사물을 상대하는 방식으로 게임이 진행됩니다. 하지만 이 역시 주변기기의 발달에 힘입어 다양한 게임이 등장할 것으로 보입니다.

메타버스에서 아바타는
어떤 역할을 할까?

▶▶▶

메타버스 세상 속에서 '나'를 대신하는 나의 아바타.
나를 제대로 표현하기 위해 아바타의 모습도 진화하고 있다.

아바타란 무엇일까?

메타버스의 또 다른 구성요소, 아바타에 대해서도 알아보겠습니다.
아바타는 가상세계 메타버스에서 거의 필수적으로 이용되고 있습니
다. 메타버스에 접속하려는 이용자는 계정을 생성하는 순간 하나의
아바타를 만들 것을 요구받죠.

아바타의 어원은 화신化身이라는 뜻의 산스크리트어입니다. 본래
는 뜻의 종교적인 용어입니다. 지상에 내려온 신의 분신을 뜻하죠.
인간의 눈에 보이지 않는 신이 자신의 모습을 드러내야 할 때 이용
하던 또 다른 신의 자아인 셈입니다. 다른 세상, 다른 차원에 있는
신이 현실에 있는 인간들 앞에 모습을 드러내기 위해 이용하는 가상

의 육체라고도 할 수 있습니다.

지금의 아바타는 이런 종교적인 의미는 사라진 상태입니다. 대신 그 개념은 그대로 차용해왔죠. 이제 인간이 물리 지구가 아닌 다른 세계에 자신의 모습을 등장시켜야 할 때 이용하고 있습니다.

아바타라는 단어가 대중들에게 깊게 각인된 것은 2009년 개봉한 영화 〈아바타〉 덕일 겁니다. 사실 영화 〈아바타〉는 지금의 기준으로는 메타버스 영화로 분류하기 어렵습니다. 가상세계에 접속하는 것이 아니라 인간의 신체와 외계 종족의 신체를 정신으로 연결하는 개념이기 때문이죠. 그럼에도 이런 제목이 붙은 이유는 아마도 인간의 정신이 다른 세계, 다른 종족의 육체로 전이되는 설정 때문인 것으로 추정합니다.

영화에서도 다양한 아바타가 등장하기 시작합니다. 영화 〈레디 플레이어 원〉의 주인공 웨이드 오웬 와츠는 가상현실세계 오아시스에 접속하면 퍼시벌이라는 아바타의 몸을 빌립니다. 영화 〈매트릭스〉의 주인공 네오 역시 정확하게는 토머스 A. 앤더슨이라는 현실세계 인물이 가상세계에 접속할 때 구현되는 아바타의 이름입니다.

이처럼 아바타가 메타버스의 요소가 된 이유는 메타버스라는 단어를 처음 사용한 소설 『스노 크래시』에서 아바타가 등장하기 때문입니다. 당시 소설에서는 사람들이 가상의 세계 메타버스에 접속해서 아바타라는 가상의 신체를 빌려 활동한다는 내용이 나옵니다.

물론 대중매체에서 아바타가 가장 먼저 이용된 것이 이 소설은 아닙니다. 가상세계에 구현된 분신을 표현하기 위해 아바타라는 용어를 사용한 것은 1985년 출시된 MMORPG 게임 〈하비타트Habitat〉입니다. 이 게임에서 가상세계, 즉 게임 속 플레이어가 조종하는 캐릭터를 아바타라고 표현했습니다.

지금 통용되는 아바타의 개념은 디지털로 구성된 가상세계에 만들어낸 또 다른 나의 모습입니다. 이런 아바타는 서비스에 따라 다양한 이름으로 불립니다. 많은 게임에선 캐릭터Character라고 불리고, 〈싸이월드〉에서는 미니미mini-me라는 이름으로 불렸습니다. 그러나 본질적으로는 모두 같은 개념입니다. 나의 의지에 따라 움직이는 나의 분신이죠.

메타버스 세상 속에서는 아바타가 이용자의 역할을 대신하게 됩니다. 가상공간에서 또 다른 나로 꾸며지고, 사회를 구성하고 생활하게 되죠. 이용자는 아바타의 입을 빌려 대화하고, 자신의 의견을 피력합니다.

최종적으로 다양한 메타버스 플랫폼에서는 아바타가 입력장치의 역할을 합니다. 메타버스 세상 속 다양한 요소들을 조작하고 변화시키기 위해서 아바타를 조종하고, 아바타가 이와 상호작용하게 만들어야 하죠.

|또 다른 나, 아바타|

그렇기에 아바타는 단순한 애니메이션 캐릭터 그 이상의 의미를 지닙니다. 메타버스 세상 속 다른 이들에게 나의 존재를 알릴 수 있는 매개체가 아바타입니다. 아바타 없이는 메타버스 속에 존재하기 어럽죠. 다른 한편으로 아바타는 메타버스 속 동료들과 소통하는 창구이자 나를 표현하는 수단이 됩니다.

그렇기에 아바타는 메타버스의 시작점입니다. 메타버스에 접속하기 위해선 계정을 생성하고 아바타를 만들어야 하기 때문이죠. 메타버스의 가장 중요한 특성을 반영하는 것도 아바타입니다. 메타버스 세상의 무한한 상상력과 자유로움을 반영하기 때문입니다. 대부분의 메타버스 서비스에서는 이용자가 원하는 모습대로 아바타를 꾸밀 수 있게 허용합니다.

이런 아바타에도 다양한 스펙트럼과 유행이 있습니다. 정확히는 메타버스에 대한 인식의 변화에 따라 아바타를 대하는 이용자들의 태도도 조금씩 변화하고 있는 것이라고 생각합니다.

아바타가 최초로 등장한 것이 게임이었듯, 초기 아바타는 주로 게임 콘텐츠에서 이용되었습니다. 특히 RPG게임에서 많이 이용되었죠. 의사소통의 매개체라기보단 게임 진행을 위한 도구였죠. 이용자가 이를 조종해서 목표를 수행하는 수단이었습니다. 그래서 이 시기에는 아바타라는 이름보다는 플레이어 캐릭터Player Character라는 이름으로 불렸습니다.

이 시기의 아바타는 미리 어느 정도의 형상을 갖춘 경우가 대부분이었습니다. 자동으로 할당되는 설정, 프리셋preset이라고도 합니다. 게임 속 직업에 따라 아바타의 형상이 다를 뿐 세부적인 외형은 수정할 수 없었죠. 착용한 아이템에 따라 겉모습이 조금씩 달라지기는 했지만 체형이나 피부색 같은 외모적 요소는 변환할 수 없었습니다.

NC 소프트의 MMORPG 게임 〈블레이드 & 소울〉의 캐릭터 생성 화면. ©NCSoft

대표적으로 2000년에 출시된 블리자드엔터테인먼트의 〈디아블로2〉를 생각해보겠습니다. 캐릭터 선택 화면에서 소서리스, 아마존, 바바리안과 같은 직업은 선택이 가능하지만 외형과 성별은 전혀 수정할 수 없습니다. 여기에서 조금 발전한 것이 같은 해 출시되었던 웨스트우드스튜디오의 〈녹스〉입니다. 전사, 소환사, 마법사, 이 세 가지의 직업 중 하나를 선택하면 캐릭터의 머리색이나 피부색 정도를 바꿀 수 있었죠.

2000년대 중반을 지나면서부터 캐릭터의 외형을 바꿀 수 있게 하는 RPG게임들이 여럿 등장합니다. 캐릭터의 각종 요소들을 수정할 수 있는 기능, 즉 캐릭터 커스터마이징customizing이 게임의 주요 마케팅 요소가 되었죠.

성별은 물론 신체 요소까지 수정할 수 있게 허용했습니다. 피부, 키, 얼굴크기, 다리길이, 헤어스타일과 같은 요소는 기본이고 눈썹 모양, 입 모양, 입술의 색깔까지 수정할 수 있는 기능을 추가했습니다. 심지어 캐릭터의 어깨너비와 골반너비까지도 조정할 수 있게 했죠.

그래서 그 시기에 PC방을 가보면 남성들이 게임 속에서는 8등신의 굴곡진 몸매의 여성형 캐릭터를 플레이하는 모습을 쉽게 찾을 수 있었습니다. 반대로 여성 게이머들이 근육질의 남성 전사 캐릭터를 선택해 대검을 휘두르며 적을 사냥하는 모습도 볼 수 있었습니다.

이 시기 아바타에 대한 인식은 지금과 현저히 다릅니다. 이용자의 투영률이 매우 낮죠. 가상세계 속 또 다른 '나'라는 인식은 거의 없었습니다. 게임을 통해 얻어낸 결과물이자 게임 속에서 얻은 아이템들을 전시하는 하나의 쇼룸의 마네킹으로 활용되었습니다.

하지만 본격적인 메타버스 세상이 오면서 아바타에 대한 인식도 변화하고 있습니다. '나를 투영한 가상세계 속 또 다른 나'라는 인식이 강해지고 있죠. 그래서 최근에는 이용자의 실제 얼굴을 기반으로 아바타를 제작하는 서비스가 크게 늘고 있습니다.

물론 얼굴을 그대로 옮기는 것이 아니라, 이용자의 얼굴을 스캔한 뒤 애니메이션화한 서비스가 인기입니다. 전반적인 얼굴의 형태는 비슷하지만 안경이나 헤어스타일 같은 특징적인 부분을 살려 아바타를 구성합니다. 이용자의 얼굴을 기반으로 이모티콘을 만들어주는 애플의 〈미모지Memoji〉나 AR카메라 기능을 활용해 캐릭터를 만들어주는 〈제페토〉의 서비스가 대표적입니다.

이용자의 얼굴을 기반으로 이모티콘을 만들어주는 애플의 〈미모지〉. ©Apple

오히려 많은 커스터마이징이 가능했던 과거와 달리 지금의 메타버스 서비스에서는 아바타의 신체 구조는 제한적으로 운영하고 있습니다. 인간에 가까운 7~8등신 캐릭터이든(〈제페토〉〈포트나이트〉), 머리가 전체 몸통의 반 가까이를 차지하는 가분수 캐릭터이든(〈로블록스〉〈마인크래프트〉) 키를 늘리거나 몸집을 키울 수는 없습니다.

대신 많은 이용자들이 자신의 외모를 기초로 한 아바타에 현실에서는 하기 어려운 피어싱을 더한다거나, 과감한 색상의 머리로 염색을 하는 등 개성을 더하고 있습니다. 즉 현실과 완전히 단절된 캐릭터를 만들기보다 현실의 모습을 반영한 아바타를 만들고 있는 것입니다.

결국 커뮤니케이션의 매개이기 때문에 개성은 살리되 남들에게 크게 이질감이 없는 모습을 선택하는 것입니다. 메타버스 속 사회에서 남들과 소통하기 위해 선택한 하나의 방식인 것이죠. 다른 한편으로는 메타버스를 그저 게임이 아니라 하나의 또 다른 세상이자 사회로 진지하게 임하는 태도가 반영된 것입니다.

물론 익명성에 대한 문제도 있습니다. 아바타는 메타버스 속 디지털 조각에 불과합니다. 내가 로그아웃을 하면 아바타도 그 세상에서 사라지는 것이죠. 가상세계에서 문제를 일으켜도 로그아웃만 하면 됩니다. 현실세계에서보다 훨씬 더 쉽게 잠적할 수 있죠. 다시 돌아온다고 해도 외형만 바꾸면 끝입니다.

이 같은 익명성은 아바타가 대중화하기 전, 온라인 공간이 생긴 직후부터 사회적 문제가 되었습니다. 익명성 뒤에 숨어 행해지는 욕설과 같은 폭언과 성희롱 등이 대표적입니다. 메타버스 세상을 맞이하는 지금도 가장 큰 문제로 꼽힙니다.

하지만 이 익명성이 메타버스 세상을 가치 있게 만들기도 합니다. 진짜 내가 아닌 아바타를 통한 의사소통 덕에 더 과감하고 자신 있게 행동할 수 있게 되죠. 예를 들어 채용설명회 같은 곳입니다. 최근 SK텔레콤이나 LG이노텍과 같은 대기업 계열사들이 메타버스 공간에서 아바타 채용설명회를 개최했습니다. 코로나19와 무관하게 수천 명의 지원자들이 아바타로 참석해 인사담당자와 긴밀하게 소통했다고 합니다.

채용설명회를 주최했던 한 인사담당자는 지원자들의 과감함에 놀랐다고 했습니다. 현장 채용설명회에서도 질의응답 순서가 있지만, 그 자리에서 나오지 않는 날카로운 질문들이 쏟아졌다고 합니다. 심지어 회사의 근무환경이나 대외적 평판, 정시퇴근과 같은 워라밸

work-life balance 관련 질문도 많이 나왔다고 합니다.

대면 채용설명회라면 쉽게 하기 어려운 질문들입니다. 할 말을 다 하는 MZ세대여서, 소위 '세대가 바뀌어서' 이런 과감한 질문이 나온다고 보기도 어렵다는 게 담당자들의 의견입니다. 아바타라는 커뮤니케이션 수단 덕에 이런 날것의 대화가 가감없이 진행될 수 있었다는 후기를 전했습니다.

비슷한 일은 학교에서도 벌어지고 있습니다. 아바타로 강의를 진행하는 한 대학 교수는 줌Zoom과 같은 화상채팅 프로그램을 이용하는 것보다 아바타로 강의를 진행할 때 학생들의 참여도가 더욱 높았다고 말합니다. 아바타끼리의 토론이 아직은 채팅으로 이뤄져서 정신이 없기는 했지만, 다들 자신의 의견을 드러내는 데 거리낌은 없었다고 합니다.

이는 대면수업이나 화상회의 툴을 이용한 원격수업과 달리 얼굴이 드러나지 않아 학생들이 심리적 부담을 덜 느끼고 실수를 민감하게 받아들이지 않기 때문입니다. 아바타가 오히려 수업 참여율을 높이는 결과를 가져왔습니다.

물론 두 케이스 모두 이 과정에서 참여자들의 적극성은 돋보였지만 무례함은 거의 없었다고 합니다. 나의 얼굴을 그대로 드러내지 않으니 자신감은 높아진 반면, 반대로 나와 연결된 아바타인 만큼 서로 예절은 지켰다는 것이죠.

이처럼 메타버스 속 아바타에 대한 인식도 진화합니다. 가상세계를 즐기는 단순한 도구에서, 나를 반영한 분신으로 인식이 바뀌고 있는 것이죠. 많은 서비스에서 이용자들의 사진을 바탕으로 아바타를 만들어주는 이유도, 이를 선호하는 이용자들이 늘어나는 것도 이런 이유일 듯합니다. 아바타를 하나의 인격체로 대하기 시작하면서 메타버스의 수준은 더욱 높아집니다.

메타버스의 세계관이란
과연 무엇인가?

생소한 단어이지만 익숙한 개념인 '세계관'.
이를 기반으로 우리는 관계를 만들어간다.

| 가상세계의 룰, 세계관이란? |

메타버스 세상을 여행하다 보면 세계관이라는 표현을 듣게 됩니다. 세계관이 익숙한 분들도 있고, 아닌 분들도 있을 겁니다. 세계관이란 쉽게 말해 특정 세계universe를 관통하는 설정입니다. 소설, 만화, 영화, 게임의 배경을 구성하죠.

세계관이 포함하는 요소는 다양합니다. 전체적인 이야기, 즉 스토리라인storyline을 비롯해서 인물, 인물간의 관계, 인물들이 생활하는 방식까지 모두 포함합니다. 사실상 모든 픽션fiction이 세계관이라고 할 수 있는데요, 세계관이 촘촘할수록 작품의 완성도는 높아지고 이용자들은 이 세계에 빠져들게 됩니다.

소설 『반지의 제왕』 세계관에 관련된 내용만 따로 모은 책 〈실마릴리온〉.

대표적으로는 〈반지의 제왕〉 시리즈가 있습니다. 〈반지의 제왕〉 시리즈는 촘촘한 세계관으로 유명합니다. 작가 J. R. R. 톨킨은 호빗, 드워프, 엘프와 같은 종족에 대한 설정은 물론이고 각 종족의 언어까지도 섬세하게 디자인했습니다. 소설 속에 등장하는 엘프어는 실제로 하나의 언어로 작동할 수 있을 정도라고 합니다. 이런 〈반지의 제왕〉 세계관에 관련된 내용만 따로 모은 책 〈실마릴리온〉이 출판되었을 정도이죠.

현대를 배경으로 하는 작품에서도 세계관은 중요합니다. 이야기 전개에 있어 기본적인 개연성을 부여하고 인물들의 행동을 이해하는 데 도움이 되기 때문입니다. 흔히 영화와 소설에서 작품의 초반부에 세계관을 설명하는 데 많은 부분을 할애하는것도 이런 이유에서입니다. 주로 영화에서는 이런 식의 자막으로 세계관을 압축해 제시하죠. "20XX년 지구는 환경오염으로 더 이상 인간이 살 수 없는 땅이 되었다. 이에 세계 연합 정부 OO는 우주선에 선발대를 태워 우주 탐사에 나서는데….."

또 다른 예를 들어보겠습니다. 영화 〈어벤져스〉 시리즈를 생각해보죠. 어벤져스의 배경은 현대입니다. 보통 영화가 개봉하는 연도를 배경으로 하죠. 하지만 〈어벤져스〉가 포함된 마블 시네마틱 유니버스Marvel Cinematic Universe의 세계관은 현실과 조금 다릅니다. 현실 지구 말고도 다양한 외계 행성이 존재하고 이 행성에서 건너온 외계 종족이 지구에 살고 있다는 설정입니다.

또한 세계 최고의 기업이 〈아이언맨〉의 주인공인 토니 스타크의 회사 스타크 인더스트리라는 것 역시 이 회사의 세계관에 포함되는 항목이죠. 그래서 외계인의 침공과 등장에도 〈어벤져스〉 세계관 속 사람들은 외계인 그 자체에 놀라지 않습니다. 뉴욕 한복판에 현실에는 없는 스타크 타워가 서 있어도 어색하게 여기지 않는 것 역시 세계관 덕입니다. 관객 역시도 이 세계관을 이해해야 영화에 조금 더 몰입할 수 있죠.

이 세계관은 게임에서도 일반적입니다. 세계관을 바탕으로 스토리를 이어가고, 새로운 인물들을 등장시키며 콘텐츠를 확장해가죠. 때로는 이 세계관이 게임 외의 콘텐츠로 스핀오프●spin-off 되기도 합니다. 다른 말로 지적재산권IP, intellectual property 활용이라고도 합니다. 잘 짜여진 세계관은 하나의 재산이라는 의미도 되죠.

대표적인 게임 IP 스핀오프의 사례가 〈워크래프트〉 시리즈입니다. 블리자드엔터테인먼트는 1994년에 출시한 실시간 전략 게임RTS, real-time strategy 〈워크래프트〉 시리즈의 세계관을 기반으로 총 3편의 RTS 게임(《워크래프트》 〈워크래프트2〉 〈워크래프트3〉)과 MMORPG 〈월드오브워크래프트〉를 내놓았습니다. 더 나아가 카드트레이딩게임 〈하스스톤〉까지 내놨죠. 마찬가지로 IP를 활용해 10편이 넘는 소설과 만화를 내놨고, 심지어 2016년에는 영화까지 제작했습니다.

영화 〈워크래프트〉 예고편

스핀오프는 영화나 소설에서도 활발하게 이뤄집니다. 〈해리포터〉 시리즈를 보겠습니다. 영국의 평범한 기차역 중 하나인 킹스크로스역King's Cross railway station은 해리포터 시리즈의 등장 이후 늘 관광객으로 붐빕니다. 이들은 대개 8번과 9번 승강장 주위를 기웃거리고 있죠. 소설 속에서 주인공 해리포터 일행이 마법학교 호그와트로 가기 위해 탑승하는 급행열차의 승강장이 9와 3/4 승강장이기 때문입니다. 벽을 향해 달려가면 승강장이 등장한다는 설정 덕에 오늘도 많은 관광객들과 〈해리포터〉 팬들은 승강장을 찾고 있죠.

● **스핀오프(spin-off)**
기존의 작품(본편)에서 따로 나온 작품을 말한다. 주로 텔레비전 드라마나 영화, 만화, 비디오 게임 분야에서 사용되는 용어이다.

게임 〈워크래프트〉 시리즈의 세계관을 바탕으로 출시된 소설 『Beyond The Dark Portal』. ©Blizzard Entertainment

소설만큼이나 인기를 끌었던 〈해리포터〉의 영화화 역시 IP의 확장 사례입니다. 이 영화를 바탕으로 영화의 제작사인 유니버설 스튜디오는 자신들의 테마파크에 해리포터 스토리를 기반으로 한 놀이기구를 설치했습니다. 오늘도 수많은 관광객들이 여기에 탑승하기 위해 줄을 서고 있죠.

▌메타버스와 세계관 ▌

또 하나의 세계universe인 메타버스 세상에서도 세계관은 매우 중요합니다. 어떤 식으로 완성되고 구현될지는 모르지만, 콘텐츠를 확장해

나가는 데 있어 중요한 키가 될 것입니다. 특히 메타버스에 익숙한 이용자일수록 디지털 공간을 또 하나의 세계로 인식하는 경향이 큽니다. 그렇기 때문에 더욱 촘촘한 세계관을 구성해야 이들이 이 서비스에 더욱 오래 머물 가능성이 높아집니다.

게임 기반의 메타버스 세상을 준비하는 이들이라면 세계관은 더욱 필수입니다. 특히 콘텐츠의 소비 패턴의 면에서 봐야 합니다. 게임 기반 메타버스도 장기적으로는 커뮤니티가 구축되고, SNS적인 요소들이 추가되면서 메타버스로 안착합니다. 하지만 서비스 초기에는 이런 커뮤니티 구축이 쉽지 않습니다.

계정을 갓 생성한 이들은 친구도, 길드도, 커뮤니티도 없죠. 게임에 홀로 접속해서 즐길 것이라곤 게임 그 자체뿐입니다. 그래서 게임 자체가 완성도 높은 하나의 콘텐츠가 되어야 합니다. 게임을 플레이하다 보면 함께 미션을 수행한 동료들이 자연스럽게 친구가 되고, 장기적으로 하나의 커뮤니티가 형성되는 것입니다. 그렇기에 이용자들이 납득할 수 있는 촘촘하고 매력적인 세계관을 제시하는 서비스만이 살아남을 것입니다.

그렇다고 해서 SNS 기반의 메타버스에 세계관이 중요하지 않은 것은 아닙니다. 사람들이 모여서 SNS 서비스, 즉 커뮤니티 활동을 즐기겠지만 이것만으로 이용자들을 붙잡아둘 수는 없습니다. 일단 커뮤니티가 구성되면 다같이 즐길 거리가 필요합니다. 현실에서 친구들끼리 모여 수다를 떨 때에도 공통의 주제가 있으면 더욱 몰입하게 되는 것처럼 말이죠. 나아가서 다 같이 운동을 즐기거나, 여행을 간다면 즐거움은 더욱 커집니다.

그래서 SNS 메타버스 속에 함께 즐길 거리를 추가하기 위해서라도 세계관이 필요합니다. 군이 게임을 추가하지 않더라도 말입니다. 이용자들이 모여 수다를 떠는 메타버스 공간에 나무 한 그루를 심어도, 스토리가 있다면 더 자연스럽겠죠.

아이템 혹은 아바타를 위한 스킨을 제작해도 세계관이 반영된다면 더 매력적일 수 있습니다. 이를 위한 준비에 박차를 가하는 것이 네이버입니다. 네이버웹툰은 최근 〈제페토〉를 운영하는 네이버제트와 손을 잡았습니다. 이미 드라마화나 영화화 하며 가능성을 보여준 네이버웹툰의 다양한 IP를 〈제페토〉에 이식할 것이란 전망입니다.

웹툰 속 등장인물이 〈제페토〉에 NPC●로 등장할 수도 있습니다. 아니면 이 IP를 기반으로 〈제페토〉 안에 또 다른 세상을 만들 수도 있고, 웹툰에 등장한 의상과 아이템을 아바타용 스킨으로 만들어 판매할 수도 있고요.

이런 세계관은 최근 메타버스의 진출로 눈길을 돌리고 있는 케이팝K-Pop 아티스트들에게도 중요합니다. 아티스트의 아바타가 팬들과 함께 공존할 가상세계를 구축하는 것이 목표인 만큼, 세계관 역시 중요하다 할 수 있습니다.

이를 선제적으로 하고 있는 곳이 SM엔터테인먼트입니다. SM엔

● NPC(Non Player Character)
비플레이어 캐릭터라는 뜻으로 플레이어 캐릭터가 아닌 캐릭터를 통칭하는 말. 주로 게임에서는 일반적으로 일정 수준 이상의 상호작용이 가능한 캐릭터들을 통칭한다.

현실 세계에 존재하는 아티스트 멤버와 가상세계에 존재하는 아바타 멤버가 소통하며 성장한다는 스토리텔링을 기반으로 하는 걸그룹 에스파. ⓒSMentertainment

터테인먼트는 문화 세계관 SMCU^{SM Culture Universe}를 구축하고 있습니다. 스토리텔링 콘텐츠를 통해 소속 아티스트와 음악을 표현하는 프로젝트이죠. 2011년 데뷔한 보이그룹 엑소^{EXO}가 그 시작입니다. 엑소는 태양계 외행성을 뜻하는 엑소플래닛^{exoplanet}에서 온 12명의 소년들이라는 설정이 붙었습니다. 외계에서 온 인물들답게 각 멤버들이 빛, 물, 바람과 같은 힘을 지니고 있는 것이 특징입니다.

2020년 데뷔한 걸그룹 에스파^{aespa}도 독특한 세계관을 갖고 있습니다. 현실세계의 아티스트 멤버와 가상세계의 아바타 멤버가 소통하며 성장한다는 스토리텔링을 기반으로 합니다. 아예 아바타 가수도 그룹에 포함해 인간 4명과 아바타 4명, 총 8인조 그룹이라는 새로운 개념도 제시했죠.

걸그룹 에스파의
세계관 소개 영상

둘의 연결을 방해하는 블랙맘바Black Mamba라는 존재도 있습니다. 블랙맘바가 떠도는 광야라는 세계도 존재합니다. 둘의 이 같은 설정은 각 그룹의 노래 가사에도 반영됩니다. 자신들의 세계관을 설명하거나, 혹은 세계관 속에서 진행되고 있는 일을 자연스럽게 가사에 표현하는 방식이죠.

Yeah- EXO-M, EXO-K 우리가 시작하는 미래 History
저 태양처럼 거대한 하나란 걸 아는 날
Oh- 하나의 심장에 태양에 끝없이 우린 하나로 강해지고 있어
I need you and you want me 지구란 이 별에서 오- 오-
Every, every, everyday 내가 만든 History
- EXO 〈History〉의 일부분

I'm on the next level yeah
절대적 룰을 지켜
내 손을 놓지 말아
결속은 나의 무기
광야로 걸어가
알아 네 home ground
위협에 맞서서
제껴라 제껴라 제껴라
- 에스파 〈Next Level〉의 일부분

BTS(방탄소년단)도 꾸준히 세계관을 확장해가고 있습니다. 데뷔 때부터 세계관을 확정하고 이를 확장하고 있는 SMCU와는 조금 다른 방식입니다.

BTS는 2015년에 내놨던 '화양연화' 3부작 시리즈부터 본격적인 스토리를 구축했습니다. 소년들이 각자의 트라우마로 어려운 시기를 보내지만 이를 극복하고 성장하는 이야기를 몇 개의 연속적인 앨범을 통해 완성해가고 있습니다.

이 이야기들을 재료 삼아 네이버와 합작으로 웹툰도 만들었습니다. 전 세계 7개 지역에서 동시 공개하면서 10~20대들에게 큰 인기를 끌었죠. 웹툰뿐 아니라 소설로도 출간되었습니다. 앨범에 수록되었던 짤막한 스토리를 모아 확장한 뒤 234쪽 분량의 일기 형식의 소설 〈화양연화 더 노트1〉으로 출간했죠. 이 역시 한국어, 영어, 일본어판으로 출간될 정도로 높은 관심을 끌었습니다.

이처럼 확실하게 정립된 세계관은 콘텐츠의 형식과 무관하게 확장할 수 있습니다. SM 엔터테인먼트가 준비하는 세계는 물론이고 BTS의 세계관도 언제든 메타버스 세상과 결합해 하나의 서비스가 될 수 있습니다.

지금이야 많은 아티스트들이 메타버스 플랫폼에 올라타 팬들과 소통을 하는 정도가 대부분입니다. 하지만 일찌감치 세계관을 마련해둔 아티스트들과 기획사는 독자적인 메타버스 세상을 구축하고 이곳으로 팬들을 초대할 수 있겠죠.

우리는 왜 메타버스에 열광하나?

단지 코로나19 때문일까?
오프라인 만남의 대체 그 이상을 넘어, 창작과 표현을 위한 공간, 메타버스.

| 메타버스의 재부상 |

우리는 왜 메타버스에 열광할까요? 앞서 살펴봤듯 메타버스는 완전히 새로운 개념이 아닙니다. 2000년대 초반에 잠깐 유행했지만, 완성되지 못한 세계이죠. 그래서 지금의 메타버스에 대한 관심을 정확히는 '메타버스의 재부상'이라고 표현해야 할 것입니다.

다시 떠오른 메타버스를 두고 '메타버스2.0'이라고 설명하는 이들도 있습니다. 그럼 이미 한 번 성공에 실패한 메타버스에 왜 많은 기업들이 눈독을 들이고, 우리는 메타버스 세상에 접속할 준비를 하는 것일까요?

1. 시대적 배경

먼저 가장 가까운 이유로는 시대적 배경이 있을 것입니다. 바로 2020년 초부터 지금까지 전 세계를 마비시킨 코로나19Covid-19 바이러스이죠. 전 세계를 잇는 항공편이 마비되었고, 한 나라 안에서도 사람들의 집합이 금지되기 시작했습니다. 많은 기업에서 재택근무가 일상화되고, 사람들의 모임도 줄어가죠.

하지만 사회를 기반으로 소통하며 살아가는 인간들은 이 같은 단절에 생각보다 취약합니다. 업무상 필요에 의한 것이든, 개인적인 이유에서든 인간은 결국 끊임없이 누군가와 소통하고 관계를 맺어야 합니다. 그 대안으로 등장한 것이 결국엔 메타버스 세상이죠.

메타버스에서는 언제 어디서나 질병과 감염에 대한 걱정 없이 누군가와 만나고, 또 다른 커뮤니티를 꾸릴 수 있습니다. 그래서 사람들은 메타버스에 모여들게 되고, 사람을 상대로 서비스하는 많은 기업들도 이 세상에 관심을 두고 있습니다.

언젠가 올 세상이었지만, 코로나19 덕에 더욱 빠르게 메타버스가 다가온 것이죠. 사티아 나델라 마이크로소프트 CEO가 2020년 5월 자사의 개발자 컨퍼런스 '빌드2020'에서 "2년이 걸릴 디지털 트랜스포메이션(전환)이 2개월 만에 이루어졌다"고 말했죠. 그만큼 코로나19가 가져온 우리 삶의 디지털화의 압박은 강력했고, 메타버스도 그중 하나로 빠르게 다가온 셈입니다.

2. 기술적 배경

과거에 한 번 실패했던 메타버스가 다시 떠오를 수 있는 이유, 그리고 기업들이 과감히 도전할 수 있는 이유는 단지 코로나19만이 아닙니다. 10년 이상의 시간이 지나면서 과거에 비해 크게 성장한 실감기술과 연결기술 덕이죠.

소설 『스노 크래시』에서 '고글'과 '이어폰'으로 분리되어 서술되던 메타버스 접속 기기인 VR 기기만 해도 많은 발전을 이루었습니다. 고화질 디스플레이와 높은 음질, 그리고 다양한 주변기기까지 결합해 이용자를 메타버스 세상 속으로 인도하죠.

기기의 대중화도 빠르게 진행되고 있습니다. 그간 머리에 착용하는 헬멧 형태의 VR 기기에서는 고도의 단독 연산 처리가 어려웠습니다. PC와 연결을 해서 연산은 PC에서 처리하고, VR 기기는 화면을 보여주기만 하는 역할에 불과했죠. 이용하기에도 불편해 VR 기기는 매니아들의 장난감 이상을 넘어서지 못했습니다. 하지만 CPU와 그래픽카드의 소형화 덕에 헬멧 형태의 VR 기기에서 단독으로도 가상세계 구현에 필요한 그래픽 연산을 처리할 수 있게 되었습니다. 이런 기기를 홀로 선다는 의미의 '스탠드 얼론Stand-Alone' 기기라고 합니다. 이 같은 스탠드 얼론 기기의 보급으로 VR 시장의 문턱이 많이 낮아졌습니다.

여기에 가성비(가격 대비 성능)가 좋은 제품도 등장하고 있습니다. 2020년 출시된 페이스북의 '오큘러스 퀘스트2'가 대표적인데요, 그간 100만 원 가까이를 오가던 VR 기기의 가격을 40만 원 수준으로 낮춰 많은 이들이 VR 기기에 입문하게 되었습니다.

이 같은 메타버스 기기의 발전은 계속해서 이어지고 있습니다. 2021년 3월 출시된 HTC사의 '바이브 트래커 3.0'은 손목과 다리의 움직임까지 측정합니다. 같은 회사의 '바이브 페이셜 트래커'는 이름대로 얼굴의 움직임을 섬세히 포착합니다. 착용자의 입술, 턱, 혀, 뺨 등 38개에 달하는 얼굴 요소의 움직임을 포착합니다. 이는 가상 세계 속 구현된 착용자의 아바타의 표정에도 그대로 반영되죠.

2019년 상용화한 5G 네트워크도 메타버스 부흥에 중요한 축 중 하나입니다. 2D의 인터넷 세상에 비해 3D의 메타버스 세계는 이를 유지하는 데에만 엄청난 양의 데이터가 필요합니다. 이용자가 발 딛는 대로 새로운 배경이 끊임없이 펼쳐져야 하고, 끊어짐 없이 세상의 구성요소들이 제자리에 전송되어야 하죠.

하지만 기존의 통신 기술로는 이 같은 수요를 감당하기 어려웠습니다. 심지어 직전 세대의 통신기술인 4G LTE 통신으로도 현실감 있는 3D공간 구축이 어려웠죠. 이용자가 원하는 움직임에 비해 메타버스 세상 속의 반응이 늦게 따라오는 '지연Latency' 문제가 발생합니다. 그런데 5G의 상용화로 이런 문제가 해결되었죠.

이 같은 기술의 발전과 지원 덕에 많은 기업들이 메타버스 콘텐츠 혹은 서비스에 도전할 수 있게 되었습니다. 이에 따라, 코로나19가 종식된 뒤 메타버스에 대한 관심이 조금 줄어들 수는 있겠지만 메타버스로의 전환은 계속해서 이어질 전망입니다.

| 망가진 세상, 그리고 유튜브 |

메타버스에 열광하는 또 다른 이유로는 인간의 심리와 경험도 있습니다. 먼저 이상적인 세상에 대한 인간의 끝없는 열망이죠. 인간은 현실의 제약에도 불구하고 언제나 끊임없이 이상적인 사회를 꿈꿉니다.

대표적으로 가상세계를 가장 먼저 구현하고, 이를 통한 다양한 콘텐츠를 만들고 있는 게임에 열광하는 것입니다. 게임 연구가이자 디자이너인 제인 맥고니걸 교수는 자신의 책 『망가진 현실Reality Is Broken』에서 인간이 게임에 빠지는 이유를 "망가진 현실에 대한 대안을 찾으려는 욕구"라고 진단했습니다.

현실의 힘듦을 피해 그저 게임 속으로 도피한다는 의미는 아닙니다. 게임 속에서 이용자들은 평등한 기회를 보장받고 다 함께 같은 목표를 향해 노력하죠. 노력에 대한 즉각적이고 균등한 보상도 챙길 수 있습니다. 그 어떤 세상보다도 정교하게 구성된 가상세계 속에서 인간의 잠재력을 최대한 끌어낼 수 있다는 것입니다. 우리가 꿈꾸는 이상적인 사회이죠.

게임의 요소들이 많이 반영된 메타버스가 등장하는 것도 같은 이유일 것입니다. 서로의 개성과 자유를 존중하면서, 차별 없이 평화로운 유토피아라는 관점에서 메타버스이죠. 누구에게나 기회가 있고, 누구나 개척자가 될 수 있는 세상이 메타버스입니다.

이미 이용자들은 이런 세상에서 콘텐츠를 만들고, 세상을 개척해 나가는 경험도 충분히 쌓았으며, 새로 구축된 디지털 공간에 새로운 형식의 콘텐츠를 쌓는 경험을 해보았습니다. 그리고 그 콘텐츠를 서로 공유하며 소비하는 경험도 해보았습니다.

그 훈련장은 바로 SNS와 유튜브입니다. 이제 이용자들은 수동적으로 기업이 제공하는 콘텐츠를 소비하는 소비자로만 그치지 않습니다. SNS에 직접 적고, 찍어서 올린 글과 사진을 통해 다른 사람의 관심을 얻으며 소통합니다. 직접 촬영하고 공들여 편집한 유튜브 영상을 비롯한 콘텐츠가 돈이 된다는 것도 경험했죠. 콘텐츠 소비자인 동시에 제작자가 되는 경험을 한 것입니다.

그래서 우리는 메타버스 세상을 더 꿈꾸고 있는 것인지도 모릅니다. 아무런 제약 없이, 2D의 인터넷 세상이 아니라 3D의 메타버스 세상에서 더 많은 창작활동을 하기 위해서 말입니다. 자신을 표현하고자 하는 욕구를 채우기 위해 메타버스에 뛰어들 것입니다.

마음대로 가상현실 속 요소들을 만들고, 부수고, 또 다시 쌓아올릴 수 있는 샌드박스형 메타버스가 인기를 끄는 이유도 바로 여기에 있을 것입니다. 인간의 창작의 욕구, 표현의 욕구가 메타버스를 우리 세상에 소환할 것입니다. 그리고 그 속에서 가치를 창출하고 경제활동을 하며 새로운 인류로 진화할 것입니다.

우리는 언제쯤
메타버스로 이주할까?

인터넷이 우리 삶에 안착하게 된 기간이 50년.
메타버스가 우리 삶에 스며들기까지 남은 시간은?

| 이제 막 시작된 이주 |

30만 년이 넘게 물리 지구를 기반으로 살아오던 인류의 가상세계로의 이주는 시작되었습니다. 본격적으로 출항한 메타버스호號에 많은 이들이 올라타려 기웃거리고 있죠. 여기저기서 투자가 쏟아지며 많은 돈도 몰리고 있습니다.

하지만 우리는 언제쯤 메타버스로 완전히 이주할 수 있을까요? 정확히는 언제쯤 현실 지구와 가상 지구를 넘나들며 생활할 수 있을까요? 가상세계에서 번 돈으로 현실의 생활비를 충당하고, 현실의 직장 대신 가상세계의 직장에 취업하는 일들이 과연 언제쯤이면 벌어질까요? 결론부터 말하면 아직 수십 년의 시간이 더 필요합니다.

인터넷 기술이 1960년대 처음 등장했지만 2000년대 버블을 겪고, 2010년대에 들어서야 우리 생활 전반을 바꿀 만큼 안착했듯 말입니다. 거의 50년이 지나고서야 우리는 이 기술을 자유자재로 우리 삶에 적용할 수 있게 되었죠.

당장 메타버스 세상을 만들어갈 실감기술, 소위 메타버스 기술의 성숙도부터 부족합니다. 아직 가상의 요소들을 현실 지구의 것처럼 인간이 인식하게 할 정도로 기술은 무르익지 않았습니다. 오큘러스 퀘스트2로 VR 디바이스(기기)의 대중화를 이끈 페이스북의 CEO 마크 저커버그도 스마트글래스가 대면모임을 완전히 대신할 시점을 지금으로부터 약 10년이 지난 2030년쯤으로 예상했죠.

그나마도 가장 기술 발전 정도가 빠르다는 VR 기술이 이 정도입니다. AR(증강현실) 기술이나 그 외 다양한 메타버스 기술은 아직 갈 길이 멀죠. 전문가들은 다양한 기준과 발전 단계를 제시하지만 간단히 설명하면 그냥 아직 기술이 부족한 것입니다.

물론 이 속도는 더욱 빨라질 수 있습니다. 메타버스에 기업들까지 관심을 갖고 있기 때문입니다. 민간 소비에 비해 기업이 소비하기 시작하면 그 규모가 더욱 커집니다. 경영 컨설팅 전문회사 액센츄어 Accenture는 VR과 AR시장의 기업 시장 소비는 2020년 210억 달러에서 2023년까지 1,210억 달러, 민간 시장 소비는 13억 달러에서 40억 달러로 늘어날 것으로 전망했죠. 민간 소비는 69% 정도 성장하는 반면 기업 시장은 134% 성장할 것으로 보입니다.

콘텐츠 역시 아직 부족하기는 마찬가지입니다. 메타버스를 앞세운 다양한 서비스들이 있지만 아직 현실 지구를 완전히 옮겨두진 못했고, 현실 지구와의 연관성을 얻지 못한 경우도 많습니다. 메타버스 기술을 차용해 현실의 요소들을 3D 세상에 구현한 새로운 서비스에 그치는 정도가 많죠. 하지만 이 역시 꾸준히 발전해갈 것입니다. 이미 많은 메타버스 플랫폼에서 현실에서의 삶과 가상에서의 삶을 연결하려는 시도가 늘어나고 있습니다.

지금은 그 연결고리가 주로 경제적인 보상에 집중되어 있습니다. 가상세계에서의 경제활동이 현실의 보상으로 돌아오는 구조이죠. 이 역시 확장할 것입니다. 언젠가는 가상세계에서의 부동산 구입이 현실세계의 부동산 소유권 인정으로 이어질 수도 있습니다. 많은 이들이 메타버스 부동산 거래 플랫폼 〈어스2〉에서 디지털 파일에 불과한 압구정동 땅에 수십만 원을 투자하는 이유이기도 하죠.

기술의 발전과 콘텐츠의 고도화

기술의 발전과 콘텐츠의 고도화, 이 두 축을 바탕으로 메타버스는 성장해갈 것입니다. 애플의 아이폰 같은 혁신적인 디바이스, 페이스북과 인스타그램, 그리고 유튜브 같은 대중성 있는 플랫폼을 기반으로 퀀텀 점프Quantum Jump를 이뤄낼 수 있습니다.

완벽한 메타버스의 모습은 아직 아무도 모릅니다. 메타버스가 코로나19를 계기로 가속화한 비대면 사회의 중추가 되어 우리의 삶 전체를 집어삼킬 수도 있습니다. 기존의 대면 소통 방식과 밀집된 거주 방식도 모두 바꿀지도 모르죠. 언제 어디에 있든 메타버스에 접속만 하면 만날 수 있으니까요. 디지털 노마드●를 뛰어넘은 '메타버스 노마드'가 생길지도 모릅니다.

반대로 코로나19 사태의 종식 이후 마침내 대면사회가 회복되면 메타버스 수요가 지금보다 급감할 수도 있습니다. 또한 아바타라는 가상의 자아 뒤에 숨은 이들의 윤리적 문제가 부각될 수도 있습니다. 기존의 법과 제도가 통제하기 어려운 사회가 구성된다면, 메타버스는 지금처럼 단지 게임, 혹은 흥미로운 온라인 서비스에 머물 수도 있습니다.

그러나 이미 메타버스 기술들은 우리 삶 곳곳에 스며들고 있습니다. 패션 기업들은 도심 번화가의 매장을 정리하는 대신 메타버스 플랫폼에 쇼룸을 만들고 있습니다. 소비자들은 AR 기술을 이용해 매장에 가지 않고도 옷을 입어보고, 실패 없이 옷을 구입할 수도 있죠. 온라인 쇼핑을 내세운 아마존이 쇼핑의 패러다임을 획기적으로 바꾸었듯, 메타버스를 결합한 산업은 곳곳에서 파괴적 혁신Disruptive Innovation을 이어갈 것입니다. 이 지난한 과정을 거쳐 메타버스는 다가올 것입니다. 영화 〈레디 플레이어 원〉의 오아시스, 그 이상으로 우리 현실에 영향을 미치는 또 다른 세상으로 향하는 수십 년간의 항해를 이제 막 시작한 셈입니다.

● 디지털 노마드(Digital Nomad)
인터넷 접속을 전제로 한 디지털 기기(노트북, 스마트폰 등)를 이용해 공간에 제약을 받지 않고 재택·이동 근무를 하면서 자유롭게 생활하는 사람들을 말한다.

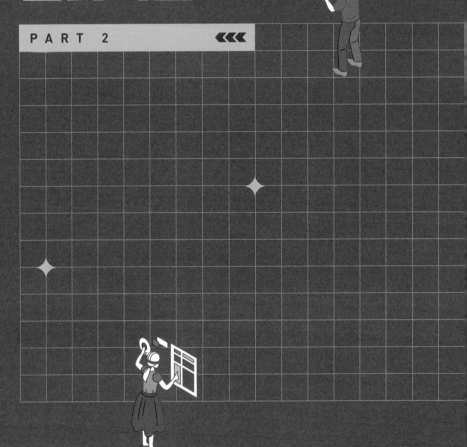

메타버스의 뿌리,
실감기술

PART 2

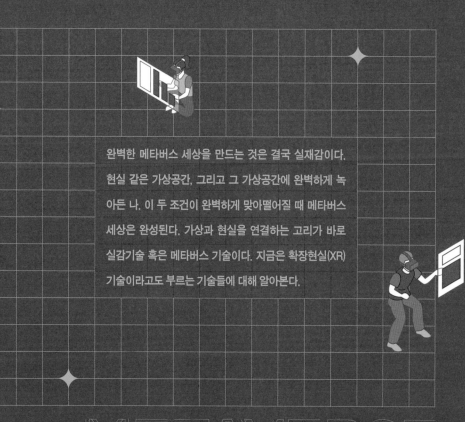

완벽한 메타버스 세상을 만드는 것은 결국 실재감이다.
현실 같은 가상공간, 그리고 그 가상공간에 완벽하게 녹
아든 나. 이 두 조건이 완벽하게 맞아떨어질 때 메타버스
세상은 완성된다. 가상과 현실을 연결하는 고리가 바로
실감기술 혹은 메타버스 기술이다. 지금은 확장현실(XR)
기술이라고도 부르는 기술들에 대해 알아본다.

METAVERSE

메타버스를
구현하는 기술은?

메타버스는 VR 헤드셋을 착용해야만 접속할 수 있는 세상일까?
메타버스 세상을 제대로 이해하려면 관련 기술을 알아야 한다.

| 메타버스와 VR, AR |

메타버스에 대해 이야기를 나누다 보면 많은 분들이 "메타버스는
VR/AR이 있어야 하는 것 아니냐"고 묻습니다. 정확한 이름을 언급
하지 않더라도 "머리에 쓰는 뭐…" 정도로 묘사하기도 합니다. 아마
도 VR 기기를 말하는 것이겠죠.

　반은 맞고 반은 틀린 말입니다. 메타버스, 정확히 메타버스 기술
은 VR과 AR이 대중화하지 않은 지금도 적극 활용되고 있으니까요.
PC와 스마트폰을 통해서도 메타버스 기술들을 즐기고, 메타버스 플
랫폼에서 메타버스가 지향하는 가상세계에서의 제약 없는 소통을
할 수 있습니다. 심지어 경제활동도 하고요.

또한 미래의 메타버스의 모습을 우리는 아직 알 수 없습니다. 메타버스의 최종적인 형태는 영화 〈레디 플레이어 원〉이 될 수도 있고, 영화 〈매트릭스〉가 될 수도 있죠. 가상세계를 우리 앞에 구현하는 방식은 끊임없이 변화할 것입니다. 물론 지금의 VR과 AR 기술에서 더 나아가지 못할 가능성도 있습니다.

하지만 많은 분들의 말씀대로 VR과 AR은 지금의 메타버스에서 매우 중요한 기술입니다. 지금 우리가 상상할 수 있는 메타버스의 모습은 대부분 이 VR과 AR을 바탕으로 이루어져 있습니다. 아마도 앞으로 몇 년 혹은 십수 년간은 VR과 AR을 바탕으로 메타버스 세상이 꾸려질 전망입니다.

상상력을 뒷받침할 기술들

VR, AR과 같은 기술을 실감기술이라고 합니다. 메타버스 구축에 있어 가장 중요한 요소 중 하나이죠. 우리 인간이 가상세계에 접속할 수 있게 도와주는 기술이면서, 인간이 접속할 가상세계를 만드는 데 있어 중요한 기술이기도 합니다.

하지만 VR과 AR 하나만으로 메타버스가 각광받게 된 것은 아닙니다. 다양한 영역에서 메타버스를 구현하기 위한 여러 기술들이 발전했고, 이들이 한데 합쳐지면서 폭발적으로 메타버스가 성장하게 된 것이죠.

예를 들면 5G 네트워크입니다. 5G는 메타버스 세상에 접속하고, 다른 이들과 소통하기 위해 필수적인 기반 기술이죠. 5G는 우리가 흔히 LTE Long-Term Evolution 라고 부르는 4G 네트워크의 다음 세대입니다. 산술적으로 4G에 비해 20배 빠른 속도와 10배 이상 빠른 반응이 가능하죠. 마찬가지로 10배 더 많은 사람과 기기의 접속이 가능합니다.

5G 덕분에 메타버스도 구현할 수 있게 된 것입니다. 많은 사람들이 동시에 한 공간에 접속할 수 있게 되었고, 메타버스를 구현하는 데 필요한 수많은 요소들도 빠르게 구현할 수 있게 되었습니다.

이런 기술적 발전을 살펴보는 일도 중요합니다. 우리의 바람대로 코로나19가 완전히 종식된 이후에도 메타버스가 이어질 수 있을지를 판별하는 근거가 되기 때문입니다. 많은 이들이 코로나19가 메타버스의 폭발적 성장에 영향을 주었다고 말합니다. 또한 그게 전부라는 의견들도 더러 보입니다. 코로나19 이후엔 신기루처럼 사라질 유행이 메타버스라는 주장이죠.

하지만 메타버스의 성장은 코로나19가 기폭제가 되었을 뿐입니다. 그간 다양한 영역에서 발전해오던 기술들이 한데 모여 메타버스라는 새로운 세상을 만들게 된 것입니다. 코로나19가 이를 자극하고 앞당기는 역할은 분명 했을 것입니다. 하지만 현실을 극복하려는 인간의 노력과 상상력은 이전부터 꾸준히 이어진 것이죠. 이제 그 상상력을 뒷받침할 기술들이 속속 등장하고 있습니다.

그래서 메타버스 세상을 이해하려면 메타버스와 관련된 기술들을 알아야 합니다. 메타버스에 접속하는 기술, 메타버스를 구현하는 기술, 그 모두를요.

이 둘을 다른 용어로 굳이 구분하자면 메타버스에 접속하는 기술은 하드웨어 혹은 디바이스입니다. 이용자들이 메타버스를 이용하기 위해 사용하는 각종 기기들이죠. 메타버스를 구현하는 기술은 주로 소프트웨어 기술입니다. 메타버스 세상 속 요소들을 만들어내고, 이용자들이 즐길 수 있도록 나타나고, 이용자들의 행동에 따라 상호 작용해야 하죠.

이 기술들을 간단하게나마 구별하고 이해하는 것이 앞으로 흘러갈 메타버스의 흐름을 예측하는 데 도움이 됩니다. 지금의 메타버스는 어떤 기술 덕에 활성화했는지, 그리고 어떤 기술이 더 발전하면 어떤 플랫폼이 활성화할지에 대해 짐작할 수 있죠. 지금부터 구체적으로 살펴보겠습니다.

PC, 콘솔, 그리고 스마트폰

〈제페토〉와 〈로블록스〉는 PC와 스마트폰 중심의 서비스를 하고 있다.
이미 촘촘하게 깔린 하드웨어 플랫폼에서 메타버스 세상이 열리고 있다.

| PC와 스마트폰을 중심으로 전개되는 이유 |

PC와 콘솔, 그리고 스마트폰은 메타버스를 접속하는 데 가장 많이 이용되는 하드웨어 기술입니다. 메타버스는 VR, AR이 있어야 되는 것 같지만 실상은 그렇지 않습니다. 실제로 지금 소위 잘나가는 메타버스 플랫폼들이 기반으로 하는 기기의 대부분이 (랩탑을 포함한) PC, 콘솔, 스마트폰입니다.

대표적인 플랫폼을 살펴볼까요? 미국 청소년의 70% 이상이 즐긴다는 〈로블록스〉는 PC와 모바일 버전만 제공합니다. 전 세계 가입자 2억 명에 달하는 〈제페토〉 역시 모바일로만 서비스하고 있습니다. 2억 장 넘게 팔려나간 게임 〈마인크래프트〉 정도가 VR을 서비스

VR로 즐기는 마인크래프트. 현재 서비스 중인 대형 메타버스 플랫폼 중 VR 서비스를 제공하는 것은 마인크래프트가 거의 유일하다. ©Minecraft

하는 정도입니다.

이처럼 아직 많은 메타버스 플랫폼들이 PC를 중심으로 서비스되고 있습니다. VR 헤드셋을 이용한 메타버스 플랫폼들이 일부 서비스중이긴 하지만 대중성을 확보하지는 못한 상태입니다. 주로 기업용으로 일부 사용되는 정도이죠. 페이스북에서 VR 기반의 SNS 서비스를 준비 중이지만, 아직 정식으로 공개되지는 않았습니다.

메타버스 세상이 PC와 스마트폰을 중심으로 전개되는 첫 번째 이유는 두 디바이스의 보급률이 높기 때문입니다. 시장조사기관 스태티스타의 2020년 조사에 따르면 전 세계 스마트폰 보급대수는 35억 대입니다. 세계 인구의 44.9%가 사용하고 있죠. PC 역시 상황이 비슷합니다. 전 세계 가구의 절반가량이 집에 컴퓨터를 1대 이상 보유하고 있습니다.

이 수치는 아마도 소위 선진국이라고 부르는 국가들로 범위를 좁

힌다면 급격히 상승하겠죠. 이미 촘촘하게 깔린 하드웨어 플랫폼 위에서 작동할 수 있는 메타버스 콘텐츠를 만드는 것이 개발자 입장에서도 유리할 것입니다.

두 번째 이유는 이런 하드웨어 플랫폼 위에서 쌓아온 사용자 경험이 있기 때문입니다. 앞서 설명한 메타버스와 게임과의 관계와 비슷합니다. 콘텐츠를 만드는 이들은 게임과 같은 기존 서비스를 조금 개선하는 방향으로 만들 수 있습니다. 메타버스 세상의 사물을 조작하는 입력장치나, 아바타와 같은 요소들을 게임 제작의 경험에서 빌려올 수도 있죠. 기존의 자원resource을 활용하기도 쉽습니다.

이용자들의 입장에서도 PC와 스마트폰을 통해 메타버스 세상으로 접근하기가 더 쉽습니다. 기존에 인터넷을 이용해오던 경험들이 있기 때문이죠. 채팅으로 소통하고, 스마트폰과 노트북 카메라를 통해 화상회의를 해온 경험이 메타버스에 더 쉽게 적응할 수 있게 도와줍니다.

세 번째 이유는 하드웨어의 컴퓨팅 파워가 수준에 미치지 못하기 때문입니다. 컴퓨팅 파워란 컴퓨터를 비롯한 전자기기의 연산성능을 뜻하는 단어입니다. 모든 것이 3D로 이루어진 메타버스 세상은 지금보다도 더 많은 컴퓨팅 파워를 요구합니다. 이를 충족하지 못하면 메타버스 경험은 산산조각납니다.

이렇게 한번 생각을 해보죠. VR 기기를 이용해 온 신경을 집중해 가상세계를 즐기고 있는데, 화면 로딩에 지연이 생긴다면 어떨까요? 또는 나의 아바타는 이미 다른 공간으로 이동했는데, 공간을 구성하는 요소들이 로딩되지 않는다면? 검정 화면에 내 아바타만 헤메고 있다면? 아마도 바로 기기를 벗어던지게 될 것입니다.

▎아직은 PC와 스마트폰의 시대 ▎

이런 점에서 PC와 스마트폰이 아직은 강점이 있습니다. 둘 다 지난 수년간 다양한 콘텐츠를 소화하는 멀티미디어 기기로 발전하면서 성능이 꾸준히 업그레이드되었기 때문이죠. 발열과 같이 하드웨어에서 어쩔 수 없이 발생하는 문제 역시 나름의 방식으로 해결하고 있습니다.

PC는 본체의 크기를 더 키우고, 냉각팬을 달아서 발열을 해결합니다. 스마트폰은 성능을 타협하는 방식으로 이를 해결하죠. 하지만 매일, 그것도 우리가 몸에 달고 살아야 하는 메타버스 기기의 발열은 어떻게 해야 할까요? 몇몇 스마트폰이 폭발하듯, 머리에 쓰고 있는 메타버스 기기가 폭발한다면?

이런 이유들 때문에 당분간의 메타버스 서비스는 PC와 스마트폰을 중심으로 전개될 전망입니다. 많은 콘텐츠들이 이 두 디바이스를 기준으로 개발되고, 또 전개되고 있습니다. 물론 메타버스가 근거리에 위치한 미래이고, VR 기기를 위한 콘텐츠도 함께 개발되고 있지만 아직은 시장이 크게 형성되지는 않았죠.

미래 기술의 총합,
XR

메타버스 기술은 어떤 방식으로든 우리의 현실을 더 확장한다.
그래서 메타버스 기술을 통칭해 부르는 단어, eXtended Reality를 알아야 한다.

| 몰입감, 상호작용, 가상이미지 |

본격적으로 메타버스 기술에 대해 알아보겠습니다. 각종 컴퓨터 기술을 이용해서 이용자들에게 실감나는 메타버스 세상을 보여주는 기술들이죠. 작동하는 방식은 다양하지만 목표는 딱 하나입니다. 현실 같은 컴퓨터 세상을 구현하는 것이죠. 그래서 이 기술들의 명칭에는 대부분 리얼리티Reality라는 단어가 붙습니다. '~R'로 끝나는 기술 대부분이 이와 관련된 기술이라고 보면 됩니다.

메타버스 세상을 구현하는 기술은 세 가지 요소를 해결하기 위해 집중하고 있습니다. 소위 3I로 표현되기도 하는데 그것은 바로 몰입감Immersion, 상호작용Interactive, 가상이미지virtual Image라는 세 가지 요소입니다. 이 중에서도 몰입감은 메타버스 세상의 필수 요소이기도 하면서 메타버스 기술의 최종 목표이기도 합니다. 최고의 몰입감을 만들어낼 때 현실과 가상의 벽을 무너뜨릴 수 있으니까요.

그래서 많은 기업들이 다른 두 요소, 상호작용과 가상이미지에 집중적으로 투자를 하고 있습니다. 이미 활용되고 있는 기술을 메타버스에 적용하기도 하고, 새로운 기술을 개발하기도 합니다.

소프트웨어와 하드웨어 모든 면에서 혼재된 상태이지만, 가상이미지 면에서는 소프트웨어 기업들이 눈에 띕니다. 말 그대로 가상세계 속에서 이용자들이 보고 즐길 이미지들을 만드는 기술인데요, 컴퓨터그래픽CG 기술이나 3D 모델링Modeling 기술부터 유니티Unity나 언리얼Unreal 같은 게임 엔진에 이르기까지 다양한 기술들이 활용되고 있습니다.

반대로 상호작용 면에서는 하드웨어 기술이 부각됩니다. 가상세계 속에서 사물을 만들어내고 이를 이용하는 상호작용을 위해서는, 가상세계를 출력하는 장치와 가상세계를 조종하기 위해 인간의 행동을 디지털로 변환해 입력하는 장치가 중요하기 때문이죠.

이런 하드웨어 기술들과 관련해 우리에게 익숙한 몇 가지 단어들이 VR, AR, XR, MR입니다. 이 단어들은 메타버스 플랫폼을 소개할 때 자주 등장합니다. 예를 들어 'VR을 기반으로 한 메타버스 플랫폼'이라든지 'AR 기술을 기반으로 한 SNS 서비스 출시' 식이죠.

이런저런 경로로 접하다 보니 익숙한 단어이기는 하지만 명확히 구분을 하지 않는 경우가 많습니다. 메타버스 기술이라는 이름으로 뭉뚱그려 이해할 뿐이죠. 하지만 메타버스 세상을 이해하는 데 있어 이 기술들을 구분하는 일은 중요합니다. 기술에 따라 구현되는 메타버스 세상의 종류가 달라지기 때문입니다.

메타버스 관련 산업을 이해하는 데도 큰 도움이 됩니다. 상세한 기술의 성능 혹은 스펙까지 알아야 할 필요는 없지만 기술들의 특성을 구분하는 것만으로도 도움이 됩니다. 어떤 상황에서 어떤 기술을 적용해야 할지에 대해 판단할 수 있을 것입니다.

먼저 가장 큰 덩어리인 XR을 보겠습니다. XR은 확장현실eXtended Reality의 줄임말입니다. 말 그대로 어떤 방식으로든 현실을 확장하는 기술입니다. 이용자들에게 완전히 새로운 가상현실을 제시하기도 하고, 현실 지구에 가상의 요소를 덧붙이는 방식으로 확장하기도 합니다.

결국 XR은 현실을 뛰어넘는 모든 기술을 총망라하는 용어입니다. 가상과 현실을 융합해 현실의 경험을 확장하는 기술이라면 모두 XR에 포함됩니다. 특별한 몰입감을 제공해 현실을 뛰어넘은 새로운 방식으로 상호작용과 경험을 가능하게 하죠.

그래서 XR은 메타버스 기술을 통칭하는 단어로도 이용됩니다. 메타버스가 어떤 방식으로 구현되더라도 이 XR 기술을 통해 이뤄질 것이란 말이기도 하죠. 실제로 메타버스의 미래를 예측하는 많은 이들이 메타버스의 기반은 XR 기술이 될 것이라고 보고 있습니다.

| 네 번째 물결, XR |

메타버스가 우리 삶을 바꾸듯 XR도 우리 생활 전반을 바꾸는 새로 운 하드웨어 플랫폼이 될 것이란 전망도 많습니다. 1세대가 컴퓨터, 2세대가 인터넷, 3세대가 모바일이었다면 네 번째 물결이 바로 XR 이라는 예측이죠.

덕분에 시장 전망도 밝습니다. 시장분석업체 P&S 인텔리전스 Intelligence는 전 세계 XR 시장 규모가 연평균 약 50% 성장할 것으로 봤습니다. 2030년에는 전체 시장 규모가 약 1조 달러(1,146조 원)에 달할 것으로 전망했죠. 다국적 회계컨설팅기업 프라이스워터하우스 쿠퍼스(PwC)역시 2030년을 기준으로 XR기술이 전 세계 GDP와 일 자리를 각각 1.81%, 0.93% 증가시킬 것으로 예상했습니다.

그럼 XR의 범주에 포함되는 기술로는 어떤 것들이 있을까요? VR(가상현실), AR(증강현실), MR(혼합현실)이 대표적입니다. 최근에 는 이를 구분하지 않고 합쳐서 'XR 기술'이라고 표현하는 경우도 많 이 있습니다. 하지만 메타버스 세상을 정확히 이해하기 위해서는 각 각 어떤 기술들이 있는지 알고 가는 것이 낫겠죠.

이 기술들의 차이를 미리 구분해보자면 이렇습니다. 현실과의 관 계성에 따라 달라집니다. 다음 표를 기준으로 정리하고 설명해보겠 습니다. 가장 왼쪽에 현실Reality, 우리가 살아가는 물리 지구가 있다 고 가정하겠습니다.

현실과 정 반대에 위치한 것이 VR입니다. 완전한 가상의 현실이 죠. 디지털 기술을 이용해 현실 지구와는 전혀 관계없는 새로운 세

VR, AR, MR의 차이

현실(Reality)	확장현실(XR)		
	증강현실(AR)	혼합현실(MR)	가상현실(VR)

상을 만들어내는 기술입니다. 많은 요소들이 실제와 유사하지만 실제가 아닌 환경이나 상황을 경험하게 합니다.

반대로 우리 현실에 가장 가까운 XR 기술이 증강현실, 즉 AR입니다. 말 그대로 현실을 디지털의 요소로 증강해서 인간의 편익을 늘리는 기술입니다. 실재로 존재하는 환경에 가상의 사물이나 정보를 합성하는 방식이죠. 디지털 요소들이 마치 우리 현실 지구에 원래 존재하는 사물처럼 보이게 하는 기법입니다.

두 기술을 혼합한 MR도 있습니다. VR과 AR을 혼합한 기술답게 현실과 디지털 요소가 혼합된 세상을 선보입니다. 가상의 환경과 상호작용하면서도 현실 속의 사물을 조작할 수 있습니다. VR 헤드셋 속의 사물을 조작하면 현실세계에서의 사물에도 변화가 생깁니다. 이처럼 MR은 현실과 가상의 개념을 무너뜨리는 기술입니다.

그 외에도 다양한 기술들이 있지만, 우선은 하드웨어로 우리가 가장 쉽게 접할 수 있는 기술들입니다. VR은 HMD● 형태로, AR은 글래스 형태로 많이 보급되어 있죠. MR 역시 HMD 형태로 개발하는 회사가 점차 늘어나고 있는 상태입니다.

PART 2 메타버스의 뿌리, 실감기술

● HMD(Head Mounted Display)
머리 부분에 장착해, 이용자의 눈앞에 직접 영상을 제시할 수 있는 디스플레이 장치의 총칭. 1968년, 유타 대학의 이반 서덜랜드가 만든 것이 최초의 HMD이다.

완전한 가상현실을 만든다, VR

인간을 현실과 분리해 가상의 세계를 만들어내는 기술인 VR.
XR 기술 중에서 가장 발전된 기술로 꼽히는 이유는?

▮ VR 기기의 앞이 꽉 막혀 있는 이유 ▮

XR에 포함되는 기술 가운데 가장 발전 수준이 높은 기술, VR에 대해 한번 살펴보겠습니다. VR은 버추얼 리얼리티(Virtual Reality)의 줄임말입니다. '가상의~'라는 뜻의 버추얼이 사용된 것에서 알 수 있듯 단어 그대로 가상현실 혹은 가상현실을 구현하는 기술을 의미합니다.

VR 기기는 대부분 HMD 방식으로 이루어집니다. 주로 양쪽 눈앞에 자그마한 액정, 즉 스크린 형태의 영상 출력 장치가 달려 있는 형태입니다. 그리고 액정을 둘러싼 테두리는 모두 막혀 있는 형태입니다. 밖에서 보기엔 정면 역시 막힌 상태이죠.

페이스북의 자회사인 오큘러스가 내놓은 VR 기기 '오큘러스 퀘스트2'. 조이스틱 형태의 입력장치를 제공한다. ⓒFacebook

마치 영화관과 비슷한 형태입니다. 좌석이 있고, 앞에는 스크린, 그리고 사방은 모두 막혀 있는 형태이죠. 눈앞에 착용하는 나만의 영화관인 셈입니다. 제품에 따라 귀 부분에 헤드셋 형태로 음성 출력 장치가 탑재되어 있는 경우도 있습니다. 최근에 출시되는 제품들은 VR 세상 속을 조작하기 위한 컨트롤러도 함께 제공되는 추세입니다.

VR 기기는 아마도 메타버스와 관련해서 가장 익숙한 형태의 기기일 겁니다. 메타버스를 소개하는 각종 영상이나 사진 자료에서 등장인물들이 머리에 착용하는 대부분의 기기가 VR 기기이죠. 이외에도 매년 미국 라스베이거스에서 열리는 CES(소비자 가전 전시회)에서 참석자들이 컨퍼런스에서 다 같이 착용하고 각자 다른 방향을 바라보고 있는 사진에서도 자주 등장하죠.

VR의 가장 중요한 핵심은 이용자를 현실세계와 차단하는 것입니다. 현실세계와 이용자를 차단한 뒤에 가상현실을 구성하는 각종 디지털 정보들을 헤드셋을 통해서 전달하죠. 가상세계를 구현하는 데 필요한 시각·청각·촉각 정보를 디지털 정보로 변환해 눈앞에 그려냅니다.

그래서 VR 기기를 5세대 영상기기로 분류하기도 합니다. 영상기기를 구분할 때엔 1세대는 영화, 2세대는 TV, 3세대는 컴퓨터와 이에 딸린 모니터, 4세대는 스마트폰을 비롯한 모바일 디바이스로 구분합니다. 그래서 5세대인 VR 역시 기본적으로는 영상을 감상하는 기계라는 의미이죠. 어떤 영상이냐에 따라 기기 자체의 용도가 달라집니다. 메타버스 기기가 될 수도 있고, 일반적인 영상 감상용 디바이스가 될 수도 있죠.

VR 기기를 통해 가상세계를 제대로 전달하기 위해서는 무엇보다 이용자를 현실세계로부터 차단하는 것이 가장 중요합니다. 그래서 현 시점의 하드웨어, 즉 VR 기기들은 현실과 이용자를 분리하고 몰입감을 높이는 데 기술이 집중되어 있습니다.

VR 기기 대부분이 앞이 꽉 막힌 HMD 형태인 이유이죠. 눈과 귀를 완전히 가리는 형태의 기기를 뒤집어써서 물리 지구에서 얻게 되는 감각을 모두 차단하고 가상세계 콘텐츠에 몰입할 수 있게 하는 것입니다.

최근에 출시된 VR 기기의 경우에는 전면부에 카메라를 장착한 경우도 있습니다. 이용자가 원할 때 헤드셋을 벗지 않고도 카메라를

2016년 삼성전자의 갤럭시S7 공개 행사에 깜짝 등장한 마크 저커버그 페이스북 CEO. 삼성의 VR 기기를 착용한 참가자들 옆을 지나고 있다.ⒸSamsung

통해 헤드셋 밖의 상황을 확인할 수 있게 하는 장치이죠. 헤드셋 장착 시 이용자의 이동의 자유가 제한되는 단점을 극복하기 위한 아이디어입니다.

VR은 지금 존재하는 XR 기술 가운데 가장 발전된 형태로 꼽힙니다. 메타버스와 관련된 기술 중 가장 오래된 기술이기도 하고요. 1960년대 후반부터 우주 비행선 조종사들의 훈련용으로 VR이 이용되었다고 하죠. 실제 우주선에서 하기 힘든 훈련을 가상세계에서 진행한 것입니다. 지금과 같이 VR 기기를 통해 가상여행을 떠나게 된 것은 1977년대의 일입니다.

VR이 어느 정도로 확산했는지에 대해서는 미국의 정보기술 연구회사 가트너Gartner가 발표하는 기술 사이클에서 찾아보겠습니

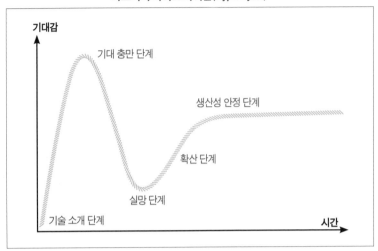

가트너의 하이프 사이클(Hype Cycle)

출처: Gartner, Inc.

다. 위의 그림에서 보듯 가트너의 기술 사이클은 5단계로 나뉩니다. 1단계 기술 소개 단계Technology Trigger, 2단계 기술 기대 충만 단계Peak of Inflated Expectations, 3단계 실망 단계Trough of Disillusionment, 4단계 확산 단계Slope of Enlightenment, 5단계 생산성 안정 단계Plateau of Productivity로 구분되죠.

이 다섯 가지 단계 가운데 VR은 4단계인 확산 단계 수준입니다. 가트너의 설명에 따르면 기술이 안정화하고 시장에서 수익모델이 나타나는 단계입니다. 많은 기업들의 투자가 증가하는 단계이기도 하죠. 최근 메타버스 유행과 함께 VR 기기가 급속도로 확산되는 현실을 그대로 반영합니다.

어느 정도 더 확산되고 기술 발전이 가속화하면, 5단계인 생산성 안정단계에 접어들 것으로 보입니다. VR 기기가 마치 스마트폰처럼 누구나 하나쯤 있는 날이 머지않았다는 이야기입니다. 가트너는 이 시기를 2022년으로 보고 있습니다. 수요가 폭증하면서 자연스럽게 시장이 성숙할 것으로 보고 있는 것입니다.

| 오래된 역사, VR 기기 |

웹툰 플랫폼에 이 같은 VR 게임을 소재로 한 작품들이 인기를 끌고 있습니다. VR의 대중성을 증명하는 부분이죠. 2016년부터 김세훈 작가가 연재하고 있는 네이버 웹툰 〈열렙전사〉가 대표적입니다. 잠을 자면서도 게임을 할 수 있는 VR 형태 기기를 활용한 게임 〈루시드 어드벤처〉가 배경이죠.

메슬로우(필명) 작가의 원작 웹소설을 바탕으로 2021년 7월부터 네이버에서 연재하고 있는 웹툰 〈나 혼자 만렙 뉴비〉 역시 VR HMD를 이용해 접속하는 가상현실 게임 〈시련의 탑〉을 배경으로 합니다. 이런 작품들이 점차 인기를 얻는 것은 VR 기기와 콘텐츠에 대한 대중의 관심이 높아진 것을 방증합니다.

VR의 이 같은 확장이 가능했던 것은 기술의 폭발적인 성장 덕분입니다. 오랜 역사에서 확인할 수 있듯 VR 기기를 대중화하려는 시도는 여러 번 있었습니다. 하지만 번번이 실패했죠. 시장이 원하는 만큼의 기술력을 제공하지 못했습니다. 기술력과 대중성이 낮으니 콘텐츠 회사들 역시 관심을 주지 않았고요.

가장 가까운 사례가 2010년대 초중반 글로벌 IT 기업에서 출시했

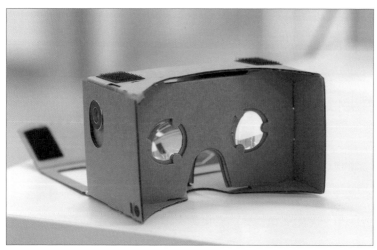
구글의 카드보드 VR. 말 그대로 판지, 즉 종이를 이용해 만드는 간이 HMD이다. ©google

던 DIY(직접 제작, Do It Yourself) 형태의 HMD들입니다. 대표적인 제품이 구글의 카드보드Cardboard VR입니다. 말 그대로 판지, 즉 종이를 이용해 만드는 간이 HMD입니다. 소재에 따라 달라지기는 하지만 사실상 일회용이라고 봐도 무방하죠.

구글이 직접 생산도 했지만 기본적으로 제작 도면을 공개했습니다. 마치 초등학교 미술시간에서 이용할 법한 도면인데요, 도면에 맞춰 구성물들을 잘라낸 뒤 이어붙이면 완성되는 방식입니다. 골판지 상자에 볼록렌즈 두 개만 추가하면 간단히 VR 기기를 만들 수 있었습니다.

영상 시청을 위한 디스플레이, 즉 모니터는 스마트폰으로 대체했죠. 기기 앞쪽에 내가 가진 스마트폰을 끼운 뒤에 VR 콘텐츠를 재생해서 즐기는 식이었습니다. 이에 맞춰 유튜브와 같은 영상 플랫폼에

VR 영상들이 일부 등장하기는 했습니다. 하지만 내구성 문제와 스마트폰의 발열 문제, 영상 지연 문제 등으로 큰 인기를 끌지 못했습니다. 이후에도 다양한 형태의 스마트폰 삽입형 VR 기기들이 등장했지만 빛을 보지는 못했습니다.

디스플레이를 이용자의 스마트폰으로 대체하는 형태가 아닌 VR들도 많이 있었습니다. 삼성전자나 지금은 페이스북에 인수된 오큘러스, 대만의 HTC 등이 내놓은 제품들이죠. 하지만 이 제품도 치명적인 단점이 있었습니다. 그것은 바로 전선, 즉 케이블이죠.

전자제품에 케이블이 있는 게 왜 단점인 걸까요? 콘텐츠의 다양성을 제한하기 때문입니다. VR은 가상세계 구현을 위한 영상을 지연 없이 실시간으로 디스플레이에서 재생해야 합니다. 조금이라도 끊어지거나 한다면 몰입감이 뚝뚝 떨어지겠죠.

하지만 그만한 컴퓨터 연산을 스마트폰보다 조금 큰 VR기기에서 처리하기엔 역부족이었습니다. 그래서 얼마 전까지만 해도 VR 기기는 무조건 데스크톱 PC와 같은 장치에 케이블로 연결해 이용해야 했습니다. PC에서 가상세계 구현을 위한 연산을 모두 처리한 뒤 VR 기기에서는 재생만 하는 것이죠. VR이 PC의 주변기기였던 셈입니다. VR 콘텐츠를 즐기기 위한 또 하나의 모니터에 불과했죠.

물론 배터리 문제도 있었습니다. 머리에 착용해야 하는데, 배터리 성능을 위해 고용량 배터리를 삽입하면 이용자가 무게를 견디기 어려워지기 때문이었습니다.

그러다 2018년 무렵 스탠드얼론Standalone 형태의 기기가 등장하면서 상황이 바뀝니다. PC나 스마트폰의 단어 뜻 그대로 홀로서기가 가능한 VR 기기이죠. 스마트폰에 탑재되는 AP_{Application Processor}와 유사한 칩이 삽입되면서 연산력이 대폭 강화되었고, 배터리 역시 향상된 형태입니다.

케이블이 없어지면서 이용자들의 손이 자유로워졌습니다. VR 기기를 이용하면서 손으로 무언가를 할 수 있게 된 것이죠. 그 대신 손에는 컨트롤러가 쥐어졌습니다. VR 세상 속을 그냥 감상하는 데서 그치는 것이 아니라, 컨트롤러를 이용해 조작할 수 있게 된 것입니다. 컨트롤러를 아무리 휘둘러도 케이블에 걸리지 않게 되었고, VR 세상에도 입력장치가 생긴 셈입니다.

입력장치가 생기면서 VR 콘텐츠에도 큰 변화가 옵니다. 그 전의 VR 콘텐츠는 그냥 감상에 그쳤습니다. 영화, 드라마, 관광과 같은 콘텐츠가 대부분이었죠. 하지만 컨트롤러가 생기면서 상호작용이 필요한 각종 콘텐츠가 쏟아지기 시작합니다. VR 세상 속의 사물을 컨트롤러의 힘을 빌려 조작할 수 있게 된 덕분입니다.

대표적으로는 페이스북이 내놓은 VR 기기 '오큘러스 퀘스트2'에서 구동되는 VR 게임 〈비트세이버〉가 있습니다. 비트세이버는 음악에 맞춰 날아오는 블록을 박자에 맞춰 칼로 베어내는 게임입니다. 예전 오락실에서 많은 이들이 즐겨 하던 리듬게임 댄스댄스레볼루션 DDR과 유사하죠. 컨트롤러가 이용자의 팔 위치를 인식하게 된 덕에 이용자들은 VR 세상

게임 〈비트 세이버〉
플레이 화면

페이스북이 내놓은 VR 기기 '오큘러스 퀘스트2'에서 구동되는 VR 게임 〈비트세이버〉. 현재 오큘러스 퀘스트2 콘텐츠 중 가장 많은 수입을 올린 게임이다. ⓒBeat Games

속에서 광선검을 휘두르며 블록을 베어낼 수 있게 되었습니다.

이 같은 기술의 발전은 VR 수요를 폭발적으로 증가시키고 있습니다. 특히 스탠드얼론과 컨트롤러로 이어지는 입력장치의 등장은 VR의 활용도를 대폭 높이고 있습니다. 지금은 게임과 같은 콘텐츠가 쏟아지고 있지만, 이 같은 입력장치의 활용은 가상 사무실Office, 가상 공장Factory과 같은 산업 기술로도 이어집니다.

▎VR이 가야 할 길 ▎

하지만 VR 기술이 완전히 정착하기 위해서 갈 길이 많이 남아 있습니다. 대표적으로 스크린 해상도 문제가 있습니다. 해상도란 화면에 출력되는 이미지의 선명도를 말합니다. 화면의 기본 단위인 픽셀이 얼마나 많이 사용되었는지로 판단하는데요, 당연히 해상도가 높을 수록 출력물이 선명합니다.

지금 가장 대중화에 빠르게 성공한 VR 기기인 '오큘러스 퀘스트 2'의 경우 4K 해상도를 지원한다고 합니다. 화소로 치면 대략 800만 화소입니다. 소위 모공까지 보이는 기술이라고 하는데, 최신형 TV에 주로 적용되는 정도의 해상도입니다. 내 양쪽 눈앞에 최신형 TV 수준의 디스플레이로 가상세계를 탐험할 수 있다는 것이죠. 생각보다 높은 화질입니다.

하지만 인간의 눈은 한쪽마다 9천만 화소에서 1억 2천만 화소의 해상력을 가진다고 하는데요, 이를 기술적으로 풀어보면 4K UHD 해상도의 약 15배에 달하는 해상력입니다. 가상인지 현실인지 구분이 안 갈 정도의 선명한 화질이 되려면 기술력이 15배 더 높아져야 하는 셈이죠.

물론 가상세계를 구현하는 일은 디스플레이만의 일은 아닙니다. 가상세계 속 사물을 구현하는 3D 기술들도 함께 발전해야겠죠. 이를 해결하기 위해 페이스북, 엔비디아 같은 많은 글로벌 테크 기업들이 기술 개발에 투자하고 있습니다.

물론 그래픽 기술이 오직 메타버스만을 위한 것은 아닙니다. 하지만 다양한 산업에서 발전이 이루어지면 이 기술들이 또다시 메타버스 기술의 발전을 가지고 올 것입니다. 어떻게 활용할 것인지를 살펴보는 일이 중요하겠죠.

현실을 가상처럼, AR

현실 위에 가상의 요소를 더하는 AR.
VR에 비해 기술 발전은 늦지만 높은 활용도를 보이고 있다.

| 현실을 바꾸는 기술, AR |

AR은 VR과 함께 중요한 메타버스 기술로 손꼽힙니다. 정확한 명칭은 증강현실Augmented Reality입니다. '늘리다' 혹은 '증가시키다'라는 뜻을 가진 영단어 Augement와 현실세계를 뜻하는 Reality의 합성어입니다. 어떤 방식으로든 확장된, 무언가가 늘어난 현실이라는 뜻이죠. AR은 VR과 마찬가지로 새로운 형태의 세상을 우리에게 제안합니다.

그럼 AR은 현실세계를 어떻게 확장할까요? 실제로 존재하는 물리 지구에 가상의 사물이나 정보를 합성하는 방식으로 확장합니다. 물리적 공간에 정보화한 인공물Information Artifacts이 결합하면서 물리적 공간의 성격 자체가 바뀌는 것입니다.

　우리 인간이 살고 있는 물리적 공간의 성격 자체가 바뀐다는 점에서 AR 역시 VR 기술과 함께 넓은 범위에서 XR 기술로 구분됩니다. 하지만 현실을 다루는 방향성이 VR과 AR은 정반대입니다. VR은 현실과 완전한 단절이 전제되는 반면, AR은 현실과 가상 요소와의 긴밀한 소통이 전제되어야 합니다. 그래서 XR 기술을 현실세계와의 유사성으로 구분해놓고 보면 VR의 정 반대편에 있는 기술이기도 합니다.

　AR의 발전 단계는 어느 정도일까요? VR과 마찬가지로 가트너의 하이프 사이클을 기준으로 볼 때 3단계 수준인 '실망 단계'에 머물고 있습니다. 한창 기술에 대한 기대감이 높아졌다가, 이에 상응하는 기술력과 콘텐츠가 뒷받침되지 못하면서 관심이 내려가는 그런 단계입니다. 실제로 가트너는 2016년도 보고서에서 2020년에는 AR이 주류 기술로 부상할 것이라고 했는데요, 현실은 아직 그렇지 못한 상태이죠.

　하지만 이런 기술 발전의 지연에도 불구하고 AR은 인간의 상상 속에서 가장 많이 활용되는 메타버스 기술입니다. 특히 영화와 같은 각종 멀티미디어에서 AR 요소들이 첨단 기술로 묘사되며 등장했는데요, 예를 들면 영화 〈킹스맨〉에 등장한 특수요원들의 안경이 있습니다.

　겉보기에는 영국의 아이웨어 브랜드 커틀러앤글로스의 평범한 뿔테처럼 보입니다. 물론 그 자체로도 멋들어진 안경입니다만, 착용자

영화 〈킹스맨〉에 등장한 특수요원들의 안경. 착용한 상태로 빈 의자를 바라보면 그곳에 없는 요원들의 모습이 홀로그램 형태로 출력된다. ©21st Century Fox

가 버튼을 한 번 누르면 현실 공간 위에 가상의 요소들이 펼쳐지죠. 적을 바라보면 렌즈 위에 적의 신상정보와 함께 무기 소지 여부가 출력되고, 킹스맨 비밀기지의 회의실에서 빈 의자를 바라보면 그곳에 없는 요원들의 모습이 홀로그램 형태로 나타납니다. 총 10명가량이 참석하는 회의이지만 실제 회의실엔 주인공 혼자만 앉아 있는 모습이 연출됩니다.

킹스맨뿐만 아니라 아이언맨 같은 슈퍼히어로들도 AR 기술을 애용합니다. 영화 〈아이언맨〉에서 아이언맨은 슈트 헬멧 부분에 달린 특별한 렌즈로 세상을 살핍니다. 날아가는 미사일의 속도나 적의 이동 경로를 비롯한 각종 정보가 실시간으로 표현됩니다. 아이언맨 토니 스타크가 요청하면 인공지능 비서인 자비스가 이 화면에 정보를 출력하기도 하죠.

아이언맨은 자신의 연구실에서 컴퓨터 앞에 앉아 있지 않습니다. 홀로그램 기술로 구현된 모니터를 손짓 한두 번으로 확대하고 축소하며 연구하죠. 아이언맨이 팔을 펼치면 온갖 기계장치가 확대되고, 다시 손을 모으면 이들이 순서대로 조립이 됩니다. 현실 위에 구현된 가상의 요소들을 마음대로 조작하죠. 이 역시 발전된 형태의 AR이라고 볼 수 있습니다.

현실세계 위에 구현된 가상 스크린을 자유자재로 조작하는 장면은 다른 영화에서도 나옵니다. 2002년에 개봉한 영화 〈마이너리티 리포트〉입니다. 톰 크루즈가 연기한 주인공 존 애더튼이 자신의 사무실에서 범죄자들의 정보를 확인하는 장면입니다. 그의 손 움직임에 따라 수많은 정보들이 나타났다 사라졌다를 반복합니다.

어쩌면 평범한 인간을 슈퍼히어로로 만들어주는 장치 중 하나가 AR일지도 모릅니다. 어차피 우리는 현실을 살아야 하고, AR은 그 현실을 더욱 풍성하고 정교하게 만들어주니까요. 그래서 많은 영화나 소설에서 이 같은 AR 기술이 첨단 기술로 등장하는 것입니다. 많은 이들의 상상력을 자극하기도 하고요.

이런 AR이 무조건 상상인 것만은 아닙니다. 이미 현실의 곳곳에서 AR 기술을 이용한 장치들이 마련되고 있습니다. 그래서 실제로는 가트너의 하이프 사이클 가운데 4단계인 확산 단계에 접어들었다고 보는 의견도 많이 있습니다.

┃우리 삶에 녹아 있는 AR┃

대표적인 사례가 자동차 앞 유리창에 정보를 표시해주는 헤드업디스플레이Head Up Display·HUD입니다. 운전자가 시선을 내리거나 고개를 숙여 계기판을 보지 않고도 주행 정보를 확인할 수 있게 해주는 기능이죠.

자동차 전면부 유리에 화면을 출력해 내비게이션과 연동된 주행 경로, 도로 교통표지판 정보, 주행 보조 정보 안내 등 다양한 정보를 제공합니다. 운전자는 전방 주시를 유지하면서도 이러한 정보를 볼 수 있죠. 첨단 운전자 보조 시스템Advanced Driver Assistance Systems·ADAS 기능을 활성화하면 내 차 주위의 차량 흐름까지도 파악해 모두 출력합니다.

현대모비스와 같은 자동차 전기·전자장치(전장) 기업들이 이를 개발하고 있습니다. 지금의 HUD는 초보적 형태의 AR이라고 할 수 있는데요, HUD에 더 많은 정보를 표시할 수 있도록 노력하고 있습니다. 실제 도로에 3D 가상 정보를 덧씌운다는 계획이죠. 운전자가 꼭 알아야 할 도로 곳곳의 상황 정보가 실시간으로 자동차 유리창에 나타날 일이 머지않았습니다.

AR 기술이 많이 이용되고 있는 하드웨어 플랫폼이 하나 더 있습니다. 바로 스마트폰입니다. 전면부에 달린 고화질 카메라, 그리고 이를 출력할 수 있는 고화질 디스플레이까지 AR 기술 구현을 위한 완벽한 조건을 갖추었죠. 아직은 영화 〈아이언맨〉처럼 눈앞에 정보들이 구현되거나, 영화 〈마이너리티 리포트〉에서처럼 손짓 한 번으

PART 2 메타버스의 뿌리, 실감기술

2017년 전 세계를 강타했던 게임 〈포켓몬 GO〉. 렌즈에 비친 현실 세상 위에 3D 기술로 구현된 포켓몬이 등장하는 방식으로 진행되는 게임이다. ⓒNIANTIC

로 정보들을 불러올 수는 없지만, 스마트폰을 이용한 AR 기능들은 늘어나고 있습니다.

대표적인 서비스로 2017년 전 세계를 강타했던 게임 〈포켓몬 GOPokemon GO〉가 있습니다. GPS 기반의 AR 콘텐츠 전문회사 나이언틱Niantic, Inc.이 포켓몬을 개발한 닌텐도Nintendo의 지적재산권 IP·Intellectual Property을 이용해 만든 게임입니다.

원래 포켓몬 게임은 게임 속 이곳저곳을 돌아다니다 마주치는 몬스터를 수집하고 이를 활용해 전투를 벌이는 게임입니다. 〈포켓몬 GO〉는 이 무대를 가상의 게임 속 세상이 아니라 현실로 옮겼습니다. 현실 속에서 스마트폰 화면을 보며 이곳저곳을 돌아다니다가, 지도상에 포켓몬이 나타나면 그 위치에 스마트폰 카메라를 활성화하고 비추면 됩니다. 그러면 렌즈에 비친 현실 세상 위에 3D 기술로 구현된 포켓몬이 등장하는 방식이죠.

실제 현실에는 포켓몬이 존재하지 않지만, 스마트폰 화면을 통해 비친 현실에는 포켓몬이 존재합니다. 마치 풀숲이나 도로 한복판에 포켓몬이 등장한 듯한 기분을 주죠. 이를 수집하는 것이 이 게임의 핵심 목표였습니다.

〈포켓몬 GO〉는 실제 구글 지도와 GPS를 활용해 장소에 어울리는 포켓몬들을 등장시켜 재미를 더했습니다. 송전탑이나 전봇대 근처에서는 전기 속성의 포켓몬 '찌리리공'과 '코일'이 한강과 같은 물 근처에서는 물 속성의 포켓몬인 '잉어킹'과 '수륙챙이'가 자주 등장하는 방식이었죠.

게임이 아닌 AR 콘텐츠들도 있습니다. 스마트폰의 각종 카메라 앱들이 있죠. 네이버의 자회사 스노우에서 출시한 동명의 앱이 대표적입니다. 이런 앱을 이용해보신 분들이면 셀프 카메라 모드에서 사람의 얼굴에 고양이 귀, 강아지 코와 같은 요소들이 합성되는 기능을 활용해본 경우가 있을 겁니다. 동영상 모드로 촬영할 경우엔 손까지 합성이 되기도 하고요. 얼굴의 움직임, 손의 움직임에 맞춰 가상의 요소들이 정확하게 눈, 귀, 입, 그리고 손에 합성되는 정도입니다. 현실의 배경(이용자의 얼굴)에 가상의 요소(고양이 귀)를 덧붙이는 기술. 앞서 설명한 AR 기술의 정의에 딱 맞죠.

전 세계 10억 명의 이용자를 보유한 인스타그램에도 이 같은 기능이 있습니다. '페이스필터FaceFilter'라고 부르는 서비스입니다. 카메라

네이버의 자회사 스노우에서 출시한 동명의 앱. AR 기술을 바탕으로 셀프 카메라 모드에서 사람의 얼굴에 고양이 귀, 강아지 코와 같은 요소들이 합성되는 기능을 제공한다. ©SNOW

를 실행하고 원하는 페이스필터를 선택하면 다양한 AR 기능이 활성화됩니다. 대상의 얼굴이 활활 불타오르기도 하고, 머리 위로 반짝이가 쏟아지기도 하죠.

이 기능 역시 얼굴을 정확히 인식합니다. 렌즈 안에 두 명, 세 명이 들어오더라도 정확히 얼굴 위에 각종 효과를 표현합니다. 반대로 배경을 바꿔주는 페이스필터라면 얼굴만 정확히 인식해 이를 제외한 배경만 바꿔줍니다. 얼굴을 이리저리 움직여도 자연스럽게 배경이 변경됩니다.

이처럼 많은 AR 콘텐츠들이 스마트폰을 기반으로 구현되고 있습니다. 스마트폰이 중요한 AR 디바이스가 되다 보니 이를 위한 제조사들의 투자도 활발해지고 있습니다. 애플은 2020년에 내놓은 아이폰12의 상급 모델인 아이폰12 프로pro와 프로 맥스pro max에 라이다

LiDAR 스캐너를 탑재했습니다.

라이다 스캐너는 레이저를 쏜 뒤 반사되는 신호를 받아 데이터를 확보하는 기술입니다. 폭과 거리, 높낮이까지 반영한 3차원의 점을 한데 모아 사물의 형상 데이터를 추출합니다. 주로 자율주행차에 탑재되는 것인데요, 특이하게도 이 기능을 스마트폰에 탑재한 것입니다. 스마트폰이 현실 공간을 좀더 정밀하게 측정할 수 있도록 도와주죠.

라이다 스캐너를 통해 현실 위에 가상의 요소들을 더 정확히 결합한 뒤 스크린에 출력할 수 있습니다. 〈포켓몬 GO〉를 이용하다 보면 포켓몬들이 난간이나 가로등에 겹쳐서 소환될 때가 있는데요, 라이다 스캐너를 이용해 더 정밀하게 현실공간을 그려낸다면 가상의 요소를 더 정확한 위치에 소환할 수 있겠죠.

스마트폰을 기반으로 한 AR 서비스들이 속속 등장하면서 구글,

애플의 아이폰12 프로와 프로 맥스에 탑재된 라이다 스캐너. ⓒapple

애플과 같은 스마트폰 공룡 기업들도 이를 위한 생태계 조성에 나서고 있습니다. 개발자들이 AR 서비스를 쉽게 개발할 수 있게 하는 프로그램을 만들고 있죠. 구글은 AR코어ARCore를, 애플은 AR키트ARkit를 내놓았습니다.

이를 이용하면 손쉽게 AR 서비스를 개발해 구글의 플레이스토어나 애플의 앱스토어에 유통할 수 있습니다. 스마트폰 운영체제OS를 지배하고 있는 두 기업의 입장에선 자신들의 생태계에 다양한 AR 서비스들이 쌓이는 만큼 남는 장사라고 할 수 있습니다. 이 소프트웨어와 데이터를 바탕으로 AR 하드웨어의 성능을 강화할 수도 있고요.

인스타그램을 운영하고 있는 페이스북에서 출시한 〈스파크 AR Spark AR〉 역시 인기를 끌고 있습니다. 이 역시 앞서 설명했던 인스타그램의 AR 기능, 페이스필터를 개발하는 앱인데요, 누구나 자신의 아이디어로 페이스필터를 만들어 인스타그램에 공개할 수 있게합니다.

많은 기업들이 이를 이용해 이벤트를 진행하기도 합니다. 이용자들이 사진을 찍을 때 회사 마스코트의 얼굴이 합성되게 하거나, 배경에 브랜드와 관련된 가상 요소들을 띄우기도 하죠. 이용자들이 이 페이스필터를 이용해 사진을 찍고, 공유하도록 유도하는 것입니다. 이 같은 프로젝트를 전문으로 대행하는 기업들도 속속 등장하고 있다고 합니다.

AR 기기는 왜 안경 형태일까?

지금은 스마트폰이 AR 기술을 주도하는 하드웨어 플랫폼이지만, 이역시도 변화의 조짐을 보이고 있습니다. AR 기기 역시 VR과 유사한 HMD 형태로 개발이 이루어지고 있죠. 지금 개발되고 있는 AR 기기는 형태적인 특징이 있습니다. 안경 형태라는 것입니다.

AR의 특성은 현실세계 위에 가상의 요소들이 결합하는 것입니다. 그 말은 이용자가 현실 세상을 선명하게 볼 수 있어야 한다는 것이죠. 배경이 있어야 그 위에 가상의 요소들을 덧붙이고 소환할 수 있으니까요. 그래서 앞과 옆이 꽉 막힌 VR HMD와 달리 AR HMD는 주로 앞이 뚫려 있고, 가상 요소를 표현할 디스플레이, 즉 렌즈가 부착된 안경 형태로 대중화할 가능성이 높습니다.

그리고 안경 형태는 두 손이 자유로울 수 있습니다. VR 기기의 케이블이 사라진 뒤에 활용도가 더욱 높아지고, 콘텐츠가 쏟아졌듯 AR 역시 안경 형태의 하드웨어와 결합할 때 활용도가 대폭 높아질 수 있습니다. 이용자들이 더 이상 스마트폰의 카메라 기능을 켜고 이리저리 조준하지 않아도 되기 때문이죠. 원하는 정보를 음성 명령이나 간단한 터치로 눈앞에 출력할 수 있게 되겠죠.

실제로 구글이 2012년 '프로젝트 글래스'의 일환으로 내놓았던 AR 안경인 '구글 글래스 Google Glass'가 있습니다. 구글 글래스는 텅 빈 안경테 프레임 한 구석에 네모난 액정과 연산 장치가 부착된 형태입니다. 음성을 통해 조작

구글 글래스 영상

구글이 2012년 '프로젝트 글래스'의 일환으로 내놓았던 AR 안경인 '구글 글래스'. 텅 빈 안경테 프레임 한 구석에 네모난 액정과 연산장치가 부착된 형태이다. ©google

하는 방식으로 작동하며, 구글 나우, 구글 지도, 구글플러스, 지메일과 같은 구글의 앱은 물론 생산성 앱인 에버노트, 미디어 앱인 뉴욕타임즈 등을 이용할 수 있게 했습니다.

이 덕에 구글 글래스는 출시 당시 〈타임TIME〉이 선정하는 2012년 최고의 발명품 중 하나로 선정되기도 했습니다. 개당 1,500달러(약 170만 원)의 제품 2천 개를 구글의 행사 구글 아이오I/O에서 선착순으로 판매했는데 모두 매진되기도 했습니다.

하지만 대중화에는 실패했습니다. 비싼 가격도 문제였지만 일반 안경과는 확연히 다른 모습에 "우스꽝스럽다"는 반응이 많았죠. 이를 착용한 이들을 바라보는 시선도 별로였고요. "불법 촬영기기 아니냐"는 비판도 많이 있었습니다. 실제 착용자 중에서 이런 오해를

산 경우도 종종 있었다고 합니다.

이후에도 구글은 끊임없이 구글 글래스를 업그레이드했습니다. 하지만 대중에는 판매하지 않고 주로 기업용으로 출시했죠. 특히 산업 현장에서 AR 글래스의 수요가 있었고, 이를 대상으로 2017년부터 '구글 글래스 엔터프라이즈 에디션'을 판매했습니다. 2020년부터는 이를 일반에도 판매하고 있으나 1,200달러(약 140만 원)라는 비싼 가격은 여전히 장벽입니다.

아마도 AR 기기의 경우 2021년 말 혹은 2022년이 변곡점이 될 것입니다. 다른 빅테크 기업들이 개발 중인 하드웨어 기기들이 속속 출시될 예정이기 때문이죠. 물론 이들 기업 역시 완성된 제품을 내놓을 가능성은 낮습니다. 그만큼 기술이 성숙하지는 않았기 때문이죠. 대신 구글의 실패를 보며 구글의 제품보다 더 대중성을 확보할 수 있는 제품을 내놓을 가능성이 높습니다.

먼저 페이스북입니다. '오큘러스 퀘스트2'의 출시로 VR 시장의 판도를 바꾸었듯, 페이스북의 AR HMD 역시 시장에 충격을 줄 수 있을지에 대한 관심이 높습니다. 페이스북의 CEO 마크 저커버그는 2020년 9월 17일 온라인으로 열린 페이스북의 XR 개발자 행사 '페이스북 커넥트Facebook Connect'에서 AR 기반의 스마트 안경Smart Glasses 개발 계획을 밝혔습니다.

페이스북은 유명 선글라스 브랜드 레이밴Rayban을 보유한 이탈리아 안경 업체 룩소티카Luxottica Group와의 협업을 통한 개발을 예고했는데요, 스마트워치처럼 사람이 착용할 수 있는 모바일 웨어러블 장치의 하나가 될 예정입니다. 센서를 통해 정보를 수집하거나 모니터 대용, 증강 현실AR 등 여러 기능을 부가할 수 있다는 것이 페이스북의 설명입니다.

이 같은 스마트 안경의 개발 계획은 '프로젝트 아리아Project Aria'라는 이름으로 알려져 있습니다. 외신 보도를 종합해보면 2021년 말쯤 페이스북 사내 해당 연구 관련 인력들에게 이 연구의 일환으로 스마트 안경을 지급할 예정이라고 합니다.

다만 이 안경에 AR 기능이 탑재되어 나오는 것도 아니고, 안경이 바로 출시되는 것도 아닙니다. 앞으로 페이스북이 제작할 AR 글래스를 위한 하드웨어 및 소프트웨어 연구를 위한 일종의 도구인 셈입니다. 직원들이 먼저 일상생활 속에서 착용함으로써 데이터를 수집한 뒤 연구에 활용한다는 계획이죠. 실제 완성품은 2025년쯤 출시될 것이란 게 유력한 예측입니다.

또한 애플도 AR 글래스 출시를 예고하고 있습니다. 애플은 2020년 5월에 VR 스포츠·엔터테인먼트 콘텐츠 스트리밍 스타트업 넥스트VRNextVR을 인수했습니다. 애플의 하드웨어 생태계를 더욱 확장할 것이란 예측이 쏟아졌죠.

이에 부응하듯 구체적인 루머도 등장했습니다. 애플 루머와 관련해서 높은 적중률을 자랑하는 홍콩의 IT 애널리스트인 궈밍지는 2021년 3월 7일 애플이 2022년에 VR 및 AR 헤드셋을 출시할 예정이라고 밝혔죠. 2025년에는 AR 글래스를 출시할 것이라고도 했습니다. 그는 기기의 무게와 기기에 탑재될 디스플레이 납품사까지 구체적으로 언급했는데요, 이런 루머와 이전의 넥스트VR 인수를 바탕으로 애플의 VR/AR, 혹은 AR 기기 출시의 가능성을 높게 보고 있습니다.

특이한 점은 VR과 AR이 혼합된 기기를 먼저 출시한다는 것입니다. 이는 아직 성숙하지 않은 AR 시장보다는 콘텐츠도 풍부하고 하드웨어 기술도 어느 정도 뒷받침되는 VR을 기반으로 AR적 요소를 추가한 하드웨어를 먼저 내놓겠다는 의도로 보입니다. 이후 AR 기술이 어느 정도 대중성을 확보할 것으로 보이는 2025년에 독립적인 AR 기기를 출시한다는 계획이죠.

삼성전자 역시 AR 글래스 출시를 앞두고 있습니다. 아직 공식적으로 발표한 것은 없지만 IT 정보 전문 유출자Tipster가 공개한 삼성전자의 영상을 바탕으로 이런 추측이 나오고 있습니다. 물론 빅테크 기업들이 모두 AR 글래스 개발에 달려든 시장의 분위기도 한몫하죠. 여기에 대해 삼성전자 역시 별다른 부정을 하지는 않았습니다.

영상은 삼성전자 내부 구성원들을 위해 만들어진 컨셉아트Concept Art 영상으로 추정됩니다. 내용은 상당히 구체적입니다. 영상을 통해 확인된 모델은 'AR 글래스 라이트AR Glass Lite'와 'AR 글래스AR Glass', 총 두 가지입니다. 둘의 형상은 거의 유사합니다. 큰 안경알이 달린 뿔테 형태입니다. 일반적으로 패션 아이템으로 활용되는 뿔테 안경과 큰 차이가 없죠.

'AR 글래스 라이트'는 가상 화면은 물론 삼성전자의 스마트워치인 갤럭시 워치를 통한 조작, 휴대용 미디어, 덱스 디스플레이, 화상통화, 선글라스 모드 등을 지원합니다. 1인칭 시점의 드론 조종 기능도 있죠. '삼성 AR 글래스'는 증강현실 오피스와 홀로그램 전화, 증강현실 시뮬레이션 등의 기능을 지원합니다.

우리가 상상할 수 있는 AR의 생활 속 기능을 대부분 담았죠. 몇 년 뒤엔 영화 〈아이언맨〉의 헬멧, 영화 〈마이너리티 리포트〉의 가상 스크린과 같은 기능을 우리 일상에서도 흔히 사용할 수 있을지도 모릅니다.

현실과 가상의 경계를 없앤다, MR

VR과 AR의 장점을 결합한 기술, Mixed Reality.
MR이 산업현장을 확 바꿔놓는 방법은?

▎VR과 AR의 특징을 동시에 가진 MR ▎

소개해드릴 마지막 XR 기술로는 혼합현실Mixed Reality·MR이 있습니다.
MR은 단어에서 알 수 있듯 VR과 AR의 특성이 혼합된 개념입니다.
2015년쯤 처음 등장한 개념인데요, VR과 AR의 최종 진화 형태, 혹
은 XR 기술의 종착지가 될 기술이라는 평가가 많습니다.

MR은 VR과 AR의 특징을 동시에 부분적으로 취하고 있습니다.
우선 VR은 이용자와 가상세계 속 사물들의 상호작용이 가능한 대
신 물리적 공간에 대한 감각은 차단됩니다. 기기를 착용한 상태에서
는 이동에 제약이 생긴다는 단점이 있죠. 그리고 AR은 물리적 공간
과의 상호작용은 자유롭다는 장점이 있지만 그 위에 구현되는 디지

털·가상 정보와의 세밀한 상호작용은 지원하지 않습니다.

하지만 MR은 둘의 장점을 취합니다. 즉 물리적 공간에서의 자유로운 활동은 보장하면서 가상의 사물과도 상호작용을 가능하게 합니다.

MR이 작동하는 방식을 설명하면 이렇습니다. MR 기기 역시 지금은 VR과 유사한 HMD 형태로 제작되고 있습니다. 대신 VR과 달리 눈앞에 렌즈나 반투명의 유리가 부착되어 있는 방식이죠. 현실 공간을 차단하지 않기 위해서입니다.

MR 기기를 착용한 뒤 가상의 사물을 눈앞에 소환합니다. 예를 들어 가상의 택배 상자를 현실의 테이블 위에 구현했다고 생각해보죠. AR 기술이 현실 테이블의 위치를 인식해서 좌표로 전송하면, 그 위에 VR 기술이 이를 고려해 테이블 위에 택배 상자를 구현합니다.

이용자는 손을 움직여서 이 택배 상자를 열어볼 수도 있고, 들었다가 놓을 수도 있습니다. 앞으로 다가가서 누가 보낸 것인지 적혀 있는 택배 송장을 확인할 수도 있죠. 테이블 뒤로 돌아 걸어가서 상자를 보아도 상자는 그대로 있습니다. 상자의 뒤편을 확인할 수도 있죠.

상자에 물건을 집어넣어볼 수도 있습니다. 택배를 부치기 전, 상자 크기가 적당한지를 확인해보기 위해서죠. 현실의 물건을 가져다가 가상의 택배 상자를 열고, 그 안에 집어넣습니다. 물론 실제 물건은 테이블 위에 덩그러니 있겠지만, MR 기기를 착용한 이용자의 눈에는 택배 상자 안에 물건이 들어가 있는 것처럼 보일 것입니다. 물건이 밖으로 튀어나오면 더 큰 상자를 소환해서 넣어보면 됩니다.

어쩌면 이런 세상은 AR이 최종 목표로 하는 모습일지도 모릅니다. 현실 위에 구현된 가상의 요소들과 자유롭게 소통하는 세상 말이죠. 그래서 MR을 별도로 구분하지 않고 AR의 진보된 형태로 보는 견해도 있습니다. 반대로 VR과 AR 모두가 MR로 가기 위한 중간 단계라는 의견도 있지요. 실제로 MR을 개발하고 있는 회사 대부분이 얼마 전까지만 해도 AR 기술을 보유하고 있던 회사들이기도 합니다.

| 산업의 게임체인저가 될 MR |

MR의 대표적인 기업과 제품은 마이크로소프트Microsoft·MS가 내놓은 MR HMD인 홀로렌즈HoloLens 시리즈입니다. 2015년 첫 제품이 출시되었으며, 2021년 현재 홀로렌즈2가 최신 모델입니다. 국내에는 2020년에 공식 출시했죠.

마이크로소프트 홀로렌즈2
소개 영상

'홀로렌즈2'는 앞쪽에 바이저Visor라 불리는

반투명 디지털 스크린과 뒤통수에 쿠션이 부착된 머리띠 형태의 헤드셋입니다. 바이저는 마치 모터사이클 헬멧의 전면부처럼 올렸다 내렸다 할 수 있는데요, 바이저를 아래로 내리면 디지털 스크린 너머로 보이는 현실 공간 위에 가상의 요소들이 결합해 나타나는 방식입니다.

가상 속 요소를 조종하는 데는 별도의 컨트롤러가 필요하지 않습니다. 그냥 손을 이용하면 되죠. 맨손으로 지시하고 가리키는 동작부터, 가상세계 속 물건을 누르고, 짚고, 쥐고, 돌리는 동작까지 모두 가능합니다. 기기에 공간의 심도를 인식하는 카메라를 부착했기 때문인데요. 이 카메라가 실제 손의 움직임을 인식해 가상현실 속에 나타난 내 손의 움직임을 구현합니다.

하지만 여전히 대중화하기 힘든 형태와 3,500달러(약 410만 원)라는 압도적으로 높은 가격 때문에 홀로렌즈2 역시 기업용으로 주로 판매되고 있습니다. 대중적인 메타버스 기기라기보다는 산업시설에서 이용하는 일종의 장비로 취급되고 있는 셈이죠.

홀로렌즈2는 산업현장에서 적극 활용되고 있습니다. 원격지원이나 교육·설계·영업지원 분야에서 주로 이용한다고 합니다. 예를 들면 이런 방식입니다. 여러분이 발전소 관리직으로 갓 입사한 신입사원이라고 생각해보죠. 발전소를 제어하기 위한 수많은 제어장치 버튼과 밸브들이 우리를 기다리고 있습니다. 물론 현장에 투입되기 전에 매뉴얼을 보고, 영상을 보면서 학습을 하겠죠. 하지만 현장은 다를 것입니다. 거대한 기계 앞에 서면 알던 것도 잊어버리는 상황이 올 수도 있죠. 이럴 때 홀로렌즈2 같은 MR기기가 도움을 줄 수 있습니다. MR 기기를 착용하고 밸브와 버튼들을 보면 관련 정보들이 렌즈에 모두 출력되겠죠. 만약 잘못된 버튼에 손을 댄다면 경고음이 울리게도 할 수 있습니다.

또한 화상통화 기능을 이용해 선배 근무자들의 도움을 받을 수도 있습니다. 기기 전면에 달린 카메라가 또 다른 기기를 착용하고 사

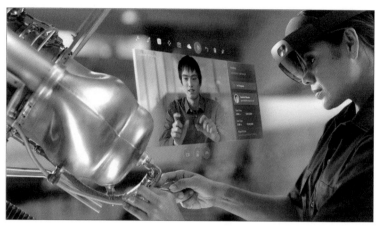

마이크로소프트의 MR HMD인 홀로렌즈2. 산업현장에서 화상통화 기능을 이용해 다른 근무자들의 도움을 받으며 문제를 해결할 수 있다. ©Microsoft

무실에 앉아 있는 다른 근무자에게 현장의 영상을 3D로 전송하죠. 그 근무자는 자리에 앉아서 눈앞에 구현된 기계를 이리저리 만지고, 돌리면서 문제점을 파악할 수 있습니다. 그리고 이를 현장에 있는 근무자에게 다시 전달하면 되겠죠.

실제로 많은 기업에서 이런 방식으로 MR을 이용하고 있습니다. 엔지니어링 소프트웨어 전문 기업인 벤틀리 시스템즈가 개발한 '싱크로XR SYNCRO XR'을 홀로렌즈2 위에서 실행하면 건축설계를 4D 차원에서 가능하게 합니다. 즉 건물을 설계할 때 도면만 보는 것이 아니라 위 아래, 좌우는 물론 건물 내부까지 살펴보면서 진행하는 것이죠.

석유업체 쉐브론Chevron은 홀로렌즈2를 이용한 비대면 상태에서 버튼 하나로 매뉴얼이나 도면을 비롯한 각종 데이터를 공유할 수 있

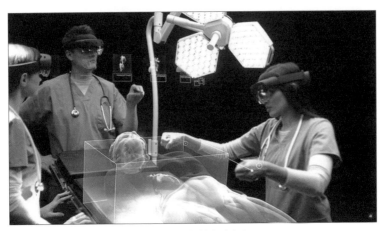

마이크로소프트의 MR HMD인 홀로렌즈2를 통한 가상수술 장면. ©Microsoft

는 협업 툴을 마련했습니다. 이를 이용하면 홀로렌즈2를 착용중인 현장 직원의 상황을 사무실의 전문가가 받아볼 수도 있죠. 이를 통해 원격으로 함께 문제를 해결할 수 있습니다.

미국의 군사기술 회사인 록히드 마틴Lockheed Martin은 2017년부터 NASA와 달 착륙 임무를 수행할 우주선 '오리온'을 개발하고 있는데, 이 과정에서 홀로렌즈2를 활용하고 있습니다. 록히드 마틴은 조립과정에서 AR글래스 없이 8시간 소요되는 업무가 45분 아래로 단축되었다고 밝혔습니다.

의료 부문에서도 MR 기기가 큰 역할을 할 수 있습니다. 필립스 Philips의 의료용 시뮬레이션 시스템이 대표적입니다. MR을 착용하고 수술장에 들어서면 수술대 위에 누운 환자의 정보가 자동으로 모두 출력됩니다. 시시각각 변화하는 혈압과 같은 요소들 역시 모두 출력되죠. 이를 통해 의사는 수술에 더욱 집중할 수 있게 됩니다.

실제 수술이 아닌 연습 수술도 가능합니다. 가상의 요소를 현실의 요소처럼 조작할 수 있기 때문입니다. 텅 빈 수술대 위에 MR 기기를 착용하고 들어서면 가상의 환자 몸이 수술대 위에 나타납니다. 그럼 마치 실제 수술을 진행하듯 환자의 몸 이곳저곳을 수술할 수 있죠. 실제 경험이 중요한 초보 의사들에게 큰 도움이 될 것입니다.

이처럼 포춘 선정 500대 기업 상당수가 이미 XR을 도입하기 시작했습니다. 단순히 하드웨어를 제작하는 것이 아니라 실제 산업 현장에서 이를 적용해 능률을 높이는 데 집중하고 있습니다.

VR과 AR, 그리고 MR을 단순히 게임용 기기라고 볼 수는 없을 것입니다. 어떤 요소에 어떤 기술을 이용할지를 봐야 합니다. 이를 통해 산업의 게임체인저Game Changer가 될 가능성을 찾을 수 있겠죠.

가상세계에서 오감을
채우는 방법

눈에 보이는 것만으로 메타버스의 몰입감을 완성할 수 없다.
촉각, 청각, 후각, 미각을 채우기 위한 다양한 기술들.

▌소리로 만들어내는 공간, 공간음향▐

VR, AR, 나아가서는 MR까지 다양한 XR 기술들이 발전하고 있지
만 완전한 가상세계를 만들어내기엔 부족함도 있습니다. XR 기술
대부분이 집중하는 것은 시각적인 구현이기 때문입니다. 모두 눈앞
에 달린 스크린에 가상의 요소들을 표현하는 데 몰두하고 있죠.

　하지만 인간이 세상을 느끼는 것은 시각만으로 이루어지는 것이
아닙니다. 촉각, 후각, 청각과 같은 다양한 요소들이 결합되어야 하
죠. 그래야 완전한 세상을 온전히 느낄 수 있습니다. 아바타를 만들
고 끝이 보이지 않는 가상세계에 현실과 같은 사물들을 그려넣는다
고 해서 메타버스가 완성되는 것은 아닙니다.

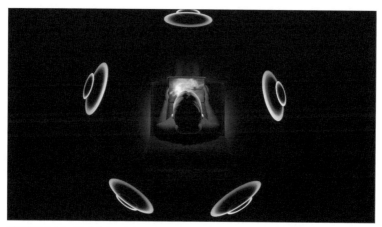
모든 방향에서 소리를 재생하는 방식으로 공간감을 연출하는 공간 음향 기술. ©Apple

당연히 이런 한계를 극복하기 위한 도전도 이어지고 있습니다. 쉽게 생각하기 어려운 촉각, 후각, 미각과 같은 오감을 모두 채우기 위한 기술들이죠. 이를 두고 진짜 생활과 같이 느끼게 한다는 의미에서 '리얼 메타버스Real Metaverse'라고 구분하는 경우도 있습니다. 이 감각들이 모두 충족될 때 진짜 메타버스 세상이 시작된다는 의견이죠. 이를 위한 기술 개발도 한창입니다.

우선 이 기술들 가운데 가장 활발하게 감각을 채워가고 있는 기술은 청각, 즉 소리Sound 기술입니다. 현실감 있는 음향을 위해 많은 노력이 있었는데요, 우리가 음악을 듣는 기술은 한 개의 채널로 듣던 모노Mono를 시작으로 2개 이상의 채널을 이용하는 스테레오Stereo, 셋 이상의 스피커로 청취자의 좌우는 물론 앞뒤까지 둘러싼 서라운드Surround까지 발전했습니다.

모노, 스테레오, 서라운드의 개념이 수평적인 공간에서 확장이 이뤄진 것이라면, 여기에 층위를 더하기 시작합니다. 즉 소리가 위에서 들리는지, 아래서 들리는지까지 구현할 수 있게 된 것이죠. 이를 공간 음향Spatial Sound이라고 합니다. 공간 음향은 가상세계 구현에 있어 중요한 기술 중 하나이죠.

사실 공간 음향은 접하기 쉬운 기술 중 하나입니다. 영화관에서는 일반화한 시스템이죠. 좌우, 앞뒤, 그리고 위에 스피커를 비롯한 음향 장치를 설치해 이를 구현합니다. 음향을 통해 공간을 느낄 수 있게 한다는 의미로 '3D 음향'이라고도 합니다.

공간 음향의 핵심은 단지 웅장한 소리가 아닙니다. 말 그대로 공간감 있는 음향이죠. 청취자의 위치에 따라서 소리가 달라지는 것을 구현하는 것이 핵심입니다. 영화 속에서 자동차가 주인공의 왼쪽에서 다가오는 장면을 생각해보겠습니다. 엔진 소리가 왼쪽에서 점점 크게 들리다가 자동차가 주인공을 지나치면 오른쪽에서 엔진 소리가 더 크게 들리다가 점차 사라지는 식이죠.

메타버스 세상 속에서도 공간 음향은 중요합니다. 내 아바타, 혹은 나의 위치에 따라서 음향이 달라질 때 실감 수준이 높아집니다. 누군가의 아바타와 마주보고 음성대화를 하다가 고개를 획 돌리면 소리가 줄어들거나, 거의 안 들리게 되는 방식이죠. 가상세계 안에서 내가 서 있는 위치, 그리고 내 귀가 향한 방향에 따라 소리가 모두 다르게 들릴 수 있게 됩니다. 몰입을 위해서는 필수적인 기술이 바로 공간 음향이죠.

| 접촉을 현실로 만들어라, 촉각 |

청각을 채우는 기술인 공간 음향이 이미 널리 쓰이는 기술을 메타버스에 적용하는 단계라면, 메타버스 기업들이 적극적으로 투자하고 있는 또 다른 실감기술 분야가 있습니다. 바로 촉각과 관련한 분야입니다. 가상세계 안에서의 사물 조작과 관련한 가장 중요한 부분이기도 하죠.

메타버스 기술의 중점 요소 중에서 상호작용Interaction 부분을 해결하는 데 중요한 기술입니다. 물론 최종적인 목표는 몰입감Immersion이 되겠죠.

가상세계를 말 그대로 '피부로 느낄 수 있게' 많은 연구자들이 도전하는 분야가 있습니다. 인공 피부, 그리고 이를 발전시킨 슈트suit 형태의 웨어러블입니다. 영화 〈레디 플레이어 원〉에서는 게임 속에서 큰돈을 벌게 된 주인공이 고가의 게임용 슈트를 구입하는 장면이 나옵니다. 슈트를 착용하면 게임 속에서 발생한 아바타의 물리적인 접촉이 슈트를 통해 실제 이용자에게도 그대로 전달되는 모습으로 그려지죠.

이런 상상 속의 슈트를 만들기 위한 초기단계Proto Type 기술들도 개발중입니다. 2020년 11월 미국 코넬대학교Cornell University에서는 가상세계 안에서 사물을 만지는 데 도움이 될 신축성 피부 센서를 개발했습니다.

장갑 형태의 이 기기는 LED와 광섬유 센서를 활용해 손의 구부러짐은 물론 손을 굽힐 때 관절에 가해지는 압력까지 디지털 신호로 변환합니다. 이 신호가 가상세계 안에서 우리의 움직임을 더욱 세밀하고 자유롭게 해주죠.

하지만 반대의 경우, 영화 속 슈트처럼 디지털 세상 속의 접촉을 현실 지구의 촉각으로 바꾸는 일은 아직 갈 길이 멉니다. 사람마다 느끼는 촉각의 정도가 다르기 때문이죠. 누군가에겐 '툭' 치는 정도의 감각도 누군가에겐 꽤 큰 고통이 될 수 있으니까요.

실제 기술을 개발하는 과정도 매우 까다롭다고 합니다. 단순히 동작을 인식해서 전달하는 문제를 넘어서기 때문이죠. 특히 신체가 촉각을 감지할 때는 다양한 유형의 촉각 수용기를 통해 압력과 진동 등 여러 정보를 조합해 뇌로 전달하는 과정을 거칩니다.

이 과정을 해결하기 위해 노력 중인 우리나라의 학자들도 있습니다. 2021년 7월 KAIST, 고려대학교, 한양대학교 공동 연구팀은 '인간 피부 신경 모사형 인공감각 인터페이스 시스템'의 개발 성과를 공개했습니다. 인공감각 시스템은 인간이 무언가를 만질 때 발생하는 촉각 신호를 인공적으로 재현해 전달하는 기술입니다.

연구팀은 전자 피부를 제작하고, 센서를 실제 신경 패턴에 기반한 신호 변환 시스템과 연결해 인간의 촉각 인식 프로세스를 최대한 모방했다고 합니다. 센서를 통해 생성된 데이터는 자체 제작한 회로 시스템을 통해 실제 감각 신호와 같은 형태의 패턴으로 변환해 우리 몸에 전달되죠.

연구진이 해당 시스템을 동물 모델에 적용한 결과, 인공 감각 시스템에서 발생한 신호가 생체 내에서 왜곡 없이 전달되었다고 합니다. 이미 20여 종의 직물(옷감)의 질감을 99% 이상 구현해냈다고도 하고요. 가상세계에서 각 사물들이 인간의 피부와 닿았을 때 주는 촉감만 프로그래밍하면, 영화 속 수트와 같은 제품도 개발이 가능한 것입니다.

가상세계 맛집이 내 입으로, 후각과 미각

가상세계의 사물들과 상호작용할 때 생기는 촉각, 나아가서는 동작에 대한 하드웨어가 있다면 인간의 다른 감각인 후각과 미각을 채우기 위한 기술들도 있습니다. 이 역시 영화관에서는 꽤 일반적인 기술인데요, 4DX(4차원 경험) 기술이 적용된 영화관에서 영화를 감상할 때 비가 내리는 장면에서 천장에서 뿌려지는 약간의 물을 맞아본 경험이 있을 겁니다. 이와 비슷한 원리로 가상세계에서 생기는 후각이나 미각적 경험을 현실에서도 전달하는 것입니다. 〈제페토〉에 마련된 샌드위치 브랜드 에그슬럿Eggslut의 샌드위치를 내 아바타가 한 입 베어물면, 나에게도 그 맛이 전해지는 상상. 이런 상상이 현실이 되는 것입니다.

이와 관련된 기술로 혀에 전기, 주파수, 열 등의 자극으로 맛을 구현하는 방법이 있습니다. 혀 밑에 전극을 연결해 모든 맛의 기본인 짠맛, 단맛, 쓴맛, 신맛, 이 네 가지의 감각을 만들어내 방식입니다. 2011년 싱가포르 국립대학에서 발표된 논문에 등장한 개념인데요, 아직 상용화에 이르지는 못한 상태입니다.

또한 메타버스의 특정 지역이나 사람, 사물에게서 나는 향을 비슷하게 구현하려는 시도도 있습니다. 총을 쐈을 때 나는 화약 냄새라든지, 꽃밭을 지날 때 나는 향기를 그대로 표현에 몰입감을 높이려는 시도이죠.

2017년 6월 일본 기업 바크소VAQSO는 메타버스에서 냄새를 느낄 수 있는 '바크소 VR'을 소개하기도 했습니다. 다양한 HMD에 장착하는 기기인데, 구매할 때 바다, 불(화약), 숲(잔디), 흙, 우유, 꽃다발 등 5가지 종류의 냄새 리퀴드를 선택할 수 있다고 합니다.

서로 다른 향으로 카트리지를 교제해 장착하는 것도 기능합니다. 가상세계에서 상황에 맞는 향이 분출되는 식이죠. 더 나아가서는 상황에 따라 향기를 조합해 적절한 향이 나도록 하는 기술도 개발중에 있다고 합니다.

현실의 움직임을 가상으로, 러닝패드와 손목밴드

조이스틱에 의존해서 메타버스를 완성할 수 있을까?
내 손의 움직임과 발걸음으로 아바타를 조종하기 위한 기술들.

▎동작을 인식하는 기술 ▎

그간 VR과 AR이 대중화하지 못한 이유 가운데 하나로 꼽히는 것이
컨트롤러 문제입니다. 가상세계를 조작하기 위한 마땅한 입력장치
가 없었던 것이죠.

메타버스 플랫폼들이 PC와 스마트폰을 중심으로 나오기 시작한
이유도 컨트롤러 문제 때문입니다. 마우스와 키보드, 그리고 손가락
(터치스크린)이라는 익숙한 입력장치가 있기 때문이죠.

그래서 등장했던 것이 양손에 쥐는 컨트롤러입니다. 플레이스테
이션Playstation 이나 엑스박스Xbox 같은 콘솔 게임기의 컨트롤러와 유
사하게 생긴 장치이죠. 각 컨트롤러가 VR의 본체와 블루투스 등으

로 연결되어 컨트롤러를 잡은 이용자의 팔 움직임을 가상세계에 반영합니다.

컨트롤러의 버튼을 누르면 가상세계 안에서 포인터Pointer가 등장하거나, 아바타의 손이 움직여 사물과 상호작용하게 되죠. 상호작용에 성공하게 되면 약간의 조작감을 보태기 위해 햅틱Haptics* 반응을 보내기도 합니다. 1초 내외의 짧은 진동을 컨트롤러에서 보내, 마치 내 손이 사물에 닿는 듯한 느낌을 줍니다.

여기서 컨트롤러와 가상세계 속의 움직임은 약속된 대로 움직입니다. 예를 들어 컨트롤러에서 A 버튼을 누르면 가상세계 안에 구현된 나의 손은 클릭Click 동작을, B 버튼을 누르면 물건을 집어 올리는 동작을 하는 식이죠. 마치 전자 오락실의 격투기 게임에서 A 버튼은 발차기를, B 버튼은 주먹을 날리도록 프로그래밍되어 있는 것과 유사합니다.

조작 문제를 해결은 했지만 여전히 몰입감이 떨어질 수밖에 없죠. 가상세계에 나의 손이 있긴 해도 막상 이 손을 마음대로 움직일 수 없기 때문입니다. 내 손이 내 손이 아닌 상황에서 완벽한 가상세계 구현은 쉽지 않습니다. 현실을 그대로 가상으로 옮기려면 현실의 요소Objects뿐 아니라 현실에서의 움직임Movement 역시 가상에서 구현되어야 합니다.

● 햅틱(Haptics)
키보드·마우스·조이스틱·터치스크린 등 컴퓨터 입력장치를 통해 촉각·힘·운동감 등을 느끼게 하는 기술

이를 위해 VR이나 AR 기기 외부에 센서와 카메라를 장착하기도 합니다. 최소한 손의 움직임만큼이라도 포착해 가상세계에 반영하기 위해서죠. 하지만 이것 역시 완벽한 기술은 아닙니다. 손이 범위를 벗어나면 인식이 제대로 되지 않고, 움직임의 반영이 지연되는 레이턴시Latency 현상이 생기죠. 흔히 말하는 렉Lag이 발생하는 것입니다.

그래서 최근 등장하는 것이 여러 방식으로 동작을 감지하는 웨어러블Wearable 기기입니다. 아직 개발 단계에서의 가칭이긴 하지만, 페이스북의 'EMG● 손목밴드'와 애플의 '스마트링'이 대표적입니다.

페이스북의 손목밴드는 근육의 움직임을 감지하고 이를 디지털 신호로 바꿔주는 기기입니다. 최근에 페이스북의 XR 연구부서인 '페이스북 리얼리티 랩Facebook Reality Lab'에서 손목밴드를 개발중에 있음을 알렸습니다.

페이스북의 손목밴드는 페이스북이 출시 예정인 AR 글래스와 연동되어 작동할 예정입니다. 손목밴드는 몸의 움직임을 수행하는 골격근에서 발생되는 전기 신호를 측정하는 EMG 기술을 활용합니다.

페이스북의 손목밴드

● EMG(근전도검사·Electromyography)
골격근에서 발생하는 전기적인 신호를 측정하고 기록하는 기술. 근전도검사기(electromyograph)라는 장치를 통해 근육 세포가 전기적으로 혹은 신경적으로 활성화될 때 발생하는 전기적인 신호를 감지한다.

손을 움직이는 순간 우리의 뇌에서는 근육을 작동하기 위해 전기 신호를 근육으로 전달하는데요, 이 신호를 감지해 디지털화하는 방식이죠. 손목을 통과해 손으로 전달되는 이 신호를 감지하면 1밀리미터 정도의 손가락 움직임도 정확히 인식해 디지털 명령으로 전환할 수 있다고 합니다.

그래서 이 밴드를 양 손목에 착용하면 허공에 다양한 손 동작을 취하는 것만으로도 가상세계를 조종할 수 있게 됩니다. 아무것도 없는 테이블 위에 키보드를 불러들여 타자를 칠 수도 있습니다. 허공에 활을 쏘는 동작을 하면 AR 세상 속에서는 화살이 발사되죠.

애플이 준비중인 것으로 알려진 스마트링, 즉 반지 역시 이런 목적으로 개발되고 있습니다. 2021년 3월 애플이 반지 형태의 기기 관련 특허를 출원하면서 개발 소식이 알려진 제품인데요, 빛의 파장을 이용해 센서와 대상 사이의 움직임을 광학적으로 측정하는 '자체 혼합 간섭계SMI' 기술을 이용하는 기기입니다.

반지를 엄지와 검지에 동시에 착용하면 손은 물론 손가락의 움직임까지 모두 파악할 수 있게 됩니다. 이를 디지털 신호로 변환해 가상세계 속의 요소들을 조작할 수 있게 하는 기술이죠. 물건 집어 올리기, 확대하기, 축소하기, 회전하기와 같은 세밀한 동작까지 마치 현실 속에서 움직이는 것처럼 정밀하게 조작할 수 있게 되겠죠.

결국 입력기기를 통해 우리 몸의 동작을 입력하는 방식에서, 우리 손 자체를 메타버스 세상 속 입력기기로 사용하는 발상의 전환인 것입니다. 스마트폰이나 컨트롤러를 가지고 다닐 필요 없이 손목과 손가락에 기기를 착용하는 것만으로 가상세계 속에서 정밀한 상호작용이 가능해지는 것이죠.

│ 나도, 아바타도 직접 움직인다. 러닝패드 │

XR 세상 속을 거닐기 위한 보조장치들도 개발되고 있습니다. 특히 이 문제는 VR HMD를 통해 구현되는 세상을 탐험하는 방식과 밀접한 관련이 있습니다.

PC를 통해 구현되는 가상세계와 달리 VR 헤드셋을 통해 접속한 뒤 아바타 간 소통을 하는 서비스에는 공통점이 있습니다. 그것은 바로 아바타들의 다리가 없다는 것이죠. 페이스북의 VR 기반 SNS 서비스인 호라이즌Horizon과 '오큘러스 퀘스트2'를 통해 접속할 수 있는 아바타 업무 공간 서비스인 스페이셜Spatial이 대표적입니다.

페이스북의 VR 기반 SNS 서비스인 〈호라이즌〉의 아바타. ©Facebook

이런 VR 서비스들의 아바타는 마치 영화 〈해리포터〉의 배경인 호그와트 마법학교 곳곳을 돌아다니는 유령들처럼 상반신만 구현되어 있습니다. 호라이즌은 허리 아래가 완전히 비어 있는 모습으로 둥둥 떠다닙니다. 스페이셜은 상반신 아래가 흐릿하게 처리된 형태죠. 왜 그럴까요? 다리의 움직임은 반영할 수 없기 때문입니다.

하드웨어 기술의 발달로 VR 기반 가상세계에서도 이용자의 얼굴 움직임이나 손 동작은 트래킹Tracking할 수 있게 되었습니다. 현실세계의 움직임과 가상세계에서의 동작을 일치하도록 설계할 수 있죠.

하지만 다리, 즉 이동의 문제는 그렇지 않습니다. 실제 공간에서의 동작과 가상 공간에서의 동작이 일치하도록 설계하면 어떤 일이 벌어질까요? 간단합니다. 현실에서 한 발을 내딛으면 가상세계에서 내 아바타도 그 거리만큼 움직이는 것입니다.

이 경우 무한하게 펼쳐진 메타버스 세상에서 돌아다니기 위해서는 현실에서도 그만큼의 움직임이 필요합니다. 전면부가 선명하게 보이도록 설계된 AR이나 MR과 같은 기기는 상대적으로 별 문제가 없을 것입니다. 하지만 앞이 막힌 형태의 VR 헤드셋이라면 이야기가 달라집니다. 이런 헤드셋을 착용하고 공간을 돌아다니는 것은 거의 불가능에 가깝죠.

그래서 대부분의 VR 콘텐츠가 가상세계 속에서는 한 자리에 서서 즐기는 것들이 대부분입니다. 영화, 드라마를 비롯한 영상 감상 콘텐츠가 많은 이유도 이 때문이죠. 게임 콘텐츠 역시 이용자는 가만히 서 있고 다가오는 가상의 요소들을 부수거나, 타이밍에 맞춰 타

VR 기기를 착용한 이용자의 움직임까지 반영할 수 있는 러닝패드. ©Virtuix

격하는 것들이 많습니다.

물론 이동의 한계를 해결하기 위해 나름의 대책은 있습니다. 먼 공간으로 이동할 땐 그곳까지 직접 걸어가지 않고 이동할 지점을 찍어 텔레포테이션(Teleportation, 순간이동)하는 방식이 대표적입니다. 업무 공간 서비스라면 회의실을 클릭했을 때 내 아바타가 회의실 의자로 순간이동하는 식이죠.

그게 아니라면 컨트롤러의 버튼들을 이용해 캐릭터가 걸어가는 척하는 것입니다. 오큘러스 퀘스트2의 이 같은 기능을 활용해 인기를 끌고 있는 FPSFirst-Person Shooting 게임 〈파퓰레이션 원Population One〉이 대표적입니다. 내 아바타를 조작해 전장을 돌아다니며 적과 교전하는 게임인데 아이템을 집고, 총을 조준하고, 격발하고, 벽을 기어올라가는 동작은 모두 실제 팔의 움직임이 있어야 하지만 이동은 컨트롤러의 버튼으로 하죠.

　이런 방식도 메타버스를 둘러보는 데 도움은 되지만, 그만큼 몰입도를 떨어뜨리게 됩니다. 그래서 좁은 공간에서도 이동할 수 있는 여러 대안 하드웨어가 등장하고 있습니다.

　대표적인 장치가 흔히 러닝머신이라고 부르는 트레드밀Treadmill입니다. VR 보조용으로 이용되는 트레드밀은 일반적인 것과 달리 360도로 이동하는 것이 특징입니다. 허리 부분을 고정하고 마치 허공을 달리듯 달리게 됩니다. 제자리에 앉거나 높이 뛰는 동작까지 모두 반영할 수 있도록 설계된 것이죠. 물론 이용할 때만 꺼내면 되는 VR 헤드셋과 달리 어느 정도의 공간을 확보해야 하는 장비의 부피와 비싼 가격이 장벽이 됩니다.

　트레드밀이 이용자에게 끊임없이 움직이는 바닥을 선사한다면, 반대로 신발에 바퀴를 장착해 무한한 움직임을 만들어내는 장치도 있습니다. 센서를 활용한 이 제품은 신발을 신은 뒤 의자에 앉아 발을 움직이는 방식으로 작동합니다. 그럼 센서가 이를 인식해 실제 공간을 움직이지 않아도 가상세계 안에서 내 아바타가 움직이죠.

　그 외에도 발목 부분에 센서를 장착해 제자리 뛰기만 해도 기울기를 인식해 가상세계의 이동을 만들어내는 기술도 있습니다. 이처럼 현실세계의 감각과 동작을 가상세계의 움직임과 동기화하기 위한 하드웨어 기술들이 속속 등장하고 있습니다.

내 몸이 통째로 가상세계로, 침습과 다이브 기술

내가 아바타인지, 아바타가 나인지 모르는 세상.
메타버스 접속 기술의 종착지가 될 다양한 기술들.

▌침습과 다이브 기술▐

앞서 살펴본 하드웨어 기술들이 발전의 정도 차이는 있지만 아무튼 현재진행형이라면, 상상에만 머물다가 이제 기초적인 것들이 하나둘씩 구현되고 있는 기술들도 있습니다. 침습浸濕 기술과 다이브Dive 기술이 바로 그것입니다.

침습은 단어 뜻 그대로 풀이하자면 균과 같은 미생물이나 생물, 검사용 장비의 일부가 체내 조직 안으로 들어가는 것을 의미합니다. 그리고 다이브는 인간의 몸이 통째로 가상세계로 빠져든다는 의미입니다.

2007년부터 2019년까지 무려 13년에 걸쳐 연재된 남희성 작가의

〈달빛 조각사〉라는 웹소설이 있습니다. 만화는 물론 게임으로도 출시될 정도로 큰 인기를 끈 판타지 소설인데요, 이 소설의 소재는 가상현실 게임입니다. 메타버스의 개념을 충실하게 차용한 작품이라고 할 수 있습니다.

이 소설의 배경이 되는 게임 '로열로드'는 캡슐 형태의 기기를 통해 이용할 수 있다는 설정이 나옵니다. 마치 침대와 같은 공간에 이용자가 들어가서 눕게 되면 캡슐이 이용자의 뇌파를 분석해 주인공을 가상세계로 인도하는 것입니다. 말 그대로 뇌에 접속해 가상세계를 구현하는 것이죠. 바로 이 기술이 침습, 혹은 다이브 기술의 개념입니다.

〈달빛 조각사〉 외에도 이런 개념을 차용한 소설들이 많이 있습니다. 이용자의 신체 능력 그대로를 가상세계에서 구현하기도 하고, 반대로 가상세계에서의 활동이 현실지구의 신체를 단련하기도 합니다. 뇌에 접속하는 형태이다 보니 수면 중에도 계속해서 게임을 즐길 수 있다는 설정도 나오죠.

이런 개념을 잘 보여주는 영화도 있습니다. 바로 1999년에 개봉한 영화 〈매트릭스〉입니다. 이 영화 속에서는 배우 키아누 리브스가 연기한 주인공 네오를 비롯한 등장인물들이 가상세계인 매트릭스에 접속하기 위해 머리 뒤편에 바늘과 같은 장치를 삽입하는 장면이 나옵니다.

장치와 연결된 인간은 마치 잠에 빠져들듯 무의식 상태로 접어듭니다. 그대신 가상공간에 내가 등장하죠. 신체의 모습도, 의식도 모두 그대로 유지됩니다. 내가 조작하는 아바타의 수준을 넘어 내가 그대로 복제되는 것입니다.

|이런 상상이 허황된 것은 아니다|

이미 인간의 뇌에 칩을 심어 생각만으로 가상세계를 조작하려는 시도들이 있습니다. 대표적인 것이 테슬라 CEO인 일론 머스크의 또 다른 회사 뉴럴링크Neuralink가 진행하고 있는 실험이죠.

　뉴럴링크는 일론 머스크가 지난 2016년 설립한 컴퓨터 칩 개발 업체입니다. 이 회사의 궁극적인 목표는 뇌에 이식한 컴퓨터 칩을 통해 인간의 뇌와 컴퓨터를 직접 연결하는 것입니다. 뇌에서 생각을 할 때 생기는 전기적 신호를 칩을 통해 디지털 신호로 변환하고, 그 디지털 신호를 컴퓨터를 비롯한 전자기기와 이를 통해 구현될 가상세계 제어에 사용한다는 구상이죠.

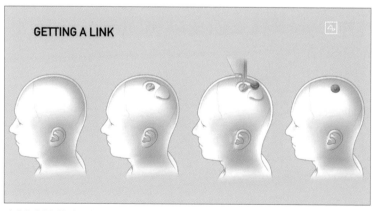

뇌에서 생각을 할 때 생기는 전기적 신호를 칩을 통해 디지털 신호로 변환하고, 이를 컴퓨터를 비롯한 전자기기와 이를 통해 구현될 가상세계 제어에 사용한다는 뉴럴링크의 구상. ©Neuralink

이미 뉴럴링크는 2020년 8월엔 돼지의 뇌에, 2021년 2월엔 원숭이의 뇌에 칩을 삽입하는 데 성공했습니다. 뉴럴링크가 유튜브에 공개한 영상을 보면 원숭이는 조이스틱을 들고 게임을 하고 있습니다. 하지만 조이스틱의 선은 게임기와 연결되어 있지 않은 상태입니다.

뉴럴링크의 유튜브 영상

조이스틱을 통해 아무런 입력이 이루어지지 않지만 게임은 진행됩니다. 원숭이는 모르지만, 성작 원숭이가 조이스틱을 들고 조작하고 있다는 그 생각이 게임을 움직이고 있는 것입니다. 조이스틱을 조작할 때 발생하는 전기적 신호, 즉 뇌파를 칩을 통해 컴퓨터로 전달하고 있기 때문입니다.

이처럼 몰입감 높은 메타버스 세상을 구현하는 데에는 다양한 방식과 다양한 기술들이 결합되어야 합니다. 하지만 이 기술 모두를 동원해야 메타버스가 만들어지는 것은 아닙니다. 용도에 따라, 필요에 따라 적절한 기술을 결합할 때 효율적인 메타버스 세상을 구현할 수 있습니다.

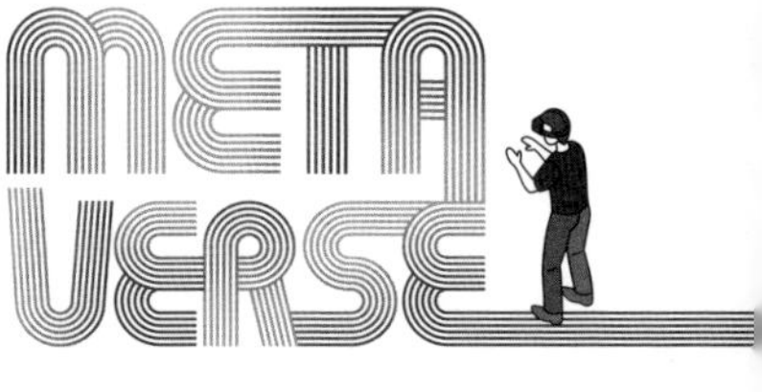
META
VERSE

메타버스를
주도하는 플랫폼

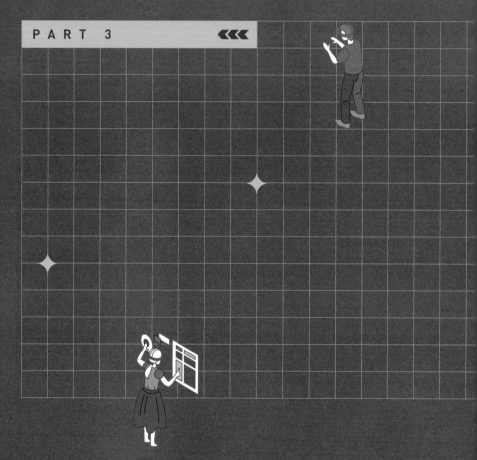

메타버스 세상을 주도하는 콘텐츠는 무엇일까? 이들은 어떻게 메타버스의 대표주자로 떠올랐을까? 그리고 이들은 어떤 공통점과 차이점을 가지고 있을까? 지금 시점에서 가장 성공적으로 메타버스 세계로 항해하고 있는 플랫폼인 〈로블록스〉〈제페토〉〈포트나이트〉〈마인크래프트〉에 대해 살펴본다. 그리고 이들이 만드는 새로운 세상, 크리에이터 이코노미에 대해 이야기한다.

METAVERSE

≪≪

메타버스로 향하는
콘텐츠 플랫폼들

메타버스 세상으로의 항해가 본격적으로 시작된 2020년.
그 선두에는 〈제페토〉 〈로블록스〉 〈포트나이트〉 〈마인크래프트〉가 있다.

▌플랫폼이 메타버스에 집중하다▐

앞에서 살펴본 것처럼 메타버스라는 개념은 첫 등장 이후 지난 20년
간 부침을 반복했습니다. 기술의 미성숙으로 인한 좌절, 모바일이라
는 새로운 물결의 등장으로 부상이 좌초되었던 경험이 있죠. 2000년
대 초반의 세컨드 라이프, 한국의 사이버가수 아담이 바로 이런 사
례입니다.

하지만 2020년을 기점으로 시작된 메타버스의 재부상은 과거와는
조금 다르다는 것이 공통된 의견입니다. 이제 진짜 메타버스 '원년'
이 왔고, 이로써 본격적인 메타버스 세상으로의 항해가 시작되었다
는 것이죠.

이유는 다양합니다. 기술의 발전, 인식의 변화, 세대의 교체 등 다양한 분석들이 있죠. 그중에서도 메타버스에 많은 관심이 모이는 가장 큰 이유는 무엇보다 메타버스를 표방하는 플랫폼들이 속속 등장하고 있기 때문입니다. 각 플랫폼들은 새로운 기술과 콘텐츠로 무장하고 이용자들에게 전에 없던 경험을 제공하고 있습니다.

실제로 기술과 콘텐츠를 구분하지 않고 시장 규모 전체만을 따졌을 때 몇 년 안에 급성장할 것으로 예상됩니다. 시장 전망을 긍정적으로 보는 일부 기관에 따르선 2025년 3,381억 달러(약 385조 8천억 원), 2030년 1조 924억 달러(약 1,246조 4,284억 원)로 예측하는 곳도 있습니다.

이 같은 전망은 그냥 나온 것이 아닙니다. 메타버스 세계로 항해를 시작한 거대한 몇 척의 기함旗艦·Flagship들이 있기 때문입니다. 이들은 대부분 플랫폼의 형태를 띠고 있습니다. 이용자들을 모으고 이를 통해 수익을 창출하기 위해 노력하고 있죠.

▌새로운 비즈니스 기회는 플랫폼에▐

물론 메타버스를 구현하기 위해서는 수많은 하드웨어 기술들이 뒤를 받치고 소프트웨어 기술들이 이를 그려내야 하지만, 이런 기술들을 일반 이용자들이 접하기는 쉽지 않죠. 단순히 메타버스를 잠시 즐겨보기 위한 이용자부터, 이를 이용해 새로운 비즈니스 기회를 창출하려는 이용자까지 모두 플랫폼을 바라보고 있습니다.

결국 이용자와 기술이 만나는 최전선, 프론트엔드Front-End●에 시선이 집중되고 있습니다. 좋게 보면 취미생활, 심하게는 악惡으로 여겨지던 게임으로, 그리고 애들이나 하는 SNS로 여겨지던 메타버스 서비스로 어른들이 몰려가고 있습니다. 기업, 정부, 공공기관을 가리지 않고 말이죠. 대체 이 플랫폼들이 어떤 경험을 선사하는 것일까요?

앞서 설명한 메타버스의 요소들이 어떤 식으로 결합되고, 또 어떤 식으로 작동하고 있는지에 대해서 알아보겠습니다. 메타버스 플랫폼, 메타버스 세계, 메타버스 서비스를 자청하는 콘텐츠가 쏟아지고 있는 상황인데요. 그중에서도 메타버스 논의의 초기부터 성공적인 서비스로 꼽히는 〈로블록스〉〈제페토〉〈포트나이트〉〈마인크래프트〉, 이 네 가지 서비스들을 지금부터 살펴보겠습니다.

● 프론트엔드
웹이나 앱의 이용자가 눈으로 보고 이용하게 되는 모든 화면의 요소. 반대말로는 백엔드(Back-End)가 있다.

게임 속으로 출근만 70만 명, 〈로블록스〉

이용자들이 게임을 만들고 공유하는 게임 플랫폼 〈로블록스〉.
전업 게임 개발자 70만 명, 직접 만든 게임만 5,500만 개.

| 이제는 로블록스를 알아야 하는 이유 |

먼저 가장 유명한 메타버스 플랫폼 중 하나인 〈로블록스〉입니다. 〈로블록스〉는 2004년 미국에서 창업해 2006년 서비스를 개시한 게임 플랫폼입니다. 한국에도 공식 진출 예정입니다. 2021년 7월 16일 한국 법인을 만들었고 본격적인 한국 서비스를 준비하고 있다고 합니다.

〈로블록스〉는 2021년 5월을 기준으로 월 1억 6,400만 명 이상의 활성 이용자를 보유하고 있습니다. 한 달에 한 번 이상 〈로블록스〉에 접속하는 이용자가 1억 6,400만 명인 것입니다. 이 이용자 가운데 67%는 16세 이하라고 하죠. 그래서 국내에는 주로 '미국 초등학생들에게 가장 인기 있는 게임'으로 소개가 많이 되어 있는데요, 이

로블록스의 첫 화면이라고 할 수 있는 로비에 올라와 있는 수십, 수백 가지의 게임. ⓒRoblox

는 절반만 맞는 말입니다.

〈로블록스〉는 정확히는 게임 플랫폼입니다. 이는 우리에게 익숙하지 않은 개념인데요, 플랫폼이라는 말 그대로 수많은 게임을 설치하지 않고 자유롭게 플레이할 수 있다는 것이 특징입니다. 마치 우리가 친구들과 홍대나 강남역 같은 번화가에서 만나서 함께 길을 걷다 눈에 띄는 매장에 쏙 하고 들어가 둘러보듯 말이죠.

〈로블록스〉를 실행하면 첫 화면이라고 할 수 있는 로비Lobby에 수십, 수백 가지의 게임이 등장합니다. 추천 게임, 새로 업데이트된 게임, 인기 있는 게임 등 다양하게 분류되어 있습니다. 게임을 클릭해 접속하면 이용자는 아바타의 모습으로 등장합니다. 방향키를 비롯해 게임 개발자가 지정해둔 단축키를 이용해 게임을 즐기면 되죠.

게임이라고 해서 모두 같지 않습니다. 다양한 장르의 게임이 있죠. 흔히 생각하는 총싸움, 즉 FPS 게임을 비롯해 옛날 오락실 게임 같은 아케이드 게임도 여럿 있습니다. 그냥 차를 타고 마을을 돌아다니면서 이용자들과 대화를 나누는 게임도 있죠. 이 같은 경우 게임이라기보다는 하나의 가상공간이라는 표현이 더 적절할 것 같습니다.

게임은 이용자들이 직접 만듭니다. 마치 동영상 시청 플랫폼인 유튜브에서 사람들이 영상을 감상하기도 하고, 직접 제작해서 올리기도 하듯 말이죠. 덕분에 〈로블록스〉에서 게임을 개발해본 이용자가 700만 명이고, 이들이 만들어낸 5,500만 개 이상의 게임이 제공된다고 합니다. 개발자 중 10% 가량은 〈로블록스〉를 기반으로 전업 개발자로 일하고 있다고 합니다. 게임으로 출근하는 이들이 70만 명이 넘는 셈이죠.

물론 이용자들이 자유롭게 만드는 시스템이다 보니 게임이라고 부르기 민망한 수준의 작품도 꽤 있습니다. 하지만 반대로 100억 회가 넘게 플레이된 인기 게임도 많습니다.

로블록스는 어떻게 메타버스가 되었나?

〈로블록스〉에서 제공하는 '로블록스 스튜디오Roblox Studio'를 이용하면 누구나 쉽게 게임을 만들 수 있습니다. 로블록스 스튜디오의 장점은 컴퓨터 프로그램인 코딩coding을 모르는 사람도 쉽게 게임을 만들 수 있는 노코딩no-coding 게임 개발 환경이라는 것입니다. 스튜디오에서는 〈로블록스〉가 미리 준비한 다양한 요소들을 배치하고, 룰을 정하는 것만으로도 간단히 게임을 만들 수 있죠.

게임이나 컴퓨터 그래픽, 프로그래밍에 문외한인 사람도 게임을 만들 수 있도록 도와주는 로블록스 스튜디오 기능. ©Roblox

　그래서 게임 자체의 전체적인 퀄리티나 그래픽 수준은 높지 않습니다. 세계 최고의 메타버스 플랫폼이라고 해서 화려하고 현실에 가까운 컴퓨터 그래픽을 생각했던 어른들이 보기엔 의심스럽죠. 하지만 레고를 닮은 단순한 아바타, 원초적인 재미를 추구하는 짧은 게임 등의 요소들을 메타버스의 장점으로 꼽는 이들도 많이 있습니다.

　〈로블록스〉는 게임 플랫폼으로만 기능하지 않습니다. 메타버스 플랫폼이라는 명성에 맞게 가상공간을 활용한 각종 이벤트를 열기도 합니다. 대표적인 것이 2020년 11월 〈로블록스〉에서 열린 미국의 래퍼rapper 릴 나스 엑스Lil Nas X의 콘서트입니다. 릴 나스 엑스는 당시 행사에서 싱글 음원 '홀리데이Holiday'의 첫 무대를 〈로블록스〉에서 선보였습니다.

〈로블록스〉에서 릴 나스 엑스를 위한 공간을 마련해주었고, 여기에 접속하면 릴 나스 엑스의 공연이 펼쳐집니다. 릴 나스 엑스의 아바타가 등장하고, 일순간 거대한 형상으로 변화하죠. 이용자들의 아바타는 마치 공연장에 온 것처럼 릴 나스 엑스의 발치에서 그의 공연을 보게 됩니다.

노래가 바뀔 때마다 배경과 릴 나스 엑스의 의상도 시시각각 변화했습니다. 오프라인 콘서트에서는 볼 수 없는 장면이죠. 물론 오프라인 콘서트처럼 무대 위로 관객이 올라간다거나, 가수와 관객이 하이파이브를 나누는 경험은 없지만, 가상세계에서만 즐길 수 있는 또다른 경험을 주었죠. 덕분에 3,600만 명의 관객을 동원할 수 있었습니다.

2021년 5월 스웨덴 가수 자라 라슨Zara Larsson도 앨범 출시 기념 댄스 파티를 〈로블록스〉에서 열었습니다. 이 행사에는 400만 명이 참여했다고 합니다. 이후에도 〈로블록스〉는 세계 최대 음반회사 중 하나인 소니뮤직 엔터테인먼트와의 협업으로 이 같은 콘서트를 더욱 활발하게 개최할 전망입니다.

로블록스에서 펼쳐진
공연 영상

블랙핑크와 트와이스도 풍덩, 〈제페토〉

네이버의 자회사 네이버Z가 서비스하는 전 세계 2억 명 이용자 〈제페토〉.
블랙핑크, 트와이스, 구찌, 나이키도 합류한 메타버스 플랫폼.

█ 아바타 서비스로 시작한 〈제페토〉█

〈제페토〉는 2021년 3월을 기준으로 전 세계 가입자 수가 2억 명에 달하는 메타버스 플랫폼입니다. 한국을 비롯한 아시아권에서 선풍적인 인기를 끌고 있는 서비스죠. 3D 아바타를 이용해서 다른 이용자의 아바타와 소통하는, 메타버스의 정석이라고 할 수 있는 플랫폼입니다. 지금 시장을 선도하는 플랫폼 대부분은 게임에서 출발했는데요, 독특한 점은 〈제페토〉만이 SNS를 기반으로 하고 있다는 사실입니다.

사실 〈제페토〉는 네이버의 자회사인 카메라 앱 개발 회사 스노우 SNOW에서 출시한 서비스였습니다. 스노우는 사진을 찍는 사람의

네이버의 자회사인 카메라 앱 개발 회사 스노우에서 출시한 서비스 제페토. 처음에는 아바타 꾸미기 서비스로 시작했다. ©NaverZ

얼굴 위에 강아지 귀나 토끼 귀를 붙여주는 등 다양한 AR 기능으로 이목을 모았는데요, 특히 이 중에서도 사용자의 표정을 따라하는 3D 아바타 기능이 인기가 많았다고 합니다.

그래서 스노우는 이 기능을 별도 앱으로 출시해보자는 계획을 세웠고, 그렇게 등장한 것이 〈제페토〉입니다. 〈제페토〉의 첫 서비스는 2018년 8월에 출시했는데요, 스마트폰 카메라를 이용해서 사진을 촬영하거나 휴대폰에 저장된 내 사진을 업로드하면 이를 분석해서 비슷하게 생긴 3D 아바타를 만들어줬습니다.

갑자기 왜 아바타였을까요? 이유는 간단합니다. 하나의 트렌드였기 때문입니다. 당시 많은 기업들에서 유행처럼 3D 아바타 기능을 내놓고 있었습니다. 진보한 3D 그래픽 기술을 이용해 이용자가 자신과 꼭 닮은 아바타를 만들 수 있게 하는 서비스들이 유행했죠.

〈제페토〉가 서비스를 출범하기 1년쯤 전인 2017년 11월에 애플이 당시 최신 모델인 아이폰X를 내놓으며 미모지Memoji 기능을 공개합니다. 미모지는 나Me와 이모티콘을 뜻하는 영단어 이모지Emoji를 합성한 말인데요, 단어 그대로 나를 닮은 이모티콘을 만드는 기능입니다. 이용자가 직접 얼굴과 피부색, 헤어스타일 등을 선택하고, 주근깨·안경·눈동자색 등 특징점들을 보태 나를 닮은 나만의 이모티콘을 만드는 기능이었습니다. 물론 이 이모지를 우리가 카카오톡과 같은 메신저 앱에서 흔히 쓰는 이모티콘처럼 스마트폰의 각종 기능에서 활용할 수 있도록 했죠.

애플의 영원한 라이벌, 삼성전자도 2018년 3월 출시한 최신작 갤럭시S9에서 3D 이모지를 출시하며 맞불을 놓습니다. 얼굴만 만들 수 있었던 애플과 달리 갤럭시S9은 전신을 3D 아바타화 할 수 있는 기능을 내놨죠. 그리고 얼마 뒤에 〈제페토〉가 서비스를 시작한 것입니다.

오픈 당시만 해도 〈제페토〉는 그렇게 주목받는 서비스는 아니었습니다. 소위 '제페토 1.0 버전'이라고 부르는 시기입니다. AR 기능을 이용해 나를 본딴 아바타를 만들고, 옷을 입히는 인형놀이 수준의 서비스였죠.

하지만 서비스 개시 이듬해인 2019년 3월에 나온 '2.0 버전' 업데이트 이후 지금과 같은 메타버스 플랫폼으로의 변신을 시작합니다. 인스타그램처럼 앱에서 다른 이용자들과 친구를 맺고 사진을 공유하는 소셜 미디어로 진화한 것이죠. 여기에 아바타가 활동할 수 있는 공간인 '월드'를 소개하면서 폭발적으로 성장합니다. 출시 1년 반

서울의 한강시민공원을 복제한 제페토 월드 '한강공원' 맵. ©NaverZ

만에 전 세계 170여 개국 서비스, 글로벌 누적 가입자 1억 3천만 명을 넘어섰습니다.

월드가 등장한 이후 〈제페토〉의 활용도 역시 급속도로 높아집니다. 지금의 제페토를 있게 만든 것이 이 월드라고 해도 될 정도입니다. 나의 모습을 반영해 만들고, 내 마음대로 조종할 수 있는 아바타. 그리고 이 아바타가 뛰놀 수 있는 넓은 세상이 열린 셈이죠.

처음에는 현실의 공간을 비슷하게 3D로 구현한 월드가 생겼습니다. 〈제페토〉에서 공식적으로 출시한 월드들이죠. 어디서나 찾아볼 수 있는 학교 교실의 모습을 본딴 '교실'과 서울의 한강시민공원을 복제한 '한강공원'과 같은 월드들이 대표적입니다. 이용자들은 아바타를 이 월드로 보내 수다를 떨기도 하고, 가상세계에서 음료를 사서 나눠 마시며 놀았습니다.

▌월드와 아이템을 기반으로 한 성장▐

〈제페토〉는 여기서 멈추지 않고 가상세계이기에 가능한 서비스들을 내놓기 시작합니다. 대표적인 것이 아이돌 가수들과의 협업이죠. 〈제페토〉 안에 케이팝K-Pop 아티스트들의 아바타를 만들고, 그들의 테마에 맞춘 월드를 구축하기 시작합니다. 이용자들은 이곳을 방문해 자신이 좋아하는 가수들과 인증샷을 남기고, 이를 다시 자신의 피드feed에 업로드할 수 있게 했죠.

실제로 〈제페토〉는 2020년 9월에 전 세계적인 인기몰이를 하고 있는 YG 엔터테인먼트 소속 걸그룹 블랙핑크BLACKPINK가 신곡 '아이스크림Icecream'을 내놨을 때 뮤직비디오 배경 공간을 제페토 월드로 내놓기도 했습니다. 뿐만

제페토 X 블랙핑크 공연 영상

아니라 아이스크림의 안무를 아바타 모션Motion으로 재가공해 구현하기도 했습니다.

이용자들은 아이스크림 월드를 찾아가 블랙핑크 멤버들과 사진을 찍기도 하고, 블랙핑크의 안무를 자신의 아바타에게 가르쳐 함께 춤을 출 수도 있게 되었죠. 블랙핑크가 〈제페토〉에서 연 가상 팬사인회에는 4,600만 명이 넘는 이용자가 다녀갔다고 합니다.

블랙핑크 외에도 수많은 K-POP 아티스트들과 소속사가 각자의 공간을 꾸몄습니다. JYP 엔터테인먼트 소속 걸그룹 트와이스Twice의 아바타로 구현한 뮤직비디오 영상도 공개 일주일 만에 조회수가 170만 회를 넘겼습니다. 또 다른 걸그룹 있지ITZY도 아바타를 활용

해 제페토 월드에서 팬미팅을 열기도 했습니다.

이용자가 자신이 응원하는 아티스트를 위해 직접 공간을 꾸미기도 하죠. 방탄소년단BTS의 팬 하나가 BTS의 인기곡 '다이너마이트 Dynamite' 뮤직비디오 세트장을 월드로 구현했고, 그 월드는 팬들에게는 명소가 되기도 했습니다. 이런 월드의 활용 덕에 해외 K-POP 팬들이 〈제페토〉로 몰려들며 다시 한 번 성장하는 계기가 되었습니다. 지금 〈제페토〉의 해외 이용자 비중은 90%에 달할 정도입니다.

Z세내 K-POP 팬들에겐 〈제페토〉가 중요한 소통 창구가 된 셈입니다. 그렇다 보니 엔터테인먼트 업계의 협업은 물론 투자까지 적극 이어지고 있습니다. BTS를 키워낸 하이브(HIVE, 당시 빅히트엔터테인먼트)와 YG 엔터테인먼트가 〈제페토〉에 2020년 10월 120억 원을 투자하며 화제가 되었습니다. 다음달인 2020년 11월엔 JYP가 50억 원을 투자하겠다고 나섰죠.

〈제페토〉에서 개최된 걸그룹 블랙핑크 팬사인회 포스터. 총 4,600만 명의 이용자가 참여했다. ©NaverZ

제페토에 마련된 구찌 브랜드 공간과 구찌 의상을 착용한 아바타들. ©NaverZ

Z세대가 모이는 인기 플랫폼이 되다 보니 패션 기업들의 관심도 쏠립니다. 프랑스의 명품 신발 브랜드 크리스찬 루부탱Christian Louboutin은 2020년 9월 〈제페토〉에서 2021 S/S 컬렉션을 최초로 공개했습니다. 3D로 구현된 아바타용 구두를 구경하고 구매까지 할 수 있는 크리스찬 루부탱 월드맵 공간을 꾸몄죠.

Z세대에 가장 인지도가 높은 명품 브랜드라는 구찌Gucci도 〈제페토〉와 손을 잡았습니다. 2021년 2월 구찌는 본사가 위치한 이탈리아 피렌체 배경의 '구찌 빌라Gucci Villa'를 월드맵으로 구현했습니다.

마찬가지로 구찌 특유의 화려한 색감과 패턴이 수놓아진 의상과 액세서리 등 60여 종의 아이템을 공개했습니다. 이는 현실세계에서 진행했던 전시 '구찌 가든 아케타이프GUCCI Garden Archetypes'와 거의 동일한 모습이었다고 하는데요. 이용자들은 이곳을 찾아 아이템을 착용해볼 수 있고, 유럽풍 건축물과 아름다운 정원을 거닐며 구찌라는 브랜드에 대해 더 알 수 있었죠.

별도의 공간(월드)을 구축하지 않았지만 〈제페토〉에 입점한 다른 브랜드들도 많이 있습니다. 나이키NIKE, 퓨마PUMA와 같은 스포츠 브랜드와 크리스챤 디올DIOR과 같은 화장품 라인도 〈세페토〉와 아바타용 상품을 판매하고 있습니다.

제페토 X Gucci 영상

음악, 패션을 뛰어넘어 다양한 IP들도 〈제페토〉에 몰려들고 있습니다. 대표적인 사례가 네이버 웹툰의 IP를 활용한 다양한 아바타용 아이템들입니다. 인기 웹툰인 〈유미의 세포들〉의 월드 맵이 만들어지고, 웹툰 속 주인공의 의상은 아바타용 의상으로 판매되고 있습니다. 이외에도 디즈니를 비롯한 다양한 콘텐츠 회사들이 〈제페토〉와의 협력을 원하고 있습니다.

이처럼 본격적으로 메타버스 세상이 열리면서 〈제페토〉의 활용도와 범위는 더욱 넓어지고 있습니다. 이용자가 직접 월드를 제작할 수 있는 '제페토 빌드잇Zepeto Build It' 기능도 생겼고, 아바타용 의류와 같은 아이템Item을 직접 디자인할 수 있는 '제페토 스튜디오Zepeto Studio' 기능도 출시되었습니다. 덕분에 영역과 세대를 가리지 않고 많은 이들이 〈제페토〉로 모여들고 있습니다.

1,230만 명이 콘서트를 즐긴다, 〈포트나이트〉

경쟁을 없애면서 슈팅 게임에서 메타버스 플랫폼으로 변신한 〈포트나이트〉.
메타버스의 가능성을 보여준 1,230만 명 동시접속 콘서트.

▌총싸움 게임이 왜 메타버스일까?▐

메타버스를 설명할 때 빠지지 않는 서비스로는 〈포트나이트Fortnite〉
도 있습니다. 〈포트나이트〉는 1991년 창업한 미국의 게임 엔진 및
게임 제작사인 에픽게임즈Epic Games에서 2017년 내놓은 3인칭 슈팅
게임입니다. 쉽게 말해 아바타를 조작해서 플레이하는 총싸움 게임
입니다.

지금은 전 세계 이용자 수가 3억 5천만 명이 넘는 초대형 게임이
되었습니다. 한국에서는 인지도가 낮은 편이지만 미국의 Z세대 40%
가 매주 한 번 이상은 꼭 접속할 정도의 인기를 누리고 있습니다. 미
국 10대의 전체 여가 시간의 25%를 차지할 정도라고도 하고요.

미국의 게임 엔진 및 게임 제작사인 에픽게임즈에서 2017년 내놓은 3인칭 슈팅 게임 〈포트나이트〉.
©EpicGames

〈포트나이트〉도 오랜 시간 업데이트를 거치며 성장해온 서비스입니다. 단박에 지금처럼 메타버스의 요소들을 갖추지는 않았죠. 〈포트나이트〉가 내놓은 첫 서비스는 평범한 슈팅 게임이었습니다. 4명의 이용자가 팀을 이루어 허스크Husk라고 불리는 좀비를 막는 〈세이브 더 월드Save The World〉가 그것입니다.

〈포트나이트〉는 2017년 9월, 배틀 로얄Battle Royale 기능을 추가하면서 폭발적인 성장을 하게 됩니다. 사방이 바다로 둘러싸인 가상의 섬에 낙하한 플레이어들이 한 명, 혹은 한 팀이 살아남을 때까지 전투를 벌이는 설정입니다. 크래프톤Krafton의 자회사인 펍지 스튜디오PUBG에서 같은 해 3월 내놓은 게임 〈배틀그라운드Battlegrounds〉와 함께 배틀 로얄 장르의 선두주자로 꼽힙니다.

〈포트나이트〉는 출시 2주 만에 이용자 수 1천만 명, 72일 만에 2천만 명, 100일 만에 4천만 명을 기록하며 가장 빠른 속도로 성장한 게임 중 하나로 알려져 있기도 합니다. 덕분에 전 세계적인 게임 연말 시상식인 '골든 조이스틱 어워드 2018'에서 최고의 경쟁게임 부문 수상은 물론 올해의 게임GOTY, Game Of The Year 상을 받기도 했습니다. 수익 역시 2018년 한 해에만 한화로 2조 7천억 원에 달합니다.

오죽하면 이 모습을 지켜보던 동영상 스트리밍 기업 넷플릭스 Netflix가 2019년 1월 내놓은 실적 보고에서 "우리에게는 HBO(미국의 프리미엄 영화 채널)보다 포트나이트가 더 큰 경쟁자"라고 말했을 정도죠. 이처럼 〈포트나이트〉는 게임 산업을 넘어 콘텐츠 산업 전체에 있어서 어마어마한 영향력을 행사했습니다. 게임 회사이든, 동영상 콘텐츠 회사이든 이용자들의 한정된 여가시간을 놓고 경쟁해야 하는데요, 빠른 속도로 성장하는 〈포트나이트〉의 기세가 어느 정도였는지 짐작할 수 있는 대목입니다.

〈포트나이트〉는 여기서 멈추지 않습니다. 2020년 2월 〈포트나이트〉가 메타버스 서비스로 꼽히게 된 결정적인 업데이트를 한 번 더 진행하게 됩니다. 〈포트나이트〉는 당시 2막 2시즌 업데이트를 진행하면서 '파티 로얄Party Royale' 모드를 추가합니다.

파티 로얄은 기존의 세이브 더 월드, 배틀 로얄과 달리 무기 사용이나 요새 건축이 불가능한 모드입니다. 거대한 파티 로얄 섬에 접속하면 다른 모드와 마찬가지로 이곳저곳을 돌아다닐 수 있지만, 전투는 불가능합니다. 대신 다른 이용자들과 대화를 나누거나, 함께 춤을 추고 팝콘을 나눠 먹는 등의 행위만 가능하죠. 전투가 아닌 놀

이를 위한 전용 공간이었습니다.

다채로운 패스트푸드 가게와 이용자들이 쉴 수 있는 해변도 마련되어 있습니다. 여기서 이용자들의 아바타는 다른 이용자들과 어울려 축구를 하거나, 보트를 경주를 하거나, 디스코 파티에 참석하며 즐거운 시간을 보낼 수 있습니다. 굳이 전투를 하지 않더라도 게임속에서 온라인 공간에서 휴식을 취할 수 있는 공간을 마련한 것이죠. 이것만으로도 많은 이용자들이 만족해했다고 합니다. 코로나19 팬데믹으로 대면 모임이 제한된 상황에서, 온라인으로 사회적 유대를 쌓을 수 있었기 때문입니다.

| 세계를 놀라게 한 메타버스 공연 |

파티 로얄 섬에는 또 다른 특별한 장치가 있습니다. 거대한 스크린이 설치된 원형 극장과 공연을 펼칠 수 있는 무대입니다. 이곳에서 많은 아티스트들의 공연이 펼쳐지면서 큰 화제가 되었습니다. 이 공연들은 〈포트나이트〉가 메타버스의 대표 사례로 이름을 알리게 한 가장 큰 요소이기도 합니다.

트래비스 스캇의
포트나이트 공연

이 공간에서는 크고 작은 공연들이 열렸는데요, 그중에서도 가장 유명한 콘서트가 바로 2020년 4월에 열린 미국의 유명 래퍼 트래비스 스캇Travis Scott의 애스트로노미컬Astronomical 공연입니다. 총 사흘에 걸쳐 매회 9분씩 총 5회로 진행했습니다. 당시 팬데믹으로 인해 주요 도시가 봉쇄된 상황에서 어쩔 수 없이 진행된 언택트Untact 공연이었는데요, 이 공연은 포트나이트 역사상, 그리고 메타버스 세상의 확산에 엄청난 역할을 하게 됩니다.

당시 공연은 3D로 렌더링 된 스캇의 거대한 아바타가 하늘에서 등장하는 연출로 시작되었습니다. 보통의 포트나이트 아바타에 비해 수십배 큰 스캇이 무대 대신 파티 로얄 섬 이곳저곳을 돌아다니며 랩을 쏟아냈죠.

배경도 시시각각 변화했습니다. 스캇의 아바타는 물론이고 관객들의 아바타까지 다함께 하늘로 솟구치는가 하면, 갑자기 깊은 바다 속으로 빠져들기도 했죠. 보통의 공연에서는 절대 할 수 없는 경험들이었습니다.

트래비스 스캇의 아바타는 신곡 '더 스캇The Scotts'을 비롯해 자신의 대표곡들을 열창했습니다. 누적 2,770만 명의 이용자들이 이 콘서트를 관람했습니다. 한 회 공연의 최대 동시 접속자수는 1,230만 명이었다고 하고요. 한 가수의 콘서트에 1천만 명이 넘는 관객이 몰렸지만 이를 완벽하게 소화했습니다. 가상세계에서만 가능한 일이죠. 이외에도 게임 속 다시 보기를 통해 4,580만 뷰View, 트래비스 스캇의 유튜브 공식 계정에 올라온 영상은 무려 7,700만 뷰를 달성했습니다.

이 공연의 매출 역시 상상을 초월합니다. 콘서트 이후 트래비스 스캇의 음원 이용률이 25% 상승했고, 트래비스 스캇의 아바타가 착용하고 있던 나이키 신발의 인기도 치솟았습니다. 당시 트래비스 스

2020년 4월 열린 미국의 유명 래퍼 트래비스 스캇의 애스트로노미컬 공연. 누적 2,770만 명의 이용자들이 이 콘서트를 관람했고, 공연에서 직·간접적으로 발생한 수입만 약 2천만 달러(234억 원)에 달한다.
©EpicGames

캇이 신고 있던 신발 역시 모두 실제로 나이키에서 판매하던 것이고, 나이키와 협력한 포트나이트가 이를 3D 아바타용으로 만들어 판매했죠.

이뿐 아니라 포트나이트는 공연에 참여한 사람만 구입할 수 있는 안무 동작과 이모트Emote를 판매하기도 했습니다. 안무 동작을 구입하면 이용자의 아바타가 트래비스 스캇의 안무를 그대로 따라 출 수 있습니다. 공연이 끝난 뒤에도 이용할 수 있죠. 이모트는 일종의 이모티콘 개념입니다. 하지만 주로 채팅에서 이용되는 이모티콘과 달리 이모트는 아바타가 특정 표정을 짓거나, 제스처를 취해 나의 감정과 메시지를 전달하는 식이죠.

이 같은 굿즈Goods와 나이키 운동화와 같은 아이템 판매 금액을 모두 포함해 트래비스 스콧의 공연에서 직·간접적으로 발생한 수입만 약 2천만 달러(234억 원) 수준이라고 합니다. 다시 한 번 확인하지만 한 번에 9분씩 딱 5회의 공연에서 발생한 수익이 한화로 234억 원인 셈입니다. 콘서트장 임대료도, 음향장비나 무대장비를 위한 부대비용도 없습니다. 순익으로 따진다면 오프라인 공연과 비교가 되지 않습니다.

팬데믹으로 인한 어쩔 수 없는 아이디어였지만, 가상 공연에 대한 아티스트의 만족도도 높았다고 합니다. 트래비스 스콧은 자신의 공연에 대해 "현실적인 제약에 구애받지 않고 세상을 마음대로 꾸미는 듯한 무대를 선보일 수 있었다"며 만족했다고 합니다.

물론 트래비스 스콧의 공연과 같은 화려한 가상 라이브를 구현하기 위해서는 디자인, 3D 모델링 기술 등 오랜 시간과 많은 자원이 투입되어야 합니다. 하지만 인원의 제약이나 공간에 구애받지 않는 거대한 행사를 열 수 있고, 단순히 홍보의 공간을 넘어 거대한 수익으로 연결될 수 있다는 사실을 증명한 행사가 되었습니다.

이후에도 많은 아티스트들의 공연이 〈포트나이트〉를 배경으로 이어지고 있습니다. 2020년 9월에 BTS도 신곡 '다이너마이트Dynamite'의 안무 버전 뮤직비디오를 파티로열 모드에서 처음으로 공개했습니다. 이용자의 아바타는 BTS 뮤직 비디오를 감상하고 함께 안무를 따라 추기도 했죠. 이후엔 이 안무 역시 굿즈로 만들어 판매되었다고 합니다.

최근 미국의 팝스타 아리아나 그란데Ariana Grande도 〈포트나이트〉에서 공연을 열었습니다. 리프트 투어Rift Tour라고 불리는 이 공연 역시 트래비스 스캇의 콘서트처럼 사흘에 걸쳐 총 5회 진행되었죠. 마찬가지로 거대한 아리아나 그란데의 아바타와 화려한 볼거리들이 눈길을 사로잡았습니다.

100만 유튜버의 산실, 〈마인크래프트〉

전 세계에서 가장 많이 팔린 게임인 온라인판 레고 〈마인크래프트〉.
발굴하고, 짓고, 부수고. 우리가 상상하는 메타버스의 정석.

| Z세대가 가장 사랑하는 메타버스 |

〈로블록스〉〈제페토〉〈포트나이트〉가 상대적으로 최근에 각광받은
메타버스 세상이라면, 이미 수년 전부터 압도적으로 많은 이용자를
확보하며 전설로 불리는 게임이 있습니다. 바로 온라인 레고LEGO라
고도 불리는 〈마인크래프트Minecraft〉입니다. 주요 메타버스 플랫폼답
게 주 이용자층은 Z세대입니다. 게임 팬들 사이에서는 주로 '마크'
라고 줄여서 불리기도 합니다.

　〈마인크래프트〉는 2011년 스웨덴의 인디 게임[*] 개발사인 모장 스
튜디오Mojang Studio에서 발매한 게임입니다. 모든 것이 네모난 블록으
로만 이루어진 세계에서 이 블록들을 채굴Mine해서 제작Craft하는 게

2011년 스웨덴의 인디 게임 개발사 모장 스튜디오에서 발매한 게임 마인크래프트. ©Minecraft

임이죠. 이 블록을 채굴해서 얻은 각종 재료들로 건축, 사냥, 농사 등 다양한 활동을 할 수 있다는 것이 특징입니다. 심지어는 전자 기판을 설계해서 기계장치도 만들고, 게임 안에서 또 다른 게임을 개발할 수도 있습니다.

〈마인크래프트〉는 2014년 마이크로소프트(MS)에 넘어가게 됩니다. MS는 모장 스튜디오를 25억 달러(당시 환율 기준 약 2조 7천억 원)에 인수하는데요, 당시 업계에서는 지나치게 높은 가격에 인수한 것 아니냐는 지적도 있었죠. 하지만 MS의 인수 이후 〈마인크래프트〉는 MS의 기술 지원 아래서 PC, 모바일, Xbox, 닌텐도 스위치 등 다양한 하드웨어 플랫폼을 지원하며 급성장합니다.

● 인디 게임(Indie Game)
독립 게임(Independent Game)의 줄임말. 유통사나 투자사의 간섭 없이 독립적으로 개발한 게임. 주로 저비용으로 개인이나 소규모 단체가 제작한 비디오 게임을 말한다.

덕분에 〈마인크래프트〉는 전 세계에서 가장 성공한 게임 중 하나가 되었습니다. 누적 판매량을 봐도 2016년 1억 장, 2018년 1억 4,400만 장, 2020년 기준 2억 장이 팔려나갔습니다. 역대 비디오 게임 판매량 2위이고, 단일 게임으로는 판매량 1위입니다. 참고로 역대 비디오 게임 판매량 1위는 4억 2,500만 장의 테트리스 시리즈라고 하네요. 이용자 수도 다른 메타버스 플랫폼에 못지않습니다. 〈마인크래프트〉는 2020년 5월을 기준으로도 평균 이용자 수가 1억 2,600만 명을 돌파할 정도로 높은 인기를 자랑합니다.

▌부수고 짓고, 마인크래프트 세상▐

〈마인크래프트〉가 인기를 얻게 된 이유는 단순함입니다. 레고가 전 세계 아이들의 필수 장난감이 된 것과 같은 이유이죠. 〈마인크래프트〉는 게임이지만 이용자가 달성해야 할 목표도 없습니다. 대신 한계도, 규칙도 없죠. 룰에 얽매이지 않고 무엇이든 만들어 낼 수 있는 세상이 〈마인크래프트〉입니다.

이 게임의 기본적인 규칙은 나의 아바타를 조종해 세계 이곳저곳을 돌아다니며 네모난 블록을 이용해 뭔가를 만드는 것입니다. '뭔가'라는 표현이 어색하지만, 말 그대로 블록을 이용해서는 뭐든 할 수 있습니다. 밤이 되면 나타나는 적대적인 몬스터Monster들로부터 자신을 보호하기 위한 집을 짓고, 재료를 더 모아 집을 성으로 바꾸면 됩니다.

성에 싫증이 나면 지하로 땅을 파고 내려가 거대한 지하 도시를 건설할 수도 있습니다. 물론 땅 위에 웅장한 건물들을 지을 수도 있고, 뉴욕 맨해튼과 같은 화려한 도시도 만들 수 있습니다. 물 블록을 이용해서 강을 만들고, 바다도 만들 수 있습니다. 만드는 것이 지겨워지면 다른 이용자들이 만들어둔 맵을 다운받아 즐기면 됩니다.

〈마인크래프트〉에 만들어지고 있는 건물들은 우리의 상상을 초월할 정도의 규모와 디테일을 자랑합니다. 2020년에는 미국 캘리포니아의 UC버클리UC Berkeley 학생들이 코로나19 팬데믹으로 등교가 어려워지자 〈마인크래프트〉에 그대로 캠퍼스를 건설했습니다.

캠퍼스 안에서 가장 오래된 건물인 사우스 홀South Hall은 물론 UC 버클리의 상징인 새터 타워Sather Tower를 비롯해 모든 건물을 그대로 구현했습니다. 그리고 건물 사이의 도로 하나, 나무 하나까지 섬세하게 〈마인크래프트〉 세상으로 옮겼죠. 외관만 복제한 게 아닙니다. 건물 내부의 강의실의 책상과 연구실의 컴퓨터까지 모두 옮겨두었

UC버클리 학생들이 직접 〈마인크래프트〉 세상에 건설한 캠퍼스. ⓒMinecraft

습니다. 완벽한 복사본, 즉 디지털 트윈Digital Twin을 게임 세상 안에 옮긴 것입니다.

UC 버클리 마인크래프트 캠퍼스

그리고 이 안에서 캠퍼스 투어는 물론 졸업식까지 열었습니다. 총장과 초대 연사들, 학생 대표들까지 모두 〈마인크래프트〉 캐릭터로 UC 버클리 맵에 접속해 졸업식을 가졌죠. 졸업식을 마치고 모자를 던지는 졸업식 전통까지 완벽하게 재현했습니다.

이마저도 지겨워지면 내가 만들어둔 월드에 게임적 요소를 결합하는 '모드Mod'를 결합하면 됩니다. 예를 들어 테트리스 모드를 결합하면 〈마인크래프트〉 세상에서 거대한 블록들을 이용해 테트리스 게임을 할 수 있게 됩니다. 레이싱 게임 모드를 다운받으면 월드 속에 내가 창조한 트랙에서 자동차 경주를 즐길 수 있습니다. 게임 안에 또 다른 게임을 만드는 것이죠.

〈마인크래프트〉는 그 자체로도 콘텐츠이지만, 〈마인크래프트〉 세상 속에서 뭔가를 만들어가는 과정도 콘텐츠가 됩니다. 이미 유튜브에서는 '마인크래프트 월드'를 구축하는 과정을 담은 콘텐츠들이 많은 인기를 끌고 있습니다. 한국의 경복궁이나 청와대, 63빌딩과 같은 랜드마크를 건설하는 과정을 보여주는 유튜버가 큰 인기를 끌기도 했죠.

이외에도 마인크래프트의 다양한 기능들을 활용한 콘텐츠들이 많습니다. 제2, 제3의 창작이 끊임없이 일어나는 구조이죠. 한국 최초

로 유튜브 100만 구독자 달성으로 이름을 알린 인터넷 방송인 양띵
도 아프리카TV에서 마인크래프트 콘텐츠를 흥미롭게 풀어내면서
큰 인기를 얻었습니다. 양띵 외에도 237만 명의 구독자를 보유한 샌
드박스 네트워크의 창립자 도티, 195만 명의 구독자를 보유한 잠뜰
등도 마인크래프트 콘텐츠가 주력입니다.

메타버스를 주도하는
플랫폼의 공통점은?

메타버스 세상을 주도하는 플랫폼의 공통점은 게임도, SNS도 아니다.
VR, AR 같은 하드웨어는 더더욱 아니다. 중요한 것은 내용, 즉 콘텐츠다.

| 메타버스 대표주자의 공통점 |

〈로블록스〉〈제페토〉〈포트나이트〉〈마인크래프트〉의 공통점은 무
엇일까요? 모두 게임이라고 하기엔 제페토는 아직 게임 혹은 게임
플랫폼이라고 말하기 어렵습니다. SNS 서비스에 가깝죠. 그렇다고
해서 〈로블록스〉〈포트나이트〉〈마인크래프트〉가 SNS라고 보기도
어렵습니다. 이들은 엄연히 게임사에서 개발한 게임이죠.

　물론 점차 게임적인 요소들과 SNS적인 요소들이 통합되고 있는
것이 메타버스 플랫폼의 전체적인 방향이지만 그 뿌리가 같다고 하
기는 어렵습니다. 디자인적 요소나 각자가 갖는 콘텐츠적인 개성이
모두 다르기 때문입니다.

그렇다고 해서 하드웨어 플랫폼이 이들을 규정하지도 않습니다. 그러니까 메타버스 세상이어도 모두 VR이나 AR 헤드셋을 이용해 접속하지 않아도 된다는 이야기이죠. 앞서 언급한 4개 플랫폼 말고도 많은 메타버스 세상들이 속속 출시되고 있습니다. 일부는 VR이나 AR 헤드셋을 이용해 즐길 수 있지만, 아직 대부분의 플랫폼이 스마트폰이나 PC를 이용해 접속합니다.

앞서 설명한 4개의 소위 '대장 메타버스' 중에서 〈제페토〉는 모바일 버전만 운영하고 있습니다. 〈로블록스〉는 PC와 모바일을 운영합니다. 〈포트나이트〉는 PC, 모바일, 콘솔Xbox, PlayStation을 지원하고요, 〈마인크래프트〉 정도가 PC, 모바일, 콘솔과 함께 VR 기기용으로 서비스를 하는 크로스 플랫폼 서비스입니다. 그러니까 아직은 메타버스 플랫폼의 공통점을 하드웨어적 특성에서는 찾을 수 없는 것이죠.

대신 다른 특징들이 있습니다. 굳이 표현하면 내용적인 측면, 혹은 메타버스 세계의 특정이라고 할 수 있습니다. 공통적으로 이용자들의 관심을 끌고, 이들을 사로잡는 특징이죠. 이 공통점 덕에 이들은 각자 2억 명에 달하는 이용자들을 확보하고, 메타버스 세상에서 선두 주자가 될 수 있었습니다. 지금부터 이 공통점들에 대해 자세히 살펴보겠습니다.

내가 원하는 대로, 오픈월드

목적도 없고, 규제도 없는 탁 트인 가상세계.
이용자가 스스로 사건을 만들 수 있어야 메타버스가 된다.

▌아바타에게 자유를 허하라, 무無제약성 ▌

사실 지금 메타버스 플랫폼이라고 세상에서 주목받는 서비스들은 처음부터 메타버스를 표방한 건 아닙니다. 〈로블록스〉는 2006년, 〈마인크래프트〉는 2011년, 〈포트나이트〉는 2017년에 서비스를 시작한 게임이죠. 가장 늦은 〈제페토〉는 2018년이 되어서야 서비스를 시작했습니다.

짧게는 3년, 길게는 15년 동안 서비스를 해오던 것들이 갑자기 2021년을 전후로 메타버스로 주목을 받고 '확 뜨게' 된 것이죠. 그런데 이들의 성장은 한참 전부터 이어지고 있었습니다. 메타버스로 주목받기 전부터 거의 억대에 달하는 이용자를 확보했던 것인데요,

이들의 어떤 점이 이용자들을 모으고, 메타버스로 인정받게 한 것일까요?

가장 큰 이유는 오픈월드 플랫폼이라는 점입니다. 말 그대로 열린 세상이죠. 앞서 1장에서 잠시 설명했듯 오픈월드는 게임의 장르를 설명할 때 주로 등장하는 개념입니다. 게임 속에 펼쳐진 가상세계 안에서 캐릭터를 자유롭게 움직여서 아무 곳이나 탐험하고, 이벤트를 만들 수 있는 게임의 형태를 말합니다.

여기서 이벤트란 단어 그대로 특정한 사건이나 행사라기보다는, 게임에서 정하지 않은 일들, 그러니까 게임 제작자가 의도하지 않은 다양한 사건들을 말합니다. 게임 속의 구성요소들과 이용자의 행동이 만나 생각지도 못한 일들을 만들어내는 것이죠. 마치 우리 현실의 삶과 유사한 것입니다. 우리의 삶도 '우연의 연속'이라고 표현할 정도로 매 순간의 선택에 따라 다양한 결과가 나타나죠.

오픈월드의 정의에 대해서는 사실 아직 많은 논의가 이루어지고 있습니다. 게임에도 다양한 요소들이 있다 보니 어떤 요소에 어떤 자유를 어느 정도 부여할 때 오픈월드라고 할 수 있는지에 대한 논쟁은 아직 진행중에 있습니다.

메타버스 세상에 적용된 오픈월드는 조작에 있어서는 행동의 자유, 목표에 있어서는 무無목적성으로 나눠볼 수 있습니다. 나의 아바타가 얼마나 자유롭게 움직일 수 있는지, 그리고 가상세계 안에서 이 아바타가 끊임없이 어떤 목적을 달성해야 하는지 여부의 문제이죠. 이는 기존에 우리가 주로 하던 게임과 비교해보면 그 차이가 확연히 드러납니다.

2000년대와 2010년대 게임 시장을 장악했던 RPG 게임을 생각해 보겠습니다. 많은 이들이 메타버스의 원조, 혹은 원형이라고 평가하는 콘텐츠들이죠. 우선 이 게임들도 넓은 가상세계를 보유하고 있습니다. 현실 지구와는 비교도 안 되는 세상을 걸어서, 혹은 일반적으로 포털Portal이라고 부르는 이동장치를 활용해 돌아다니게 되죠.

이런 게임을 하다 보면 나름 가상세계를 여행하는 기분을 느낄 수 있습니다. 시점에 따라 고사양의 3D 그래픽으로 구현된 자연경관이나 우주 세계를 바라보면서 게임을 즐길 수 있었죠. 하지만 이런 가상세계는 배경에 그칩니다. 멀리 산이 보인다고 해도 가까이 다가갈 수도 없죠. 다가간다고 해도 올라가볼 수 없는 경우가 많습니다. 마치 유리벽에 막힌 것처럼 더 이상 다가갈 수 없는 경우가 많죠.

그리고 이 배경은 게임을 관통하는 큰 목표를 달성하기 위한 공간일 뿐입니다. 이른바 퀘스트Quest라고 하는 크고 작은 목표들을 해결하기 위해 아바타가 돌아다녀야 할 공간을 설계했을 뿐입니다. 아무리 화려하고 멋진 배경이라도, 결국 정해진 길을 따라서 정해진 장소로 이동해야만 게임의 목적에 맞게 완수할 수 있습니다.

2000년대 초반 인기 있었던 블리자드 엔터테인먼트의 RPG 게임 〈디아블로2Diablo2〉를 생각해보겠습니다. 〈디아블로2〉 속의 가상공간은 매우 넓습니다. 공간과 공간이 끊임없이 연결되어 있죠. 하지만 공간의 끝을 향해 걸어가다 보면 벽이나 숲과 같은 요소들로 테두리가 둘러져 있습니다. 넘어가거나 틈 사이로 빠져나갈 수 없죠.

2000년대 초반 인기 있었던 블리자드 엔터테인먼트의 RPG 게임 〈디아블로2〉. 넓은 가상공간을 구현했지만 정해진 길을 통과해야 게임을 진행할 수 있었다. ©BlizzardEntertainment

　정해진 길을 약간 벗어나는 행위는 가능하지만, 결국 지도에 그려진 대로 이동해야 보스 몬스터를 처치하고, 웨이포인트Waypoint도 확보해 게임을 완수할 수 있었습니다. 쉽게 말하면 게임사에서 프로그래밍한 대로 게임을 운영해야 게임을 클리어할 수 있는 구조입니다.
　〈디아블로2〉 말고도 대부분의 RPG 게임들이 이러한 구조였습니다. 정해진 세상 속에서 정해진 행동을 해야 게임을 클리어 할 수 있는 그런 폐쇄적인 시스템이었던 것입니다.

내가 하고 싶은 대로, 무無목적성

또 다른 문제, 목적성이 있죠. 게임은 대부분 목적이 있습니다. 승리와 패배가 있고, 생존과 죽음이 있습니다. 메타버스와 닮은 RPG 게임들은 특히 더 그렇죠. 게임은 관통하는 거대한 목표가 있고, 이에

도달하기 위한 자잘한 퀘스트들의 연속입니다. 이를 완수하지 않으면 게임을 완수할 수 없는 구조입니다.

이 목적을 달성하게 되면 많은 이용자들이 게임을 떠나게 됩니다. 많은 이용자들이 한곳에 모이는 온라인 게임의 경우엔 조금 상황이 낫죠. 이용자들이 커뮤니티를 형성하면서 이러한 이탈의 속도가 늦춰지기 때문입니다. 지속적인 업데이트가 이뤄지지 않으면 언젠간 이들도 게임을 떠나버리고 맙니다.

그래서 게임에 점점 자유도를 부여하면서 등장한 것이 오픈월드라는 개념입니다. 광활하게 펼쳐진 가상세계를 돌아다니면서 이용자가 스스로 이벤트를 만드는 것입니다. 정해진 길을 따라 가야 하는 게 아니라, 그 공간 안에서 이용자가 캐릭터를 움직여서 여행을 다니듯 이곳저곳을 돌아다니는 거죠. 이용자의 행동에 따라 전혀 다른 결과가 나오는 것입니다.

자연스럽게 이용자들의 게임 속 체류시간도 길어지고 더 깊게 몰입하게 됩니다. 게임 제작자가 마련해둔 게임 콘텐츠를 소비만 하던 것을 뛰어넘어서 게이머가 주체적으로 게임 속에서 이벤트를 만들 수 있게 되니까요.

다시 간단히 정리하자면, 하고 싶은 대로 할 수 있게 공간을 준비해주는 것, 이것이 바로 오픈월드입니다.

지금의 메타버스 플랫폼 대부분은 이런 게임의 오픈월드 개념을 차용했습니다. 그냥 차용한 정도가 아니라 거의 게임에서 오픈월드의 개념만 떼어와서 이를 기반으로 서비스를 설계했다고 봐도 될 정도입니다. 혹은 이 플랫폼 자체가 오픈월드 게임으로 유명한 작품들이기도 하고요.

대부분 이용자들은 넓게 펼쳐진 세상 곳곳을 여행하듯 돌아다닐 수 있습니다. 가상세계를 여행한다는 개념은 메타버스에 대해 설명할 때 자주 등장하는 개념입니다. 굳이 공간이 끊임없이 펼쳐지지 않아도 됩니다. 특별한 목적성이 없다는 것도 중요하니까요.

그럼 실제 메타버스 플랫폼은 어떻게 운영되는지 볼까요? 오픈월드 게임의 대명사인 마인크래프트만 봐도 전체 월드를 다 합치면 36억 제곱킬로미터가 된다고 합니다. 우리 지구 표면이 5억 제곱킬로미터 정도라고 하니까 마인크래프트 월드는 지구의 7~8배 더 큰 규모이죠. 여길 돌아다니면서 이용자들은 광물도 캐고, 성도 짓고, 무기도 만들어서 집도 지키는 등 다양한 활동들을 할 수 있습니다.

〈포트나이트〉는 앞서 살펴봤듯 여러 모드를 운영합니다. 그중에서도 메타버스로 분류되는 모드가 파티 로얄 모드이죠. 이 모드는 파티 로얄 섬이라는 한정적인 공간에서만 즐길 수 있습니다. 공간으로 보자면 가상세계라는 점을 고려했을 때 그렇게 거대하지는 않습니다. 하지만 오픈월드의 또 다른 특성, 무목적성이 있죠. 끝없이 몰려오는 인공지능 적을 상대하거나, 다른 이용자와 전투를 벌여야 하는 〈포트나이트〉의 목적과 달리 파티 로얄에서는 아무 목적 없이 휴식을 취할 수 있습니다. 이런 요소들이 〈포트나이트〉를 메타버스 세상으로 인정받게 해주었죠.

〈제페토〉역시 이용자들이 여러 월드, 그러니까 공간을 자유롭게

〈포트나이트〉의 파티로얄 모드. 끊임없이 몰려오는 인공지능 적을 상대하거나, 다른 이용자와 전투를 벌여야 하는 〈포트나이트〉의 목적과 달리 파티로얄에서는 아무 목적 없이 휴식을 취할 수 있다. ©EpicGames

선택하며 돌아다닐 수 있게 했죠. 아바타 제작 서비스, 아바타 기반 SNS 정도에 불과했던 〈제페토〉가 메타버스 플랫폼으로 급성장하게 된 것 역시 이 월드 기능을 제공하면서부터입니다. 지금은 〈제페토〉에서 공식적으로 제공하는 월드의 수만 수십 가지가 넘습니다.

　메타버스에서 각종 소셜 모임이나 행사는 물론 경제활동이 일어날 수 있는 이유도 이런 오픈월드의 특성 덕분입니다. 미리 프로그래밍되어 있는 대로 움직이지 않는 아바타들, 그리고 이용자들이 원하는 대로 움직이고, 활동할 수 있는 오픈월드이기 때문에 가능한 것입니다.

두꺼비 집을 짓듯,
샌드박스

원하는 것이면 뭐든 만들어볼 수 있는 공간, 샌드박스.
이용자들이 직접 콘텐츠를 만들고 개발하면서 메타버스가 유지된다.

| 이용자가 만드는 세상 |

메타버스의 또 다른 요소는 샌드박스Sandbox입니다. 이 역시 게임에서 주로 이용되는 개념이기도 합니다. '샌드박스'는 직역하면 모래상자입니다. 아이들이 정해진 공간 안에서 형식 없이 마음껏, 안전하게 놀 수 있도록 해둔 모래상자가 유래이죠.

　게임에서 샌드박스는 모래를 가지고 성을 쌓기도 하고 두꺼비집을 만들기도 하듯 자유롭게 무엇인가를 만들 수 있는 장르의 게임을 뜻하는 개념입니다. 오픈월드와 유사한 개념으로 이용되기는 하지만, 샌드박스의 경우엔 게임 안에서 이용자가 창작할 수 있는 요소가 더욱 많습니다.

게임에서 제공하는 툴tool을 이용해서 지형지물은 물론 그 안에서 이용되는 다양한 사물들까지 만들어낼 수 있습니다. 단순히 사물만 만드는 것이 아니라 외부의 요소들을 적극 활용해 게임 안에서 또 다른 가상공간을 만들어낼 수도 있습니다. 심지어는 게임 속에서 게임도 만들 수 있습니다.

샌드박스 장르의 게임은 오픈월드보다 더 높은 자유도를 기반으로 합니다. 목표가 없는 경우가 많고, 목표가 있다고 해도 유저가 원하는 대로 이 목표를 수정할 수도 있습니다. 샌드박스 게임은 목표를 달성해 최종적으로는 성취감을 얻는 전통적인 게임과는 확연한 차이가 납니다.

물론 이 같은 특성 때문에 샌드박스 게임을 게임으로 분류해야 하는지에 대한 논의는 있습니다. 게임이 아니라 가상공간 제작 툴로 분류해야 하는 것 아니냐는 지적입니다. 실제로 샌드박스 게임의 경우 가상공간과 캐릭터가 존재할 뿐 게임적인 요소가 많이 없는 것이 사실이죠. 그래서 메타버스의 개념이 부상한 이후 많은 샌드박스 게임들이 자의 반 타의 반으로 '메타버스 플랫폼'이라 불리고 있습니다. 어쩌면 앞으로는 샌드박스라는 단어를 메타버스가 대체할 수도 있습니다. 실제로 그런 일들이 벌어지고 있고요.

그렇다면 샌드박스가 적용된 메타버스에서는 어떤 일이 벌어질까요? 대표적인 샌드박스 게임인 〈로블록스〉에서는 로블록스 스튜디오Roblox Studio를 이용해 이용자들이 게임을 만들고 있습니다. 우리가 흔히 생각하는 화려한 3D 그래픽의 고퀄리티 게임은 아니지만 초등

학생도 아이디어만 있으면 간단히 만들 수 있을 정도로 직관적인 툴을 제공합니다.

제작자들은 이 툴을 이용해 게임을 만들고, 로블록스 플랫폼에 업로드합니다. 고전 명작이나 최신 인기게임을 패러디한 게임들도 많고, RPG·슈팅·공포 등 다양한 장르의 완전 창작물도 있습니다. 이런 방식으로 로블록스 안에서 게임을 개발해본 사람이 800만 명이 넘고, 지금까지 개발된 게임만 5,500만 개가 넘어가는 수준입니다. 제한시간 내에 장애물을 넘어 탑을 오르는 게임 〈타워 오브 헬Tower of hell〉의 경우 누적 이용자가 106억 명이 넘어갈 정도입니다.

〈제페토〉 역시 비슷합니다. 제페토에서는 서비스 안의 공간을 만들 수 있는 빌드잇 기능을 제공합니다. 게임의 맵 에디터Map Editor처럼 나만의 제페토 맵, 즉 월드를 만들 수 있습니다. 각종 구성요소들을 배치해 내가 원하는 공간을 꾸밀 수 있죠. 다양한 지형은 물론 세

〈제페토〉에서 내가 원하는 세상을 만들 수 있는 기능인 '제페토 빌드잇'. ©NaverZ

상 안의 수많은 요소들을 배치할 수 있습니다. 거대한 전광판이나 포스터를 설치할 수도 있고, 집도 지을 수 있죠.

월드만의 특별한 규칙을 만들 수도 있습니다. 중력을 조정해 한 번의 점프로 건물 끝까지 날아오를 수 있게 한다든지, 달리기의 속도를 평소보다 훨씬 빠르게 해 경주를 즐긴다든지 하는 식으로요. 자동차 수십 대를 계단처럼 쌓아두고 점프 기능을 통해 이를 차근차근 올라가는 월드도 있습니다.

아바타들이 집중해서 자동차와 자동차를 뛰어넘는 모습을 보고 있으면 재미있다는 생각이 듭니다. 게임은 아닌데, 마치 게임과 같은 상황이 연출되는 것이죠.

이 공간과 아바타를 이용해서 나만의 드라마나 영화를 촬영할 수도 있습니다. 1천 가지가 넘는 표정 연출이 가능한 아바타들 덕에 이런 시도도 가능하죠. 연출해보고 싶은 주제나 소재가 있다면 아바타를 배우로 세우고 그저 찍기만 하면 됩니다. 마치 방송사 카메라와 같은 다양한 카메라 각도와 편집 기능을 제공합니다. 이를 두고 제페토 드라마, 줄여서 '젭드'라고도 합니다.

┃ 샌드박스가 불러온 UGC 세상 ┃

이런 젭드를 비롯해 제페토의 아바타와 기능을 이용해 생산한 것들을 UGCUser Generated Contents라고 합니다. 이용자가 서비스의 콘텐츠를 변형하고, 편집하고, 유통한 콘텐츠라는 의미이죠. 〈제페토〉 내부에서 생산된 영상물만 10억 건이 넘습니다. 웬만한 동영상 플랫폼을 뛰어넘을 정도이죠. 이용자들은 이 UGC들을 다시 인스타그램, 유튜브, 페이스북과 같은 플랫폼으로 공유하며 제페토 생태계를 확장하고 있습니다.

마지막으로 〈제페토〉에는 스튜디오 기능도 있습니다. 〈제페토〉의 주요 콘텐츠인 아바타의 의상을 제작하는 툴입니다. 〈제페토〉가 제공하는 아이템 템플릿에 자신이 디자인을 그려넣기만 하면 아바타용 의류 한 벌을 뚝딱 손

제페토 스튜디오 소개 영상

쉽게 만들어낼 수 있습니다. 마치 어린 시절 문방구에서 판매하던 종이인형처럼 정해진 도면에 색만 칠해넣는 식이라 전문적인 디자인 지식이 없어도 누구나 손쉽게 작업할 수 있는 툴입니다.

디자인 업종에 종사하거나, 툴을 잘 다룰 수 있는 이들을 위한 3D 템플릿도 있습니다. 더 화려한 의상을 제작할 수 있죠. 현재 50만 명이 넘는 이용자들이 스튜디오 기능을 이용해 1,500만 개가 넘는 아이템을 제작했다고 합니다.

이런 샌드박스 요소들은 오픈월드와 결합해 메타버스 세상을 더욱 풍성하게 만듭니다. 어쩌면 메타버스를 메타버스답게 만들어주는 핵심 요소라고도 할 수 있죠. 이 두 요소 덕에 메타버스 세계에 끊임없이 콘텐츠가 공급되는 선순환이 일어납니다. 게임사, 운영사는 툴만 잘 준비하면 별다른 노력 없이도 플랫폼 위에 콘텐츠를 채울 수 있습니다.

〈제페토〉만 해도 2020년 스튜디오 서비스를 처음 공개했을 때 제

작에 참여한 이용자는 6만여 명, 그리고 이를 통해 실제 생성된 아이템 수는 2만 개 수준이었습니다. 하지만 1년이 지난 지금 제페토 크리에이터는 8배가 늘어난 50만여 명, 아이템 수는 무려 750배가 늘어난 1,500만 개에 달하죠. 말 그대로 폭발적인 성장을 이루고 있습니다.

이런 상황 속에서 이용자들은 끊임없이 새로운 콘텐츠가 공급되는 플랫폼을 찾게 됩니다. 내가 자리를 비운 사이 메타버스 세상에서 어떤 일이 일어났는지, 또 어떤 즐길 거리가 생겼는지를 확인하러 오는 것이죠.

우리가 유튜브에서 즐겨 보는 채널을 구독해두고 "오늘은 뭐가 있으려나" 하고 틈이 날 때마다 접속해보게 되는 이유와 같습니다. 인스타그램, 트위터와 같은 SNS 서비스와도 비슷하죠. 오늘은 무슨 일이 있었는지, 내 친구들은 어디서 뭘 먹었는지 같은 궁금증이 플랫폼을 찾게 만듭니다.

샌드박스와 오픈월드를 기반으로 한 메타버스 세계 속에서는 콘텐츠의 권력 구조도 변화합니다. 이런 지점이 게임과 메타버스의 가장 큰 차이점이라고 할 수도 있습니다.

과거의 게임에서는 디자이너와 개발자들이 만들어준 완제품을 게이머들이 이용하기만 하는 이른바 탑다운Top-Down 구조였죠. 이용자들은 프로그래밍된 대로 움직여야 목표를 달성할 수 있었습니다. 하지만 메타버스 세상에서는 이용자들이 콘텐츠를 직접 개발하고 세상을 만들어갑니다. 즉 이용자들이 만든 콘텐츠가 결국 하나의 세상

을 유지하게 만드는 동력이 되는 이른바 바텀-업Botton-Up으로 구조
가 변화한 것이죠.

  이처럼 오픈월드와 샌드박스는 메타버스가 하나의 세상으로 작동
할 수 있는 요소들을 제공하는 바탕이 됩니다. 무한한 자유와 창작
가능한 환경을 바탕으로 문화, 경제, 사회를 꾸리면서 하나의 세계
를 만들어가는 것이죠.

아바타와
커뮤니티

메타버스 세상을 또 하나의 사회로 만들어주는 아바타와 커뮤니티.
이를 기반으로 나를 찾을 수 있는 '제3의 공간'으로 진화하는 메타버스.

┃나의 또 다른 신원, 아바타┃

오픈월드와 샌드박스가 메타버스 세상의 문화적 측면, 즉 콘텐츠를
담당한다면, 메타버스 세상에서 하나의 사회가 구축되기 위해 꼭 필
요한 요소가 있습니다. 그것은 바로 아바타입니다.

아바타는 메타버스의 필수 요소 중 하나로 꼽힙니다. 로블록스의
창업자 데이비드 바수츠키도 메타버스의 필수 요소 중 하나로 아바
타를 꼽았는데요, 바수츠키의 표현을 빌리자면 아바타는 메타버스
세상에서 우리의 신원Identity을 증명하는 수단이 됩니다. 우리가 온
라인 사이트 서비스를 이용하기 위해 계정을 만들듯, 메타버스를 이
용하기 위해서는 아바타를 생성해야 하죠.

그래서 메타버스 세상에서는 모든 이용자가 아바타의 형태로 고유한 신원을 가지게 됩니다. 아바타가 나이고, 내가 바로 아바타인 것이죠. 그리고 이 아바타를 통해 내가 원하는 방식으로 나를 표현할 수 있습니다. 나와 닮은 아바타를 최대한 꾸며 나의 개성을 표출하는 것이죠.

아바타는 메타버스 세상의 중요한 입력장치이기도 합니다. 현실세계의 나의 행동이 가상세계의 요소들에 영향을 미칠 수 있게 하는 대리인이 아바타입니다. 물론 실제로 아바타를 조종하는 입력장치는 마우스, 터치패드, 조이스틱과 같은 하드웨어 장치입니다. 하지만 이용자들에게 이 장치들은 아바타를 이동하기 위한 장치일 뿐, 실제 상호작용은 아바타를 통해 이뤄지는 것으로 느끼게 됩니다.

별도의 아바타를 운영하지 않고 1인칭으로 서비스를 제공하는 메타버스 세계도 있습니다. 하지만 가상세계에 내가 존재하고 있다는 존재감, 그리고 내가 세계에 속해 있다는 소속감을 주기에는 3인칭으로 구현된 아바타를 이용하는 것이 더 낫다고 합니다. 더 높은 몰입감을 주기도 하죠.

소통과 연대의 매개

아바타는 이용자 간 소통과 연대의 매개이기도 합니다. 이용자는 아바타의 입을 빌려 다른 이들과 대화하고, 또 친구가 됩니다. 마찬가지로 다른 이용자도 자신의 아바타를 통해 나와의 관계를 맺죠. 가상세계에서 만난 친구이지만, 아바타라는 하나의 인격체 간의 관계

아바타는 이용자 간 소통과 연대의 매개이기도 하다. 이용자는 아바타의 입을 빌려 다른 이들과 대화하고, 또 친구가 된다. ⓒNaverZ

를 형성해갑니다.

　이 과정에서 커뮤니티가 만들어집니다. 데이비드 바수츠키가 말한 메타버스의 또 다른 요소 중 하나인 친구Friends가 여기서 힘을 발휘합니다. 서로의 모습을 볼 수 없는 채팅과는 달리 실체 있는 아바타를 통해 맺어진 커뮤니티는 더욱 강력한 힘을 발휘합니다.

　내가 몸담고 있는 가상세계에서 아바타라는 실존하는 형체가 나와서 내 친구들의 존재를 확인할 수 있게 도와주죠. 결과적으로 이는 이용자들이 다시 메타버스에 락인하게 되는 요소로 작용합니다.

　메타버스 세상 속에 형성된 커뮤니티는 메타버스 세상을 이용자들에게 쉴 공간으로 만들어줍니다. 많은 사람들이 이제 온라인 속에서 각자의 존재감을 찾고 있습니다. 현실에서의 내가 맺는 관계도 있지만, 가상에서의 내가 맺는 관계도 엄연히 따로 존재하는 것이죠. 현실에서는 얼굴도 모르는 친구들과 아바타로 어울리며 내가 속한 또 다른 사회를 만들고 있습니다.

이런 현상은 코로나19로 인한 비대면이 길어지면서 더욱 가속화되고 있습니다. 온라인상에서의 커뮤니티가 게임을 비롯한 일부 가상세계에서 '길드Guild'와 같은 형태로 나타났다면, 이제는 자연스럽게 서로가 서로의 아바타를 통해 만나고 있습니다. 여기에 〈제페토〉나 〈포트나이트〉의 '파티 로열'과 같이 휴식을 취하면서도 즐길 수 있는 가상세계가 늘어나면서 이용자들이 모일 수 있는 공간은 점점 늘어나고 있죠.

가상세계에서 이용자들이 느끼는 안락함과 편안함이 쉽사리 이해되지는 않습니다. 도대체 왜 수많은 현실세계의 장소들을 놓아두고 얼굴도 모르는 친구들과, 그것도 가상세계에서 시간을 보내는지 묻는 분들도 많이 있습니다. 결국 게임 중독, 시간 낭비 아니냐는 질문도 종종 듣게 되죠. 이때 답이 될 만한 말이 있습니다. 바로 블리자드 엔터테인먼트의 대표작 〈월드오브워크래프트WoW〉의 메인 게임 디렉터인 이언 해지코스타스의 말입니다.

그는 하버드대학교, 뉴욕대학교 로스쿨을 졸업한 변호사 출신의 게이머인데요, 2004년 〈WoW〉를 접한 뒤 2008년 변호사를 그만두고 아예 블리자드 엔터테인먼트에 입사하게 됩니다. 이후 승진을 거듭해 〈WoW〉 총괄 디렉터까지 승진한 인물입니다. 그는 한 인터뷰에서 〈WoW〉에 빠지게 되었던 경험, 그리고 그가 게이머 시절 느꼈던 감정을 말한 적이 있습니다. 그의 말을 통해 사람들이 왜 가상세계에서 아바타를 가지고 몇 시간씩 수다를 떨며 시간을 보내는지를 엿볼 수 있습니다.

"로그인해서 게임 세계의 거리를 누비며 높은 건물 꼭대기에서 점프도 하고 친구나 길드 멤버들과 얘기를 나누는 것만으로도 몇 시간은 즐겁게 보낼 수 있었어요. 던전을 탐험하거나 특별히 뭔가를 하는 것도 아니었지만, 사실 저는 사람들이 게임 속 세상에서 무엇을 하는지 확인하고 싶었고 동시에 저도 그 세상에서 존재감을 느끼면서 색다른 경험을 공유하고 싶었기 때문이었죠."

이처럼 아바타가 만들어내는 강력한 메타버스 커뮤니티의 기능을 확인할 수 있습니다. 미국 도시사회학자이자 웨스트플로리다 대학교 사회학과 명예교수인 레이 올덴버그의 말을 빌리면, 메타버스는 '제3의 장소The third place'로 기능하고 있는 셈입니다. 사람들이 사회적인 유대를 유지하는 공간이자, 자신을 찾을 수 있는 공간인 것입니다.

레이 올덴버그가 주장한 제3의 공간은 동네의 카페나 맥줏집과 같은 공간을 말합니다. 제1의 공간인 집, 제2의 공간인 직장이 아닌, 친구들이나 동네 사람들을 마음 놓고 만날 수 있는 제3의 공간이죠. 일주일에 몇 번씩이든 자주 드나들면서 편안하게 유대를 쌓는 문화 공간이자, 자기 자신의 존재를 확인할 수 있는 장소입니다. 그리고 그는 어디가 되었든 이 공간의 존재가 지친 현대인의 마음을 돌볼 수 있다고 주장했습니다.

아바타를 통해 구성된 메타버스 커뮤니티도 이런 기능을 하는 것입니다. 지친 일상 속에서 때때로 가상공간에 접속해 편안한 친구들을 만나고, 나를 표현한 아바타를 조종해서 내가 원하는 것들을 할 수 있죠. 이는 사람들이 다시 메타버스로 돌아오게 하는 유인이 됩니다.

아바타는 왜 점점 단순해지나?

2010년대 후반부터 애플과 삼성, 그리고 제페토를 필두로 시작된 3D 아바타는 오히려 과거보다 더 단순해진 형태입니다. 신체 비율은 얼굴이 돋보이는 형태로 조정되었습니다. 8등신의 훤칠한 아바타들이 5등신, 4등신으로 조정되었죠. 제공하는 커스터마이징 요소들 역시 얼굴에 집중되어 있습니다.

이런 변화는 아이러니하게도 기술 발전에서 온 것입니다. AR 기술과 3D 스캐닝 기술의 고도화로 이용자의 표정 변화까지도 아바타에 반영할 수 있게 되었죠. 애플은 이용자가 자신의 얼굴을 본따 만든 미모지에 표정을 녹화해서 이모티콘을 만들 수 있는 기능을 제공합니다.

내가 누군가의 말을 들을 때, 황당함을 표현할 때, 즐거움을 표현할 때 짓는 나만의 표정을 그대로 내 아바타에 이식할 수 있게 된 것이죠. 텍스트 채팅이나 보이스 채팅으로는 완벽하게 전달하기 어려

2011년 출시된 게임 〈블레이드&소울〉의 아바타(왼쪽)와 〈로블록스〉의 아바타(오른쪽). ©NCSoft ©Roblox

운 나의 감정까지 아바타를 통해 확실하게 전달할 수 있게 된 것입니다.

〈제페토〉 역시 AR을 바탕으로 한 얼굴 인식 기능을 제공합니다. 이용자의 표정까지 세밀하고 자연스럽게 따라할 수 있는 '미러 기능'인데요, 일상 생활을 살아가며 우리가 짓는 수많은 표정들을 아바타도 똑같이 소화하게 되죠. 이처럼 사소한 부분에서부터 아바타와 나의 경계가 허물어지는 중입니다. 얼굴의 특징, 미묘한 표정의 변화까지 감지할 수 있게 되면서 아바타의 전체적인 형상도 얼굴이 강조된 형태로 변화한 것입니다.

이 무렵 출시된, 그리고 지금까지 이어지고 있는 아바타 서비스들의 특징은 '개인화'입니다. '누가 더 예쁜 아바타를 만드느냐, 누가 더 사람에 가까운 아바타를 서비스하느냐'의 경쟁은 끝난 것입니다. 온라인상에서 나를 표현할 수 있는 '나를 닮았지만 또 다른 나'를 만들 수 있는 서비스에 집중하고 있는 것이죠.

월 수입 5,500만 원, 크리에이터 이코노미

코딩 한 줄 안 해본 20살 청년이 월 수입 5,500만 원의
게임 개발자가 되는 크리에이터 이코노미.

| 크리에이터 이코노미란? |

내가 하고 싶은 대로 할 수 있는 공간인 오픈월드, 만들고 싶은 대로
만들어볼 수 있는 샌드박스, 그리고 나를 표현하는 매개이자 소통의
수단인 아바타. 이 세 요소는 각각 혹은 합쳐지면서 메타버스 플랫
폼을 사회·문화·경제 활동이 모두 가능한 하나의 진짜 세상으로 만
들어가고 있습니다.

오픈월드와 샌드박스가 문화를 담당한다면, 아바타는 사회활동을
담당합니다. 그리고 남은 하나, 경제는 메타버스의 경제 시스템 '크
리에이터 이코노미●'를 통해 구현되고 있습니다. 플랫폼에서 이용
자들이 직접 만든 물건 혹은 콘텐츠들이 돈이 되어 돌아오는 구조를

제공하면서 더 많은 이용자들이 메타버스 세상으로 몰려오는 선순환 구조를 만들고 있죠.

크리에이터 이코노미는 메타버스에 한정된 단어는 아닙니다. 이미 블로그나 유튜브를 통해 가능성을 증명했죠. 누구나 만화 작가에 도전할 수 있고, 작가로 선정되면 연재를 통해 수익을 올릴 수 있는 네이버와 카카오의 웹툰 생태계도 크리에이터 이코노미의 한 종류입니다.

굳이 선공을 하지 않더라도, 경력이 없는 비전문가도 자신의 재능을 이용해 생계를 유지할 수 있는 생태계입니다. 특히 자신의 개성을 자유롭게 드러내는 것에 거리낌이 없는 Z세대가 등장하면서 이 생태계는 더욱 확장되고 있습니다.

당장 미국과 영국의 8~12세 어린이 가운데 30%가 장래희망으로 유튜버를 비롯한 브이로거Vlogger를 꿈꾸고 있다는 조사 결과가 있습니다. 한국의 초등학생 희망직업 3위도 크리에이터Creator입니다. 둘 다 코로나19가 퍼지기도 전인 2019년의 조사 결과입니다.

영국의 경제분석기관 옥스퍼드 이코노믹스에 따르면, 크리에이터의 콘텐츠로 돌아가는 유튜브 경제 규모가 2019년 미국 국내총생산GDP에 약 160억 달러(약 18조 7천억 원) 기여했다고 합니다. 이는 34만

● **크리에이터 이코노미**Creator Economy
창작자들이 온라인 플랫폼 위에서 창작 활동에 전념할 수 있도록 하는 경제 체제. 이들을 위한 플랫폼이 속속 등장하고 결제 기술이 정착되어 '생태계'가 만들어지고 있다. 일정 구독자 수와 조회수를 넘기면 제작자에게 광고 수익을 배분해주는 유튜브가 대표적인 사례.

5천 개 상당의 정규직 일자리를 지원할 수 있는 수준으로 추정된다고 합니다.

이런 크리에이터 이코노미는 메타버스 세계에서도 중요한 키워드가 되었습니다. 이용자들을 불러모으고, 이용자들이 메타버스 세계 안에서 시간을 보내게 하기 위해서라면 반드시 고민해야 할 지점이 되었습니다.

▌한 달에 5,500만 원, 로블록스 이코노미▐

2021년 2월 외신에서는 갓 스무 살이 된 미국인 청년 이든 가브론스키에 대한 이야기로 떠들썩했습니다. 그가 2021년 1월, 한 달 만에 4만 9천 달러(약 5,500만 원)의 수입을 올렸기 때문입니다. 한 달에 5,500만 원, 엄청난 금액입니다. 1년 연봉으로 환산하면 6억 원에 달하는 금액이죠. 그것도 스무 살 청년이요.

그런데 한편으론 그렇게 호들갑 떨 일인가 싶기도 합니다. 쉽게 찾을 수는 없지만, 그래도 한 달에 이정도 수익을 올리는 전문직 종사자도 많이 있기 때문이죠. 하지만 이든 가브론스키가 주목받은 이유는 따로 있습니다. 바로 이 수익이 〈로블록스〉를 통해 올린 수익이기 때문입니다. 그가 무엇을 했을까요? 바로 게임을 만들고, 게임 속에서 입는 옷과 무기 같은 아이템을 판매해 얻은 수익이 이만큼입니다.

그럼 대단한 프로그래머 아니냐고요? 아닙니다. 이든 가브론스키는 코딩을 할 줄 모른다고 합니다. 단순히 〈로블록스〉에서 제공하는

게임 개발 경험이 없는 스무 살 청년이 '로블록스 스튜디오'를 이용해 만든 게임 〈배드 비즈니스〉. 이 게임
으로 한 달 만에 한화로 5,500만 원에 달하는 수익을 올렸다. ⓒRoblox

게임 제작 도구인 '로블록스 스튜디오'를 이용해 게임을 만들었습니
다. 그가 만든 게임의 이름은 〈배드 비즈니스Bad Business〉로 최대 26명
이 함께 접속할 수 있는 1인칭 슈팅FPS 게임입니다.

이처럼 〈로블록스〉는 메타버스 대표 플랫폼답게 크리에이터 이코
노미에서도 강력한 힘을 보여주고 있습니다. 앞서 설명한 대로 〈로
블록스〉는 이용자들이 게임을 직접 개발해 공유하는 플랫폼입니다.
〈로블록스〉에는 무료 게임도 많지만, 인기 있는 일부 게임은 유료입
니다. 이용자들은 다른 이들이 개발한 게임을 구입하거나, 입장권
개념으로 일부 금액을 지불해야 합니다.

지불은 게임 내 가상화폐인 '로벅스Robux'로 하면 됩니다. 로벅스
는 로블록스 홈페이지에서 현금을 지불하고 구입하면 되는데요, 1로
벅스에 0.01달러 수준입니다. 게임 구입 비용은 최소 25로벅스에서

최대 1천 로벅스 사이입니다.

〈로블록스〉는 이 게임이 팔릴 때마다 게임 개발자에게 해당 금액의 70%를 지급합니다. 게임 안에서는 게임의 승률을 높일 수 있는 아이템이나 아바타를 꾸밀 수 있는 의상도 판매하는데요, 이런 아이템이 팔릴 때마다 개발자에게 해당 금액의 30%가 지급됩니다.

로블록스 내에서 통용되는 화폐인 '로벅스'. 1로벅스에 0.01달러 수준의 가치를 가진다. ⓒRoblox

개발자들은 이렇게 정산 받은 로벅스를 다시 현실 화폐(달러)로 환전해 인출하거나 페이팔Paypal과 같은 온라인 결제 시스템에서 포인트 형태로 환전할 수 있습니다. 이때 교환 비율은 1로벅스에 0.0035달러 수준이라고 합니다. 메타버스 안에서의 노력이 수익으로 돌아오는 것이죠.

〈로블록스〉의 인기가 커지면서 생태계도 커지고 있습니다. 개발자와 게임의 수가 늘어나고 있고, 자연스럽게 이를 이용하기 위한 이용자들의 로벅스 구매 규모도 증가하고 있습니다. 〈로블록스〉는 매 실적 발표 때마다 해당 분기에 이용자들이 로벅스를 얼마나 구매했는지 나타내는 지표인 결제액bookings 데이터를 공개합니다.

〈로블록스〉가 2021년 2분기 실적발표에서 밝힌 2분기 결제액은 약 6억 6,550만 달러(약 7,780억 원)에 달합니다. 이는 코로나19 확산

직전인 2019년 4분기 결제액 2억 4,960만 달러(약 2,920억 원)의 2.67
배에 달합니다.

　게임을 이용하고 아이템을 구입하기 위해 구매하는 것이 로벅스
입니다. 로벅스의 결제 규모가 늘어날수록 〈로블록스〉 내 게임 개발
자들의 수익 역시 가파르게 늘어나고 있습니다. 〈로블록스〉가 개발
자에게 배분한 수익은 2019년 4분기에 약 3,980만 달러(약 466억 원)
였는데요, 2021년 2분기에는 1억 2,970만 달러(약 1,517억 원)으로 급
승했다고 합니다.

　물론 이 정산금이 균등하게 분배되지는 않습니다. 앞서 봤던 이든
가브론스키 같은 인기 게임을 만든 개발자들은 소수입니다. 2020년
9월을 기준으로 과거 12개월 동안 1천만 달러(약 117억 원) 이상의 수
익을 올린 개발자는 3명, 10만 달러(약 12억 원) 이상의 수익을 올린
개발자는 249명이었습니다. 1만 달러(약 1억 원) 이상의 수익을 올린
개발자는 1,057명이었죠.

　이용자들이 원하는 대로 할 수 있는 샌드박스 요소와 크리에이터
이코노미가 결합하면서 강력한 힘을 발휘하고 있는 것입니다. 이용
자들이 재미삼아 만든 게임이 플랫폼의 콘텐츠가 되고, 이를 통해
수익을 올릴 수 있는 구조가 메타버스 세상을 확장하는 핵심 기둥이
될 것입니다.

　이런 고소득 개발자들의 수는 앞으로 더 늘어날 전망입니다. 이미
2021년만 하더라도 〈로블록스〉가 개발자들에게 분배한 총 금액이
거의 3배 가까이 늘어났기 때문입니다. 여기에 〈로블록스〉가 대표적

인 메타버스 플랫폼으로 주목받으면서 사람들이 더 많은 돈을 쓰고 있기 때문이죠.

| 아바타도 고객이다. 떠오르는 D2A |

아바타도 크리에이터 이코노미, 그리고 메타버스 경제에 있어 중요한 요소가 됩니다. 가입만 하면 만들 수 있는 아바타가 무슨 돈이 되느냐고 물으신다면, 큰 착각입니다.

메타버스 참여자들에게 개성 있는 아바타는 중요한 요소 중 하나입니다. 나의 개성을 표현하기 위해 아바타에 끊임없이 다른 아이템을 장착하죠. 이처럼 아바타의 외형을 바꿀 수 있는 의상이나 소품들을 통틀어서 '스킨skin'이라고 합니다.

아바타를 만드는 것은 대부분 무료입니다. 쉽게 말해 회원가입을 하는 것이니 플랫폼에서 무료로 제공하는 것이죠. 하지만 스킨은 유료입니다. 기본적으로 아바타를 생성하면 티셔츠 한 장에 바지 하나 정도 제공하는 게 전부이므로, 나를 꾸미기 위해 자연스럽게 이용자들은 스킨을 구매하게 됩니다.

예전의 '싸이월드'를 생각하면 됩니다. 미니홈페이지를 꾸미기 위한 요소들, 벽지라든지 가구, 그리고 미니미의 의상과 배경음악을 구입하곤 했죠. 이를 위해 도토리를 충전해본 경험, 지금의 3040 세대라면 대부분 있을 겁니다.

스킨 판매로 유명한 또 다른 서비스 중 하나가 AOL 장르 게임 중 하나인 〈리그 오브 레전드League Of Legend〉입니다. 아바타를 활용한 메

게임 아이템인 '스킨' 판매로 70억 달러(약 8조 185억 원)을 벌어들인 것으로 추산되는 게임 〈리그 오브 레전드〉. 글로벌 패션 브랜드 루이비통과도 협업으로 아이템을 출시하기도 했다. ⓒRiotGames

타버스 플랫폼은 아니지만, 스킨 판매에서 만큼은 압도적인 수익을 올리고 있습니다.

게임은 5대 5 승부로 겨뤄지는데요, 이용자들은 각자 자신이 플레이할 캐릭터를 고른 뒤 게임에 접속합니다. 이때 개성을 드러내기 위해 스킨을 고를 수 있는데, 게임에서 기본적으로 제공하는 스킨도 있지만 유료 스킨들도 있습니다. 스킨을 구입해 착용한다고 해서 기술이 강해지거나 하는 것은 없습니다. 그냥 딱 겉모습과 기술의 시각적 효과(이펙트)만 바꿔주는 것이죠.

그럼에도 이용자들은 조금 더 개성을 드러내고 화려한 전투를 하기 위해 스킨을 구입합니다. 스킨은 개당 3천 원에서부터 2만 5천 원까지 다양한데요, 특정 기간에만 판매하는 한정판의 경우 가격이 더 비쌉니다. 그리고 끊임없이 새로운 스킨이 등장하고 있고요.

롤의 캐릭터가 140명 이상이고, 각 캐릭터별로 열 가지에 달하는 스킨이 있다고 합니다. 2019년을 기준으로 모든 스킨을 구입하는 데 500만 원 정도가 든다고 합니다. 전 세계적으로 인기를 끄는 게임답게 스킨 매출도 어마어마합니다. 〈리그오브레전드〉 운영사 라이엇 게임즈Riot games는 2020년에는 1천 번째로 내놓은 스킨의 수익금을 전액 기부하기도 했는데요, 스킨 하나로만 얻은 수익이 600만 달러(약 72억 6천만 원) 규모였다고 합니다.

메타버스 플랫폼에서도 이런 스킨 소비가 활발합니다. 그 어느 곳보다도 아바타를 꾸미는 것이 중요한 콘텐츠 중 하나인 곳이니까요. 이용자 3억 5천만 명의 〈포트나이트〉의 경우 이용자들이 한 달 평균 20달러 정도를 스킨 구입에 소비한다고 합니다. 역산하면 이 스킨 판매로만 70억 달러(8조 185억 원)를 벌어들이는 셈이죠.

이런 스킨 서비스는 메타버스 플랫폼에게도 돈을 벌어주지만, 참여자들에게도 수익을 창출할 수 있는 기회를 줍니다. 〈마인크래프트〉 역시 이용자들이 스킨을 개발해서 다른 이용자들에게 판매할 수 있는 창구를 열어두었습니다. '마인크래프트 코인'이라는 자체 화폐를 통해 스킨을 사고팔고 합니다.

네이버의 〈제페토〉 역시 이런 서비스를 제공합니다. 제페토 스튜디오에서 아바타가 착용할 수 있는 의상, 액세서리를 제작해 판매할 수 있게 합니다. 이 과정에서 월 최고 300만 원이 넘는 순수익을 올린 이용자도 있다고 합니다. 아예 아바타 의류 디자이너로 전업하는 이들도 있고요. 메타버스와 아바타가 만들어낸 새로운 직업인 셈입니다.

아바타 경제는 다양한 패션 기업에도 기회가 됩니다. 인간과 비슷하게 생긴 아바타가 착용하는 다양한 의류를 납품하는 식이죠. 현실 세계의 의류와 똑같은 모양의 아이템을 아바타가 소비하게 됩니다.

대표적으로 미식축구협회가 리그 32개 팀 유니폼을 〈포트나이트〉에 아바타용 스킨으로 제공하고 있고, 나이키 역시 아바타용 신발을 〈포트나이트〉의 아바타들에게 판매하고 있습니다. 명품 브랜드 마크 제이콥스와 발렌티노는 신상 옷을 닌텐도 〈모여봐요 동물의 숲〉의 캐릭터에게 판매하고 있습니다.

이 아이템들은 현실의 물건과 똑같이 생겼지만, 값은 저렴합니다. 이용자들은 얼마 되지 않는 돈으로 자신의 아바타를 머리부터 발끝까지 명품으로 꾸밀 수 있죠. 이는 현실에선 하기 힘든 일입니다.

패션회사 입장에서도 한 번 제작하면 온라인으로 무제한 판매할 수 있기 때문에 제조·유통 비용도 들지 않습니다. 대신 브랜드 인지도를 높이면서도 소소한 수익을 얻을 수 있죠. 물론 아직은 소소한 수익이지만, 그 성장 가능성은 무한합니다.

이렇게 기업이 아바타용 제품을 준비하고, 이용자들은 아바타를 위해 구입하는 형태를 D2A Direct-to-Avatar 경제라고도 합니다. 〈포브스 Forbes〉에 따르면 이 시장 규모는 2017년에만 300억 달러(약 33조 8천억 원)로 형성되었고, 2022년에는 500억 달러(약 56조 4천억 원)에 이를 것이라고 합니다.

플랫폼 사업자 입장에서도 좋은 일입니다. 외부 기업에서 아바타 의류를 제작해서 들고오니 직접 아바타 의류를 디자인하지 않아도 됩니다. 그러면서도 이용자들이 즐길 수 있는 콘텐츠가 다양해지는 효과가 있습니다. 플랫폼 사업자는 중간에서 발생하는 판매 수수료만 챙기면 되죠.

메타버스 세계도
크리에이터 이코노미로

메타버스 세상도 크리에이터 이코노미의 방식으로 확장하고 있다.
이용자들의 콘텐츠가 쌓이면서 외연을 키우는 방식이다.

| 확장하는 콘텐츠 생태계 |

메타버스 안에서 벌어지는 크리에이터 이코노미도 있지만, 메타버스 세상 자체를 개발하고 판매하는 경우도 있습니다. VR, AR을 포함한 XR 콘텐츠를 유통하는 플랫폼들입니다. VR·AR 하드웨어의 보급으로 여기서 구동되는 콘텐츠에 대한 수요도 늘어나고 있기 때문이죠.

특히 VR·AR 하드웨어를 제작하는 빅테크 기업들이 이 생태계를 장악하기 위해 발 빠르게 움직이고 있습니다. 대표적인 기업은 페이스북입니다. 페이스북은 2020년 10월 내놓은 VR 헤드셋 '오큘러스 퀘스트2'로 VR 헤드셋 시장을 주도하고 있습니다. 시장 점유율이

2021년 1분기를 기준으로 75%를 돌파했습니다.

오큘러스 퀘스트2를 구입하면 구입하면 VR 콘텐츠 플랫폼인 '오큘러스 스토어Oculus Store'에서 각종 VR 콘텐츠를 구매할 수 있습니다. 오큘러스의 모회사인 페이스북이 직접 개발한 콘텐츠도 있지만, 대부분 외부 업체들이 개발한 뒤 입점해 판매하는 형태가 대부분입니다. VR 콘텐츠 생태계의 시작이죠. 오큘러스 퀘스트의 하드웨어 생태계가 확장하면서 콘텐츠 생태계도 덩달아 커지고 있습니다. 여기에 참여하는 기업들의 매출도 늘어나고 있고요.

페이스북 발표에 따르면 2021년 2월 기준, 1천만 달러(약 120억 원) 이상의 수익을 창출한 콘텐츠가 6개가 넘는다고 합니다. 더 놀라운 것은 100만(약 12억 원) 달러 이상의 매출을 올린 콘텐츠가 총 69개로 집계되었다는 것이죠. 2020년 9월 38개에 비해 1.5배 이상 늘었죠.

오큘러스 스토어에서 가장 인기가 높은 게임은 리듬 게임 〈비트세이버Beat Saber〉입니다. 체코의 게임개발사 하이퍼볼릭 마그네티즘 Hyperbolic Magnetism에서 제작하고 유통하는 VR 전용 리듬 게임입니다. 두 손에 광선검light saber을 들고 음악에 맞춰 날아오는 블록을 자르는 게임이죠.

이 게임을 구매한 계정만 약 400개에 달하고, 게임 안에서 판매된 음악만 4천만 곡이라고 합니다. 2018년 4월 출시 이후 추정 매출액은 무려 1억 8천만 원(약 2,106억 원)에 달합니다. 비트세이버가 2020년 2월 밝힌 판매량이 약 200만 카피, 1천만 곡임을 감안했을 때, 판매량 증가 속도가 급격히 빨라지고 있다는 것을 알 수 있죠.

│ 아이디어가 돈이다 │

한국의 게임 회사인 미라지소프트가 개발한 낚시게임 〈리얼VR피싱Real VR Fishing〉도 300만 달러(약 34억 원)의 매출을 올렸다고 합니다. 한강을 비롯해 전 세계 명소에서 낚시를 즐기는 게임인데요, 사실적인 그래픽과 '오큘러스 퀘스트2'의 햅틱 기능을 활용해 낚시의 손맛을 잘 살렸다는 평가를 받고 있습니다.

생태계가 확장하고는 있지만 아직 XR 콘텐츠를 일반인들이 쉽게 개발하기는 쉽지 않습니다. 이미 성공을 거둔 많은 콘텐츠 개발 회사들이 게임 회사이거나 XR 전문 개발 회사인 걸 봐도 알 수 있죠.

하지만 메타버스의 핵심인 XR 콘텐츠 역시 〈로블록스〉〈제페토〉가 내놓은 각종 스튜디오 기능처럼 간단하게 개발하는 날이 올수도 있습니다. 많은 기업들이 자신의 생태계를 확장하기 위해 이런 기능

한국의 게임 회사 미라지소프트가 개발한 낚시게임 〈리얼VR피싱〉. 페이스북 오큘러스 스토어에서 300만 달러(약 34억 원)의 매출을 올린 인기 게임 중 하나이다. ©MirageSoft

들을 내놓고 있죠. 애플의 AR키트, 구글의 AR코어와 같은 기능들입니다. 손쉽게 AR 콘텐츠를 만들어 애플스토어나 플레이스토어를 통해 유통할 수 있죠.

물론 이 역시도 아직은 전문가, 소위 개발자들을 위한 툴입니다. 하지만 메타버스 세상에서는 전문가들의 영역이었던 게임을 코딩 한 줄 하지 못하는 청년이 개발해 월 5,500만 원의 수익을 올리고 있습니다. 얼마 지나지 않아 우리도 아이디어만 있으면 VR 게임을 만들고 AR 콘텐츠를 개발해 수입을 올릴 수 있을지도 모릅니다.

어떻게 메타버스에
올라탈 수 있을까?

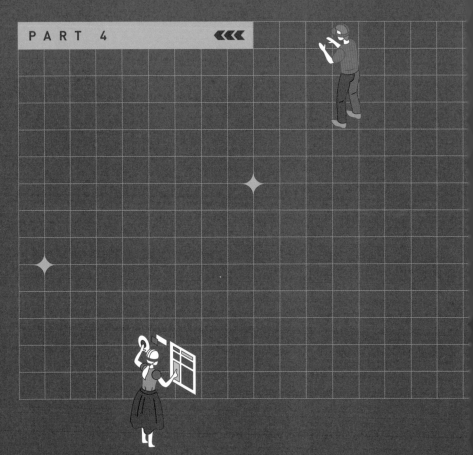

메타버스 세상이 떠오르면서 많은 시선이 메타버스로 모이고 있다. 기업, 기관, 정부까지 메타버스에서 새로운 가능성을 찾으려 메타버스 플랫폼에 공간을 만들고 있다. 하지만 지금 메타버스 세상을 이용하는 방식은 코로나19로 제한된 오프라인 모임을 대체하는 공간 한 가지로 대부분 귀결된다. 메타버스를 제대로 이용하려면 어떤 점을 살펴야 할까? 그리고 개인이 메타버스에서 새로운 기회를 찾으려면 무엇을 준비해야 할까?

METAVERSE

메타버스 티켓팅의
시대가 열리다

메타버스호(號)에 올라타려는 다양한 방법들.
참여하고 생산하고. 그리고 메타버스에서 직업까지 찾는 사람들.

　　지금은 메타버스 열풍을 넘어 그야말로 메타버스 광풍입니다. 많은 이들이 메타버스 세상에 뛰어들고 있죠. 메타버스로 향하는 열차에 오르기 위해 너도나도 티켓을 구입하고 있습니다. 단순한 소통의 공간을 넘어 거대한 경제 체계를 형성하고 있는 메타버스의 가능성을 본 것이죠.

| 참여하고, 생산하고. 나는 메타버스를 어떻게 이용할까? |

메타버스에 참여하려는 주체는 크게 개인과 기업으로 나뉩니다. 일반적인 경제에서는 개인은 소비자이고, 기업은 생산자이죠. 기업이 생산한 재화와 서비스를 개인이 소비하는 일방통행 구조를 가지고 있습니다. 하지만 메타버스 세상은 이렇게 양분되지 않습니다. 개인의 행동과 의지에 따라 개인은 소비자가 되기도 하고, 생산자가 되기도 합니다. 마찬가지로 기업도 메타버스와 관련된 서비스를 제공하는 생산자이자 플랫폼을 활용해 다양한 활동을 하는 소비자가 되기도 합니다.

메타버스 세상에 참여하려는 개인은 또다시 둘로 나눠볼 수 있습니다.

먼저 일반 이용자입니다. 메타버스 세상을 그저 즐기러 오는 이들이죠. 다른 이용자들이나 서비스 운영자(기업)가 만들어둔 각종 콘텐츠를 소비하기 위해 개인이 메타버스에 접속하는 경우입니다. 앞서 계속해서 이야기한 '이용자'들이 그들이죠. 유튜브 세상에 비교하자면 동영상 콘텐츠를 생산하지는 않고 감상만 하는 일반 시청자들입니다.

일반 이용자들이 메타버스를 즐기는 방법은 간단합니다. 이미 서비스하는 다양한 플랫폼에 접속만 하면 됩니다. 다양한 서비스를 즐기고, 친구들을 사귀고, 재미를 느끼면 되죠.

메타버스 세상에 참여하려는 또 다른 개인은 메타버스를 새로운 삶의 터전으로 생각하는 이들입니다. 메타버스에서 경제적인 기회를 찾으려는 이들이죠. 이들은 자신의 능력과 기술을 활용해 특정 메타버스 플랫폼에서 요구하는 다양한 콘텐츠를 공급하는 역할을 합니다. 다시 한 번 유튜브 세상에 비유하자면 유튜브 크리에이터들, 소위 '유튜버Youtuber'들입니다.

메타버스 속 생산활동에 참여하려는 이들을 위해 메타버스를 공
부하는 스터디 모임이 생기는가 하면, 메타버스와 관련한 각종 강좌
도 생기고 있습니다. 유형도 다양합니다. 메타버스 세상에 관한 이
야기를 전하는 강좌부터 메타버스 플랫폼을 만드는 프로그래밍 강
좌, 이미 널리 쓰이고 있는 메타버스 플랫폼 위에 공간을 만드는 법
을 알려주는 강좌도 있습니다.

〈제페토〉와 같이 국내에서 인지도와 활용도가 높은 서비스에 대
한 강좌는 더욱 세분화됩니다. 〈제페토〉 안에서 유통할 수 있는 의
류를 만드는 강좌, 게임이나 제페토 안의 월드를 만드는 강좌까지
있죠. 아이템과 맵 생성을 위한 3D모델링Modeling 기술이나 그래픽
디자인 기술을 학습합니다.

| 참여를 넘어 직업으로 |

메타버스 세상에서의 생산활동은 새로운 직업의 탄생으로 이어집니다. 대표적으로 월드 빌더가 있습니다. 이들은 메타버스 플랫폼 안에서 열리는 컨퍼런스, 신입사원 교육, 채용박람회, 대학 축제, 선거 유세 등 많은 행사를 위한 공간을 만드는 이들입니다.

오프라인 행사를 열 때 누가 사회를 보고, 의자는 어떻게 배치하고, 스크린은 어디에 설치할지 등을 고민하듯 메타버스 행사 역시 공산을 꾸며야 합니다. 이런 일을 전문으로 하는 이들이 월드 빌더, 메타버스 빌더, 혹은 메타버스 건축가들입니다. 특정 메타버스 플랫폼에서 의뢰를 받고 주최측이 원하는 공간을 만들어주는 직업이죠.

이름이 건축가라고 해서 건축학을 전공할 필요는 없습니다. 별도의 프로그램이나 툴이 필요한 것도 아니고요. '제페토 빌드잇'처럼 메타버스 플랫폼이 제공하는 기능을 이용해서 공간을 만들죠. 물리 법칙이 적용되지 않는 메타버스 세계인 만큼 건축이나 토목에 대한 지식보다는 오히려 상상력이나 경험이 더 요구됩니다.

또 다른 직업으로는 아바타 의류 디자이너가 있습니다. 아바타가 메타버스 세상에서는 나의 또 다른 자아이자 나를 표현하는 중요한 수단이 되다 보니 이용자들은 아바타의 의상에도 많은 투자를 합니다. 이런 아바타의 개성을 더 잘 드러낼 수 있는 의류를 디자인하고 판매하는 직업 아바타 의류 디자이너입니다.

이들이 가장 활발하게 활동하고 있는 플랫폼은 〈제페토〉입니다. 아무래도 아바타 꾸미기로 시작한 서비스이기 때문인데요, 디자이

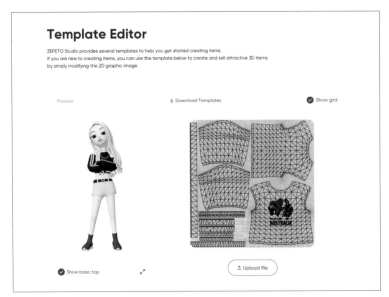

제페토 스튜디오의 2D 디자인 템플릿. 몸판, 등판, 바지 앞, 뒤 등 정해진 템플릿에 원하는 그림을 그려넣으면 자동으로 한 벌의 의상이 만들어지는 시스템이다. ©NaverZ

너들은 제페토 스튜디오를 이용해서 의류를 디자인할 수 있습니다. 여기서도 의류 제작 경험이나, 전문 디자인 역량은 크게 중요하지 않습니다.

스튜디오에서는 디자인 작업을 2D와 3D, 이렇게 두 가지 기능으로 나누어 제공합니다. 쉽게 정리하면 2D 기능은 초보자용, 3D 기능은 전문가용입니다.

2D 기능은 옛날 문방구에서 찾아볼 수 있는 종이인형 만들기 장난감과 비슷하게 생겼습니다. 몸판, 등판, 바지 앞, 뒤 등등 템플릿이 있고 거기에 원하는 그림을 그려 넣으면 자동으로 한 벌의 의상이 만들어지는 그런 기능입니다. 누구나 그려보고 싶은 것이 있으면

그려 넣고, 아바타용 아이템으로 만들고 이를 판매할 수 있죠.

3D 기능은 말 그대로 3D로 의상을 만드는 작업입니다. 스튜디오에서 제공하는 3D 템플릿을 이용해도 되고, 직접 스튜디오 안에서 3D 모델링 작업을 해도 됩니다. 세세한 부분까지 모두 손을 대서 아바타 의상임에도 '핏감'까지 조절할 수 있는 것이 특징입니다.

또한 3D인 만큼 어깨 장식, 허리 장식과 같은 입체적인 요소들까지 디자인해서 화려하고 독특한 의상들을 만들 수 있습니다. 다만 이 3D 의류 제작의 경우에는 약간의 그래픽 디자인 툴을 다룬 경험이 있어야 좀더 수월하게 작업할 수 있다고 합니다.

아바타 드라마 작가와 PD도 있습니다. 실제 배우 대신 아바타를 배우로 세우고 스토리를 입혀 드라마를 만드는 이들이죠. 사실 드라마라고는 하지만 우리가 흔히 생각하는 드라마의 형식은 아닙니다. 정지된 화면을 배경으로 아바타가 등장해서 대사를 하고 또 화면이 전환되면서 배경이 바뀌는 방식입니다. 연극에 가깝죠.

아바타를 갖춘 메타버스 플랫폼이라면 어디서든 가능하지만, 주로 〈제페토〉와 〈이프랜드〉같이 아바타 꾸미기 기능이 많은 플랫폼이 주로 이용됩니다. 이런 플랫폼이 아바타의 다양한 표정을 제공하는 것도 한몫하죠.

내용은 주로 10대들의 로맨스나 학교생활을 다룹니다. 2000년대 초반 인기를 끌었던 인터넷 소설과 비슷합니다. 영화로도 만들어진 〈늑대의 유혹〉〈그놈은 멋있었다〉와 같은 작품들이죠. 이 작품들은 당시 인터넷 채팅에서 주로 쓰던 이모티콘을 섞어서 쓴 소설로, 10대

〈제페토〉 드라마의 한 장면. 배우 대신 아바타를 이용하고 스토리를 입힌 연극 형식의 드라마이다.
©NaverZ

문화를 반영하고 그들의 일상을 다룬 덕에 엄청난 인기를 끈 적이 있습니다.

이런 아바타 드라마는 주로 각 플랫폼 안에서도 소비가 됩니다. 〈제페토〉 이용자들은 이를 '제페토 드라마', 줄여서 '젤드'라고 부르기도 합니다. 유튜브를 통해서 유통되기도 하는데요, 유튜브 조회수가 수만 건이 넘는 콘텐츠들도 있습니다.

이 같은 길은 누구에게나 열려 있습니다. 언제든 소비자에서 생산자로, 생산자이자 소비자로 경계를 넘나들 수 있습니다. 이 과정에서 지금의 시선으로는 설명할 수 없는 수많은 직업들이 꾸준히 등장할 것입니다. 그게 메타버스 세상의 특징이죠.

기업은 메타버스호에
어떻게 승선해야 할까?

기업과 정부, 기관은 메타버스에 어떻게 올라탈 수 있을까?
기업이 메타버스를 주로 어떻게 활용하는지 살펴보자.

그렇다면 기업, 그리고 기업을 포함한 많은 공공기관과 단체는 메타버스에 어떻게 뛰어들 수 있을까요? 많은 이들이 고민하는 부분일 것입니다. 또한 가장 많은 질문을 받는 부분이기도 하죠. 마치 인터넷이 처음 보급될 때 많은 회사에서 부랴부랴 웹사이트를 꾸미고, 너도나도 자사의 앱app을 출시하던 2010년대 초반의 스마트폰 보급 시기를 연상케 합니다.

▌넥스트 로블록스는 나, 독자 플랫폼을 만드는 기업들▐

기업이 메타버스에 접근하는 방식도 둘로 나눠볼 수 있습니다. 새로운 메타버스 플랫폼을 만들어 기존의 플랫폼과 경쟁을 하느냐, 아니라면 이미 만들어진 메타버스 플랫폼 위에 올라타 활용하느냐이죠. 결국 기업도 메타버스 플랫폼 위에서는 소비자가 되는 것입니다.

제대로 된 메타버스 플랫폼을 새로 구축하고 이를 서비스하는 것은 결코 쉬운 일이 아닙니다. 이용자들을 불러모으고, 붙잡아둘 수 있는 '킬러 콘텐츠Killer Contents'가 없으면 서비스를 유지하기가 힘들죠. 이용자들이 끊임없이 유입되며 콘텐츠를 생산하는 것으로 유지되는 플랫폼의 입장에서 이용자의 부재는 치명타가 됩니다.

그럼에도 플랫폼을 직접 만들며 메타버스로 새로운 기회를 잡으려는 기업들도 있습니다. 대표적인 기업이 페이스북입니다. 페이스북은 VR 기반 메타버스 SNS 서비스 〈호라이즌Horizon〉 출시를 앞두고 있습니다. 호라이즌은 페이스북의 VR 디바이스 '오큘러스 퀘스트2'를 통해 접속할 수 있는 세상입니다.

호라이즌의 정식 공개일은 2021년 말, 혹은 2022년 초가 유력한데요, 주력 서비스가 SNS인 페이스북의 메타버스 세상답게 〈호라이즌〉역시 아바타 기반의 SNS 서비스입니다. 아바타를 조종해 친구를 만나고, 미니게임을 즐기

페이스북 호라이즌 영상

며 오픈월드를 탐방하는 것이 주요 콘텐츠가 될 전망입니다.

한국의 SK텔레콤(SKT)도 플랫폼을 직접 내놓은 회사 중 하나입니다. SKT는 2021년 7월 자사의 VR 미팅 앱이었던 〈소셜VR〉과 〈버추얼 밋업〉을 확대 개편한 메타버스 플랫폼 〈이프랜드ifland〉를 출시했습니다.

한국의 SK텔레콤이 2021년 7월 자사의 VR 미팅 앱이었던 〈소셜VR〉과 〈버추얼 밋업〉을 확대 개편해 출시한 메타버스 플랫폼 〈이프랜드(ifland)〉. ©SKT

이프랜드는 온라인 모임에 특화한 개방형 메타버스 플랫폼입니다. 코로나19 시대 이용자의 소통 공간을 시작으로 다양한 산업과 결합하는 가상 경제활동 공간으로 확장하겠다는 계획도 내놓았습니다. 지금은 최대 131명이 모임을 갖고 음성으로 소통할 수 있는 공간을 제공하는 것이 〈이프랜드〉의 주력 콘텐츠입니다. 이에 맞춰 많은 기업과 대학, 지자체 등이 SKT와 제휴해 비즈니스 포럼, 신제품 발표회 등 다양한 행사를 열고 있습니다.

다른 메타버스 플랫폼과 마찬가지로 〈이프랜드〉에도 아바타가 존재합니다. 이용자들은 이 아바타를 조종해 회의에 참석하고, 다른 이용자들과 음성 대화를 나눌 수 있죠. 연내에 스튜디오를 개방해 이용자들이 공간은 물론 아바타를 위한 의상 제작까지 할 수 있도록 한다는 계획입니다. 오픈월드에 샌드박스, 그리고 아바타까지 갖춘 메타버스 플랫폼이 목표인 것이죠.

이외에도 많은 기업들이 메타버스에 관심을 보이고 또 그 세상에 합류하려고 노력하고 있습니다. 정부도 마찬가지입니다. 국가발전 전략인 '디지털뉴딜2.0' 계획에 메타버스를 핵심 과제로 포함시켰습니다. 앞으로 5년간 47조 원을 투입해 메타버스 산업을 집중 육성한다는 계획까지 내놓았죠.

코로나19를 피하는 대피소가 된 메타버스

하지만 기업이든 정부든 메타버스 세상에 뛰어들기란 쉽지 않습니다. 특히 메타버스 플랫폼을 개발하는 일은 더욱 어렵죠. SKT처럼 메타버스 시대에 대응하기는 쉽지 않습니다. SKT는 거대한 메타버스 세상은 아니더라도, VR을 기반으로 한 미팅 서비스를 운영해온 경험이 이미 있기에 빠르게 메타버스 플랫폼을 출시하는 대처가 가능했죠.

그래서 대부분의 기업과 정부 기관들은 기존에 있는 메타버스 플랫폼에 올라타는 것을 우선적으로 하고 있습니다. 그중에서도 메타버스 공간을 활용하는 데 주력하고 있습니다. 모임에 제약이 없는 가상세계를 오프라인 공간의 대체재로 활용하는 것이죠. 코로나19의 영향으로 오프라인 모임이 제한된 상태에서 가장 큰 대체효과를 볼 수 있는 곳이 메타버스 공간이기도 합니다.

어쩌면 자연스러운 일입니다. 항상 산업발전은 필요에 의해 성장했으니까요. 그리고 그 발전의 속도는 매우 빠릅니다. 코로나19 초기에는 화상채팅이 각광받았습니다. 줌Zoom이나 구글 밋업MeetUp과 같은 서비스들이 대표적이죠. 이런 플랫폼을 통해 화상회의, 화상수업, 화상강연 등이 진행되었습니다. '웹을 이용한 세미나'라는 뜻의 웨비나Web+Seminar라는 합성어도 크게 유행했죠.

하지만 이내 이용자들은 피로감을 호소합니다. 작은 렌즈를 통해 이뤄지는 화상회의에서 오는 좁은 시야각, 화상회의 프로그램에 떠 있는 어색한 자신의 얼굴 등이 그 이유죠. 오프라인 회의나 모임에 비해서는 확언히 떨어지는 몰입감이 스트레스로 돌아오는 것입니다. 이를 두고 '줌 피로증후군Zoom Fatigue'이라는 신조어도 등장했습니다. 그래서 선택된 것이 메타버스입니다. 오프라인 모임에서의 경험을 조금이라도 더 살리고, 이용자들이 몰입할 수 있게 하는 것이죠. 회사 내의 회의는 물론 각종 행사까지 메타버스 세상으로 들어가기 시작했습니다. 그 속에서 기존의 메타버스 플랫폼이 갖는 장점을 적극 활용하고 있죠.

그렇다면 메타버스는 어떻게 쓰이고 있을까요? 이에 대해서는 〈포트나이트〉 개발사인 에픽 게임즈의 CEO인 팀 스위니가 정확하게 표현해두었습니다. 바로 오프라인 공간의 대체재, 코로나19를 피하는 대피소로서의 메타버스죠.

메타버스는 만남의 장소가 될 것입니다. 브랜드들은 단순 홍보가 아닌 실제 소비자 경험을 전달하기 위해 메타버스에 참여하게 될 것입니다.

그의 말처럼 메타버스 공간은 만남의 장소, 그리고 홍보의 장소로 이용됩니다. 많은 인원이 감염과 공간 걱정 없이 한곳에 모일 수 있고, 가상세계 속 다양한 요소들을 활용해 원하는 대로 홍보가 가능합니다. 소비자들에게 새로운 경험을 줄 수 있죠. 지금부터는 그 사례들을 구체적으로 살펴보겠습니다.

직방은 왜
사무실을 폐쇄했을까?

메타버스 공간을 사무실로 이용하는 대표적인 기업 '직방'.
메타버스 빌딩을 짓고 이를 임대하는 사업까지 진출하고 있다.

많은 기업들이 업무 공간으로 메타버스를 선택하고 있습니다. 우선 2020년 3월 시작된 코로나19의 영향이 가장 큽니다. 사무실에서 확진자 한 명이 발생하기만 해도 사옥 전체를 폐쇄해야 하는 혼란 속에서 많은 기업들이 재택근무 혹은 원격근무로 전환하는 추세입니다.

그렇게 근 2년, 원격근무도 완벽한 답은 아니었습니다. 메신저와 문서로만 이루어지는 소통에는 한계가 있죠. 결국 아이디어는 사람 사이의 만남에서 나옵니다. 구글과 같은 혁신 기업이 괜히 직원들이 오가면서 마주치도록 건물 동선을 조정하고, 사방에 회의공간을 마련하는 것이 아닙니다.

물론 스크린을 통해서이지만 서로의 얼굴을 보고 대화할 수 있는 줌, 구글 미트Google Meet 같은 화상채팅 앱도 활용하고 있습니다. 하지만 회의를 할 때만 잠깐잠깐 이용하는 이런 앱으로는 실재감을 주기 어렵습니다. 화상 회의로는 집중이 잘 안 되고, 장기적으로는 업무 생산성의 하락을 호소하는 경우도 많이 나타나고 있습니다. 출근이 사라지니 일과 생활의 경계가 사라진다는 부작용을 말하는 이들도 있습니다.

▎나도 있고, 내 자리도 있는 〈화해〉의 메타버스 사무실 ▎

그래서 그 대안으로 메타버스 사무실을 도입하는 기업들이 늘고 있습니다. 이 가상세계에서는 아바타로 출근하고, 자리를 찾아 앉고, 퇴근 시간이 되면 아바타가 사무실을 떠나죠. 여기에 화상채팅, 음성채팅 기능을 덧보태 조금 더 현실감 넘치는 의사소통을 가능하게 하는 플랫폼들이 속속 등장하고 있습니다.

화장품 정보를 알려주는 앱 〈화해〉를 서비스하고 있는 〈버드뷰〉는 최근 업무용 메타버스 플랫폼 '개더타운Gathertown'에 사무실을 마련했습니다. 100명이 넘는 직원들이 메타버스 사무실로 출근해 업무를 처리하고, 회의를 하고 있습니다. 분기별로 진행하는 사내 행사인 OKR데이OKR Day도 메타버스에서 진행합니다.

개더타운은 2020년 미국에서 창업한 메타버스 업무 플랫폼 스타트업입니다. 마치 고전 게임과 같은 8비트bit 배경과 아바타를 이용해 업무를 할 수 있는 솔루션을 제공합니다.

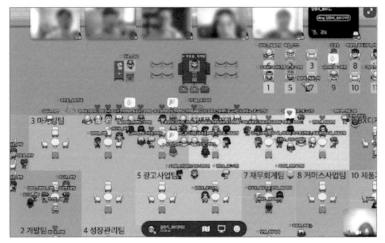

화장품 정보를 알려주는 앱 〈화해〉를 서비스하고 있는 〈버드뷰〉의 '개더타운' 사무실. ©버드뷰

　이용자들은 자신의 아바타를 생성하고, 사무실 맵에 접속해 출근합니다. 이후 자신의 아바타를 조종해 자신의 자리로 옮겨 착석한 뒤 업무를 진행하면 됩니다. 그러다 회의가 있으면 회의실로 아바타를 이동하죠. 다른 아바타와 가까이 다가서게 되면 자동으로 줌과 비슷한 화상채팅이 연결됩니다. 그럼 이용자끼리 자연스럽게 음성대화를 나누면 됩니다.

　그리고 회의 시간이 끝난 뒤 아바타들이 각자의 자리로 흩어지면, 그러니까 아바타와 아바타 사이의 간격이 멀어지면 이 음성대화는 점점 잘 안 들리게 됩니다. 그러다가 최종적으로는 음성대화가 자동으로 끊어지게 되죠. 비대면이지만 현실 속 대화의 느낌을 극대화한 구조입니다.

┃아예 메타버스에 사옥을 세운 직방┃

부동산 중개 플랫폼 '직방'도 2021년 2월 서울 서초동의 본사 사무실을 폐쇄했습니다. 그리고 재계약도 하지 않았습니다. 사무실을 아예 없앤 것이죠. 대신 270여 명에 달하는 직원들은 개더타운으로 모였습니다. 코로나19로 재택근무가 장기화하는 상황에서 사무실 임대료도 아끼고, 직원들의 복지도 증진하기 위한 차원이죠.

직방은 2021년 6월에는 아예 사옥을 지어서 이전해버렸습니다. 그것도 메타버스 공간 안에서 말이죠. 직방은 기존에 이용하던 개더타운을 떠나 직접 개발한 메타버스 업무 공간 '메타폴리스'를 소개했습니다.

부동산 중개 플랫폼인 직방이 직접 개발한 메타버스 업무 공간 '메타폴리스'의 사무실 모습. 아바타를 이용해 한 공간에 모여 회의를 할 수 있다. ⓒ직방

30층으로 구성된 빌딩 형태의 세상인 메타폴리스 안에는 아바타 전용 엘리베이터가 있고, 4층에는 실제로 직방이 입주해 있습니다. 개더타운과 마찬가지로 아바타를 이용해 사무실에서 일을 하고, 동료 직원에게 접근하면 화상통화를 통해 대화할 수 있습니다.

직방은 아예 메타폴리스를 서비스하는 플랫폼 기업으로도 변신을 시도하고 있습니다. 총 메타폴리스를 30개 층으로 구성한 것 역시 이 같은 의도입니다. 지금은 한 층만 직방이 이용하고 있는데요, 나머지 층은 진짜 빌딩처럼 임대를 준다는 계획입니다.

실제로 직방이 만든 메타버스 사무실 메타폴리스에 입주한 기업이 있습니다. 바로 롯데건설입니다. 롯데건설은 직방과 2021년 7월 업무협약을 맺고 메타폴리스에 사무실을 꾸렸습니다.

메타폴리스에 꾸린 사무실에는 오프라인 견본 주택, 익숙한 표현으로는 '모델하우스'가 들어섰습니다. 직접 모델하우스를 찾기 어려운 고객들을 위한 공간이죠. 고객들은 아바타로 집을 둘러보면서 분양 상담을 받거나 단지 정보를 확인할 수 있다고 합니다.

네이버 신입사원은 〈제페토〉로 출근한다고?

»»»

출근은 했지만 집에 있는 네이버와 LG의 신입사원들.
코로나19로 제한된 신입사원 교육의 해결책을 메타버스에서 찾는 기업들.

2021년 입사한 네이버의 신입사원들은 출근 첫 날 출근은 했지만, 출근하지 않았습니다. 이게 무슨 말일까요?

네이버는 2020년과 2021년 신입 입사자들을 위한 교육 과정을 모두 〈제페토〉에서 진행했습니다. 코로나19 이전까지는 춘천에 위치한 연수원에 머물며 데이터 센터, 광주 파트너 스퀘어, 일본 라인 사옥 등을 방문하며 오프라인으로 체험 및 토론 활동을 했던 것과는 정 반대입니다.

열흘간의 오리엔테이션 기간 동안 신입 개발자, 디자이너, 기획자, 경영지원 직군 등 191명은 제페토 세상으로 출근하며 소통하고 미션을 수행했다고 합니다. 신입 사원들이 회사에 방문하는 경험을

〈제페토〉에서 진행된 네이버의 신입사원 교육. 오리엔테이션 기간 동안 개발자, 디자이너, 기획자, 경영 지원 직군 등 191명은 제페토 세상으로 출근했다. ©naver

해볼 수 있도록 네이버 본사 '그린팩토리' 월드를 〈제페토〉에 만들었습니다.

최대한 현실감 있게 표현하기 위해 내부 공간을 세밀하게 구현했습니다. 예를 들어 사옥에 처음 방문하는 신입사원의 경우에는 1층 로비에서 임시 사원증을 발급받아야 내부 입장이 가능하도록 했습니다.

현대모비스 역시 〈제페토〉를 활용해 상반기에 채용한 200여 명의 신입사원 교육을 진행했습니다. LG디스플레이도 2021년 상반기에 수시채용으로 입사한 신입사원을 개더타운에서 교육했죠. 파주·구미·트윈타워·마곡 사업장을 그대로 개더타운 안에 구현했고, 신입사원들은 각자 자신의 집에서 프로그램에 접속했습니다.

개강은 했는데
넌 왜 집에 있니?

▶▶▶

메타버스 세상 속으로 들어가는 대학의 축제.
캠퍼스를 그대로 구현하고, 아바타 화상채팅으로 동아리 홍보까지 한다.

코로나19로 인한 전 세계적인 봉쇄조치로 많은 이들의 일상이 멈췄습니다. 그중에서도 가장 많은 변화가 있었던 분야는 교육입니다. 초·중·고등학교는 물론 대학교까지 등교가 이루어지지 않았죠. 대부분이 화상 강의로 대체되었습니다.

등교하지 않는데도 지불하는 수업료의 적절성에 대한 논의는 차치하더라도, 학교에서 얻을 수 있는 수업 외적인 부분들이 제한되는 것에 대한 우려와 아쉬움이 많았습니다. 당장 교우들과의 만남이 제한되었습니다. 축제, 동아리 활동 같은 놀거리들도 사라졌죠.

실제로 코로나19가 지속되는 사이 대학교에 입학한 신입생들, 소위 20학번과 21학번 학생들은 교수는 물론 동기생들과 선배 학생들의 얼굴을 실제로 본 적이 없다고들 합니다. 3월이면 학교 곳곳에 설치되던 동아리 가두모집 부스도 사라졌죠. 1학기 중간고사가 끝나고 여름으로 넘어가기 직전 열리는 대학 생활의 꽃, 축제도 열리지 않았습니다.

캠퍼스를 메타버스 속으로, 그곳에서 축제를

그래서 메타버스 안에 대학교 캠퍼스가 들어서기 시작했습니다. 그깃도 학교의 건물들을 그대로 가상세계로 옮기는 디지털 트윈 형태로 말이죠. 캠퍼스를 한 번도 경험해보지 못한 학생들을 위해서입니다. 이런 가상 캠퍼스는 우선은 대학교의 외형을 복제하는 데 집중합니다. 대표적인 사례가 영남대학교입니다. 마치 미국의 UC 버클리 학생들이 직접 마인크래프트에 캠퍼스를 건설했듯, 영남대 학생들도 의기투합해 마인크래프트 세상 속에 학교 캠퍼스를 그대로 옮겨 담았습니다.

철학, 컴퓨터공학, 화학, 신소재공학, 영어영문학, 가족주거학, 시각디자인 등 다양한 전공자들이 모인 영남대 마인크래프트 동아리 YUMCYeungnam Univ. Minecraft Server가 이 작업을 주도했습니다.

2020년 2월 창립된 YUMC의 회원 300여 명은 자발적으로 마인크래프트 속에 캠퍼스를 꾸몄습니다. 영남대를 상징하는 중앙도서관을 시작으로 학생회관, 노천강당, 천마아트센터, 국제교류센터 등 교내 주요 건물이 현실 세계의 모습 그대로 구축되어 있습니다.

도서관 열람실 내 게시판 기능을 이용해 영남대 맛집, 수강신청

메타버스 세상 안에 구현된 건국대학교 캠퍼스. 건국대학교는 2021년 봄 축제를 메타버스에서 개최했다. ⓒ건국대학교

영남대학교 메타버스
캠퍼스 투어

팁, 시험 정보와 같은 정보도 공유했습니다. 학생들이 중심이 되어 입학식은 물론, 군 입대 송별회 같은 각종 교류 모임과 행사도 개최하고 있습니다. 메타버스 캠퍼스가 현실 캠퍼스의 기능을 대체한 것이죠.

건국대학교도 봄 축제를 메타버스에서 열었습니다. 2021년 5월 17일부터 3일간 열린 봄 축제를 VR게임 기업 '플레이파크'와 함께 정교하게 구현한 '건국 유니버스'에서 진행했죠.

대표적인 AR 게임인 포켓몬GO처럼 캠퍼스 이곳저곳에서 등장하는 길고양이·거위·자라 같은 학교 명물을 발견해 인증하는 이벤트나, 가상 학생회관에서 퀴즈를 푸는 방탈출게임 등이 포함되어 있었습니다. 학생들은 자신의 아바타를 이용해 접속했고, 킥보드를 타고 캠퍼스 이곳저곳을 누리며 자유롭게 축제를 즐겼다고 합니다.

숭실대학교도 봄 축제를 개더타운에서 진행했습니다. 메타버스 세상 안에 공학관, 중앙분수 등 학내 주요 시설과 단과대·동아리별 홍보 부스를 구현했는데요, 부스에 앉아 있는 선배 아바타에게 신입생들이 다가가면 자동으로 대화가 연결되는 방식으로 진행했죠. 연세대학교 총동아리연합회 역시 개더타운을 이용해 홍보 행사를 가졌다고 합니다.

순천향대학교는 SKT의 메타버스 플랫폼인 〈이프랜드〉의 전신인 〈점프VR〉에서 2021년도 입학식을 열었습니다. 학교 대운동장을 점프VR 세상 속에 구현했고, 2,500명이 넘는 신입생의 아바타들이 입학식에 참석할 수 있었죠. 최근에는 2022년도 입학설명회 역시 가상 캠퍼스에서 진행했다고 합니다.

대학 축제 가운데 가장 유명한 행사라고 할 수 있는 연세대학교와 고려대학교의 정기전, 소위 연고전(고연전)도 2021년엔 메타버스에서 열릴 예정입니다. 2020년에는 코로나19의 여파로 행사가 취소되었는데요, 2021년에는 이프랜드를 활용해 행사를 개최할 예정이라고 합니다. 메타버스가 돌파구가 된 셈이죠.

연고전은 축구, 농구, 야구 등 각종 스포츠 경기를 중심으로 진행되는데요, 실제 경기는 무관중으로 진행하고 응원전만 메타버스 세상에서 열립니다. 학생들은 아바타로 가상 경기장에 모여 함께 경기를 지켜보면서 다양한 감정 표현 기능을 통해 열렬한 응원을 할 예정입니다.

│ 수업도 메타버스에서, '메타버시티'의 등장 │

교육계에서는 단순히 캠퍼스를 메타버스로 옮기는 것을 넘어서는 시도도 일어나고 있습니다. 메타버스를 오프라인의 대체재 그 이상으로 이용해보려는 움직임이죠. 메타버스 세상의 실재감과 소통 기능을 활용하는 것입니다.

메타버스 공간에 차려지는 대학. 이를 두고 메타버스와 대학을 결합한 '메타버시티Metaverse+University'라는 신조어도 등장했습니다. 메타버시티의 가장 큰 장점으로는 확장성이 꼽힙니다. 공간의 제약 없이 많은 학생들이 한곳에 모여서 수업을 들을 수 있다는 점이죠. 이를 통해 차별 없는 교육이 가능해집니다.

한 단계 높은 수준의 강의도 가능합니다. 가상이지만, 더욱 현실감 넘치고 실용적인 강의가 가능해지죠. 지금의 칠판과 PPT 중심의 현장 강의, 그리고 지루한 동영상 강의를 벗어날 수 있게 됩니다. 메타버스 세상에서 교수 아바타와 학생 아바타가 만나 3D로 구현된 다양한 사물들을 조작하며 수업을 진행할 수 있게 됩니다.

특히 실험, 실습과 같은 활동에서 제약이 사라집니다. 메타버스 실험실 안에서는 모든 학생들이 동시에 실험과 실습을 할 수 있게 됩니다. 실제 경험이 중요한 의학, 공학, 예술 계통의 학과에서 이같은 메타버스 강의장이 더욱 큰 효과를 발휘할 것이란 전망입니다.

많은 대학이 이미 이 같은 가상 강의장을 열고 있습니다. 그중에서도 대표적인 것이 숙명여자대학교의 창업 특강입니다. 숙명여대는 2021년 7월 AI 기반 온라인 법률 자문 기업 '리걸줌LegalZoom'의

숙명여자대학교에서 진행된 메타버스 강의. 미국 메타버스 스타트업 '스페이셜웹' 솔루션을 이용해 강의실을 구축했다. ⓒ숙명여자대학교

존 서, 전 CEO의 강의를 메타버스에서 진행했습니다.

강의는 미국의 메타버스 스타트업 '스페이셜웹Spatialweb.net'에서 진행되었습니다. 스페이셜웹에 원형 강의장 '숙명 버추얼 오디토리움Sookmyung Virtual Auditorium'을 구축했죠. 200명이 넘는 학생이 강연에 참여했는데, 실제 오프라인 강의장에 출석한 학생은 5명뿐이었다고 합니다.

고려대학교도 SKT와 협약을 맺고 교과 및 비교과 활동 등 캠퍼스 내 다양한 영역에 적용하기로 했습니다. 〈이프랜드〉 플랫폼을 이용해 비대면 수업을 일부 대체한다는 계획입니다. 국제교류, 사회봉사 등 비교과 활동에도 이 플랫폼을 활용할 계획이라고 합니다.

대통령 선거도
메타버스로?

사람이 모이는 곳으로 향하는 정치.
대선을 앞둔 정치인들도 메타버스 세상으로 향한다.

정치권도 메타버스에 뛰어듭니다. 두 가지 이유 때문입니다. 평균 연령 55세인 대한민국 국회의 올드함을 극복하고 MZ세대와의 소통 창구를 만들겠다는 것이 첫 번째 이유입니다. 그리고 코로나19로 대면 모임이 힘들어진 상황에서 최대한 유권자와의 접점을 넓히겠다는 것이 두 번째 이유죠.

|〈제페토〉에 나붙은 선거 포스터|

당장 2022년 대통령 선거를 앞두고 정치인들의 메타버스 열풍이 거셉니다. 한국 정치인들이 뛰어든 메타버스 플랫폼은 주로 〈제페토〉입니다. 한국 서비스이기도 하고, MZ세대 이용자 비중이 전체의

PART 4 어떻게 메타버스에 올라탈 수 있을까?

80%로 압도적으로 높기 때문입니다. 미래의 유권자, 혹은 첫 투표를 하는 이들을 사로잡겠다는 의도죠.

오픈월드인 〈제페토〉 안에서 각자의 공간인 맵Map을 만들어 개인 공간으로 활용하고 다른 이용자를 초대할 수 있는 기능이 있다는 것도 한몫 합니다. 선거사무실이나 여의도 의원회관 의원실을 콘셉트로 맵을 꾸미고, 그 안에서 유권자들과 소통할 수 있기 때문이죠.

가장 먼저 뛰어든 것은 원희룡 제주도지사입니다. 원 지사는 '업글희룡'이라는 이름으로 아바타를 만들고 유권자들과 소통했습니다. 대선 출마 선언도 〈제페토〉에서 진행했습니다.

이낙연 전 대표와 이재명 경기도지사, 김두관·박용진 의원 등 더불어민주당 대선 예비후보들도 메타버스를 이용해 팬미팅을 진행했습니다. 몇몇 후보들은 〈제페토〉에 자신의 월드를 만들고 월드 곳곳에 공약이 적힌 게시물과 포스터들을 배치하고 출마 선언을 진행했습니다.

한발 더 나가 더불어민주당은 대선 경선에도 메타버스를 활용했습니다. 이를 위해 직방의 메타버스 공간 '메타폴리스'의 7개 층을 임대해 메타버스 당사를 차렸습니다. 1개 층에는 중앙당사가 들어서고, 나머지 6개 층은 경선에 나서는 각 후보들의 캠프를 꾸렸습니다.

메타버스 당사와 캠프에서 후보 대리인 설명회, 지지자 간담회, 기자간담회 등 다양한 경선 실무와 이벤트를 진행중입니다.

∣ 미국은 2016년 대선에서부터 메타버스 ∣

정치인들이 메타버스에 뛰어든 일은 한국이 처음은 아닙니다. 조 바이든 대통령은 선거 유세 당시 닌텐도의 게임 〈모여봐요 동물의 숲〉에 자신의 홍보용 섬을 만들었습니다. 게임 속에서 섬은 이용자들이 만들 수 있는 개인 공간 혹은 개인 월드입니다.

바이든의 섬 이름은 '바이든 본부Biden HQ'였는데요. 섬에 위치한 선거사무소에는 실제 바이든 후보 캠프 사무실을 그대로 재현해두었습니다. 정신없는 선거 과정을 보여주듯 바닥에 종이뭉치들이 굴러다녔습니다. 켜져있는 노트북, 쌓여있는 박스, 바닥에 떨어진 포스터 등도 있었죠.

섬에는 투표소도 차렸습니다. 이 지역에 투표를 독려하는 포스터를 걸고, 선거일과 투표 방식 등을 소개했습니다. 바이든 아바타도

2020년 미국 대선 당시 닌텐도의 게임 〈모여봐요 동물의 숲〉에 자신의 홍보용 섬을 만든 조 바이든 미국 대통령. ⓒNintendo

섬 곳곳을 끊임없이 돌아다녔는데요. 아바타를 만나 말을 걸면 대선 캠페인 슬로건을 대사로 읊었습니다. 바이든 아바타와 함께 인증사진을 찍는 이벤트도 진행했고요.

2016년 미국 대통령 선거에서는 힐러리 클린턴 당시 민주당 후보도 〈포켓몬GO〉를 선거 캠페인에 활용하기도 했습니다. 〈포켓몬 GO〉에서는 어떤 공간에 포켓몬이 등장하면 그곳을 찾아 포켓몬을 포획하는 방식입니다. 이때 특정 '유혹 모듈'이라는 특정 아이템을 이용하면 포켓몬 출몰 빈도를 높일 수 있는데요, 힐러리 캠프에서는 이를 이용해 유세장과 투표장 인근에 유혹 모듈을 설치했습니다. 출현한 포켓몬을 잡기 위해 모여드는 게이머들에게 지지를 호소한다는 계획이었죠.

메타버스에 편의점 열고,
호텔도 열고

메타버스 플랫폼에 자신들의 공간을 만드는 기업들이 늘어나고 있다.
CU 편의점과 현대차는 메타버스에서 고객들에게 어떤 즐거움을 줄까?

| 〈제페토〉로 뛰어드는 기업들 |

메타버스 공간은 마케팅 용도로도 적극 활용되고 있습니다. 유통,
제조, 관광 등 다양한 업종에서 뛰어들고 있죠.

기업들은 가상의 공간으로 옮길 수 있는 대상이 있다면 그대로 복
제해서 전시하는 방식을 사용하고 있습니다. 때로는 이용자들이 가
상의 세계에서 제품을 체험해볼 수 있게도 합니다. 팀 스위니가 말
한 '브랜드 홍보 공간으로서의 메타버스'로 적극 이용하고 있는 것
이죠.

한국의 기업들은 메타버스 플랫폼 중에서도 〈제페토〉를 가장 많이
선택하고 있습니다. 〈로블록스〉 〈포트나이트〉와 달리 국내 기업에

제페토 '한강공원' 월드에 마련된 유통기업 BGF리테일의 편의점 브랜드 CU매장. 매장 내부에는 실제 편의점에서 판매하는 상품들이 전시되어 있다. ©BGF리테일

서 운영하는 서비스이다 보니 접근성이 높기 때문이죠. 많은 기업들이 〈제페토〉 운영사인 '네이버제트(네이버Z)'와 협약을 맺고 〈제페토〉속 브랜드 공간 꾸미기에 한창입니다.

대표적인 사례가 체인 편의점 CU를 운영하는 BGF리테일의 CU 제페토 한강공원점입니다. BGF리테일은 〈제페토〉의 한강공원 월드에 실제 편의점과 똑같은 형태의 메타버스 편의점을 열었습니다. 삼각김밥과 핫바, 스낵 등 실제 편의점 음식을 똑같이 따라 만든 아이템들을 비치했습니다. 이용자들은 아바타를 이용해 즉석 라면 기기에서 라면을 끓여 먹는 행동도 할 수 있다고 합니다.

호텔 업계에서도 한화호텔앤드리조트가 업계 최초로 〈제페토〉에 서핑 호텔을 열었습니다.

2021년 7월 1일 강원도 양양에 개장한 서핑 전문 호텔 브리드호

텔양양(Breathe By MATIÈ)을 메타버스에 그대로 구현했습니다. 온·오프라인을 통합 마케팅 전략 차원에서죠. 제페토 세상 속에 꾸며졌던 구찌와 크리스챤 루부탱의 쇼룸 역시 이 같은 사례 중 하나입니다. 오프라인에 꾸며진 매장과 똑같은 구조의 가상 매장에 같은 물품들을 배치했죠.

현대차도 제페토 세상에 뛰어들었습니다. 〈제페토〉의 다운타운 월드와 드라이빙 존 월드에 신형 자동차인 쏘나타 N 라인을 그대로 구현하고 시승할 수 있게 했습니다. 이용자들은 시승도 해보고, 제페토 드라마의 소재로 이용하는 등 자동차를 이용해 다양한 콘텐츠를 만들 수 있었죠.

〈제페토〉가 아닌 다른 플랫폼을 선택한 회사들도 있습니다. 롯데하이마트는 닌텐도의 메타버스 세상인 〈모여봐요 동물의 숲〉에 브랜드 공간을 차렸습니다. 〈모여봐요 동물의 숲〉에서는 이용자들의 공간을 '섬'으로 부르는데요, 롯데하이마트는 이 세상에 자체 브랜드Private Brand·PB인 하이메이드를 홍보하기 위한 '하이메이드섬'을 직접 꾸렸습니다.

섬은 베이직·디자인·시리즈·아이디어 총 4개 공간으로 나눠 꾸며졌습니다. 각 공간마다 해당 라인업의 제품 이미지를 담은 액자들을 배치했죠. 곳곳에 방문 인증 사진을 남길 수 있는 공간도 마련했습니다.

┃공간이 아니더라도 이벤트를 ┃

군이 공간을 마련하지 않더라도, 홍보용 이벤트 역시 메타버스 세상에서 진행하고 있습니다. 입장 인원 제한이 없고, 다양한 요소들을 화려하게 보여줄 수 있다는 장점을 적극 활용한 경우이죠. 주로 일회용 행사로 끝나는 경우가 많지만 이러한 이벤트를 통해 기업들의 메타버스에 대한 관심을 확인할 수 있습니다. 기업 입장에서도 본격적으로 메타버스에 세상을 구축하기 전 '찍먹(살짝 찍어 맛만 본다는 뜻의 은어)' 해보는 기회도 되죠.

대표적인 회사가 빙그레입니다. 빙그레는 식품업계에서 몇 년 전부터 '세계관 마케팅'을 펼쳐 화제였습니다. 특히 1986년 출시한 빙그레의 대표 스낵 중 하나인 '꽃게랑'이 사실은 러시아의 국민 과자인 '끄랍칩스'이고, 2021년에 한국에 진출한다는 스토리텔링을 덧댄 세계관 마케팅을 펼치는 중입니다.

2021년 7월 '끄랍칩스'를 만드는 가상의 러시아 회사 '게르과자 인터내셔널'이 메타버스 세상에서 한국 진출 성과보고회를 겸한 언택트untact 파티를 개최했습니다. 행사는 SKT의 메타버스 플랫폼 이프랜드에서 진행했는데요, 성과보고회와 퀴즈 이벤트, 기념사진 촬영 등 현실의 행사를 그대로 재현했습니다.

행사에는 초청받은 팬들 70여 명의 아바타와 게르과자 인터내셔널의 대표이사인 게르과자 마시코프의 아바타도 함께 참여했다고 합니다. 물론 게르과자 마시코프도 가상의 인물입니다.

삼성전자도 2021년 8월 같은 플랫폼에서 '갤럭시Z폴드3'와 '갤럭

성/공/석/인 끄랍칩스의 한국 시상 진출을 기념하는

게르과자 랜선파티

"우리 한 번
제대로 놀아봅시다."

빙그레가 세계관 마케팅 일환으로 진행하고 있는 '끄랍칩스' 캠페인. 실제로는 '꽃게랑'이지만 가상의 러시아 회사 게르과자 인터내셔널이 한국에 수출하고 있다는 설정이다. ©빙그레

시Z플립3' 출시 기념 파티를 열었습니다. 삼성전자는 새로운 갤럭시 시리즈를 출시할 때마다 팬파티Fan Party를 여는데요, 이번에는 처음으로 가상공간에서 진행했다고 합니다. 총 1,400명이 참가했다고 합니다.

2시간 동안 진행된 이 행사에서는 가수 비비BIBI와 릴보이의 공연은 물론 유튜브 〈피식대학〉에서 인기를 누리고 있는 최준의 인터랙티브 드라마 상영회까지 열렸습니다.

메타버스 공간 만들기,
이것으로 플랫폼에 올라탄 걸까?

기업들이 메타버스를 통해 전달한다는 '새로운 경험'은 진짜일까?
지금부터는 메타버스 세상에 어떻게, 뭘 구현하느냐의 싸움이다.

　이처럼 많은 기업들이 업종을 가리지 않고 메타버스 플랫폼에 올라타고 있습니다. 자신들의 서비스와 자산을 메타버스에 복제하면서 이용자들을 끌어들이고 있죠. 메타버스는 오프라인 공간의 한계와 코로나19로 인해 어려워진 대면 홍보 활동을 극복하기 위한 장입니다.

　고객뿐 아니라 직원들을 위해서 메타버스를 활용하기도 합니다. 업무를 개선하고, 새로운 경험을 줌으로써 조직문화를 개선하기 위해서죠. 네이버와 직방의 사례가 대표적입니다. 일부 회사는 경영진들이 아바타로 등장해 직원들과의 소통 창구로 메타버스를 활용하기도 합니다.

정부 산하 기관들도 각종 행사를 메타버스로 옮겨 개최하고 있습니다. 일일이 설명하기 어려울 정도로 많은 행사들이 메타버스 플랫폼 위에서 열리고 있습니다. 이런 행사들을 위해 메타버스 공간을 대신 꾸며주는 업체들도 생기고 있습니다. 디지털 건축업자, 메타버스 건축업자라고 할 수 있겠죠.

3D 봉지과자가 새로운 고객경험이 될까?

이를 지켜보면서 다음과 같은 의문도 듭니다. 이런 방식으로 메타버스를 활용하는 것이, 기업들이 진짜 메타버스에 올라탔다고 할 수 있는지 말입니다. 과연 기업이 말하는 대로 '새로운 경험'을 제안하고, 이를 통해 장기적으로 새로운 성장동력을 확보하고 있는지도 의문이 듭니다.

많은 기업들이 메타버스를 대체공간으로만 활용하고 있습니다. 물론 기업 입장에서는 가상세계라는 새로운 공간을 활용해 이용자들에게 '새로운 경험'을 제안한다고 말하고 있습니다. 틀린 말은 아닐 것입니다. 고객들에게 메타버스 세상과 이곳에 꾸려진 기업들의 가상공간은 분명히 새로운 경험이죠.

하지만 이 경험은 기업이 주는 것이 아닙니다. 메타버스라는 새로운 세계, 가상현실이라는 새로운 서비스 그 자체에서 나오는 신선함에 가깝죠. 메타버스 플랫폼을 통해 제공되는 서비스의 내용이 신선한 것이 아닙니다. 이제 대부분이 비슷한 형태이죠. 기업들의 오프라인 홍보 행사의 모습이 거의 비슷했듯, 가상세계로 옮겨온 이 행사들의 내용 역시 비슷합니다.

유사한 콘텐츠의 범람 속에서 메타버스 세상을 바라보고 있으면 "코로나19가 끝나면 메타버스도 끝"이라는 비관론자들의 지적도 일리가 있어 보입니다. 오직 오프라인 공간의 대체재로의 메타버스는 오랜 시간 지속될 수 없죠.

우리에게 오프라인이 완전히 돌아오는 순간, 메타버스 공간은 기업에게도, 이용자들에게도 매력 없는 공간이 되죠. 아무리 현대차에서 〈제페토〉에 실물과 유사한 소나타를 구현하고 트랙을 만든다고 해도, 실제 운전의 '손맛'은 구현하기 어려우니까요.

▌문제는 경험이야 바보야! ▌

1992년 미국 대통령 선거 당시 민주당의 빌 클린턴 후보 진영에서 내걸었던 유명한 선거 운동 문구가 있습니다.

"문제는 경제야. 바보야!It's the economy, stupid!"

당시 미국이 겪고 있던 불황 문제를 정확히 짚어낸 선거 슬로건으로 유명하죠. 냉전 시기가 끝나고, 경제 전쟁의 시기가 왔다는 점을 확실히 어필한 슬로건이었습니다. 대선을 바라보는 관점 자체를 바꾼 덕에 클린턴 후보는 현직 대통령이던 공화당의 조지 H. W. 부시를 누르고 승리했습니다.

메타버스에 제대로 올라타기 위해서는, 그리고 코로나19 이후에도 메타버스를 통한 비즈니스 기회를 창출하고 싶다면 관점을 바꿔야 합니다. 지난 1년이 누가 더 빨리 메타버스 세상에 '무엇인가를' 구현하느냐의 경쟁이었다면 지금부터는 어떻게, 무엇을 구현하느냐의 싸움이 될 것입니다. 이용자들에게 어떤 가치와 고객경험User Experience·UX을 전달할지에 대한 고민이 필요한 시기가 왔습니다.

스마트폰이 보급되고, 모바일 환경이 새로운 시대를 열 무렵도 마찬가지이죠. 새로운 디바이스의 등장으로 많은 이들이 열광했지만, 의심의 눈길을 보내는 이들도 많았습니다. 그들은 "이게 우리 삶을 어떻게 바꿀 건데?"라고 물었습니다. 여기에 대한 기업들의 응답이 카카오톡과 인스타그램, 배달의 민족과 같은 모바일 환경에 특화한 서비스들이었습니다. 이들은 손가락 하나로 펼쳐지는 새로운 삶의 방식을 제안하며 성장했죠.

그래서 메타버스를 고민하는 이들의 앞에 놓인 질문은 "뭘 할건데?"가 아니라 "뭐가 바뀌는데?" 혹은 "뭐가 좋아지는데?"입니다. 메타버스 공간, 혹은 메타버스 기술이 해결할 수 있는 고객의 패인포인트PainPoint를 정확히 찾고, 또한 적절하게 해결할 수 있어야 합니다. 그리고 메타버스가 해결할 수 있는 패인포인트는 산업군마다 모두 다를 것입니다.

조악한 그래픽을 바탕으로 옛날 오락실 게임을 연상케 하는 〈개더타운〉이 창업 1년 만에 대표적인 메타버스 플랫폼으로 발돋움 할 수 있게 된 것 역시 이런 패인포인트를 해결했기 때문입니다. 아바타를 통해 같은 공간에서 일하고 있다는 실재감과 안정감을 줬죠. 내가 필요할 때 옆자리 직원에게 말을 걸듯, 아바타끼리 다가가야 화상 대화를 활성화하는 사소한 점들이 이용자들을 불러모았습니다.

그래서 1992년 빌 클린턴에게 승리를 가져다줬던 슬로건을 메타 버스에 뛰어들고자 고민하는, 혹은 이미 한쪽 발을 담근 이들에게 전하는 말로 바꾸면 이렇게 되겠네요.

"문제는 경험이야, 바보야!It't The User Experience, stupid!"

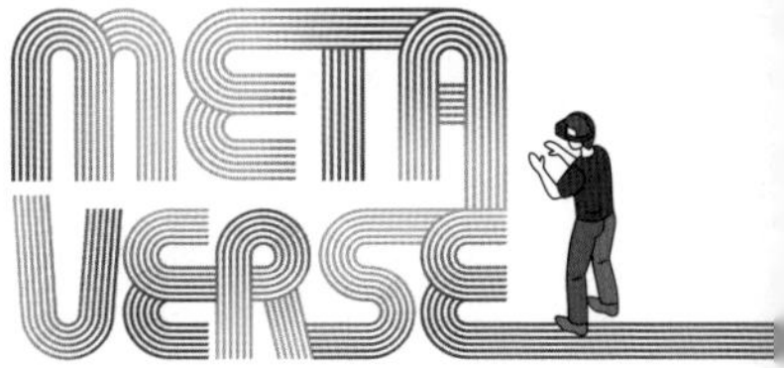
META
VERSE

메타버스 시대, 기업은 어떤 효용을 줄 것인가?

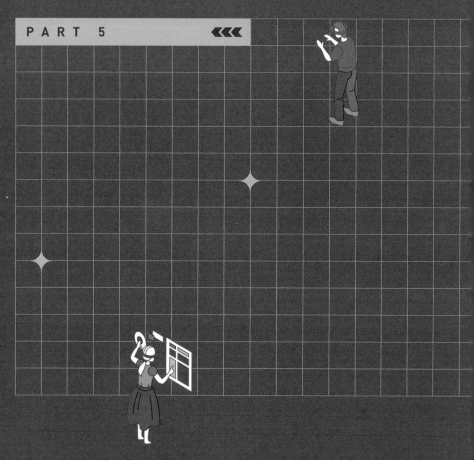

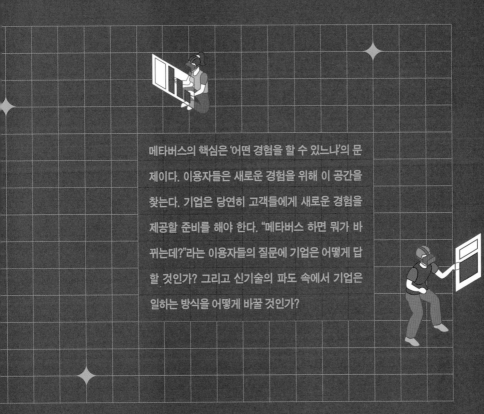

PART 5

메타버스의 핵심은 '어떤 경험을 할 수 있느냐'의 문제이다. 이용자들은 새로운 경험을 위해 이 공간을 찾는다. 기업은 당연히 고객들에게 새로운 경험을 제공할 준비를 해야 한다. "메타버스 하면 뭐가 바뀌는데?"라는 이용자들의 질문에 기업은 어떻게 답할 것인가? 그리고 신기술의 파도 속에서 기업은 일하는 방식을 어떻게 바꿀 것인가?

METAVERSE

‹‹‹

메타버스 전환,
어떤 고민을 해야 할까?

>>>

지금의 메타버스 시도는 '호기심'을 바탕으로 한 거품에 가깝다.
메타버스 플랫폼에서 무엇을 줄 수 있을지를 고민해야 할 시점이 왔다.

앞서 정리했듯 지금 메타버스는 오프라인 제약으로 인한 대체재로서, 그리고 새로운 기술에 대한 관심과 호기심에 의해 주목받고 있습니다. 많은 기업들이 메타버스 플랫폼을 기반으로 내놓은 서비스 역시 이에서 크게 벗어나지 않습니다. 메타버스에 대한 호기심과 새로움에 전적으로 의존하죠. 오프라인에서 보던 공간이, 현실에서 내가 쓰던 물건이 가상세계에 어떻게 구현되고 있는지에 대한 궁금증을 유발하는 것이 대부분입니다. 어찌 보면 거품에 가깝죠.

앞으로는 메타버스 플랫폼에서 무엇을 줄 수 있을지를 고민해야 합니다. 메타버스 플랫폼에 올라탔다고, 혹은 메타버스 플랫폼을 구현했다고 해서 만족해서는 안 됩니다. 단순히 새로운 경험을 주는 것에서 멈춰서는 안 됩니다. 경험이 이용자에게 효용으로 돌아오면, 그 효용의 경험이 다시 이용자들이 메타버스를 찾는 유인이 될 것이기 때문입니다.

메타버스에 올라타서 새로운 서비스를 시작하고 싶은 이들이든, 재직하고 있는 기업에 메타버스 플랫폼을 도입하고 싶은 이들이든, 나아가서 메타버스 플랫폼을 만들고 싶은 이들까지도 메타버스를 제대로 활용하려면 어떤 고민을 해야 할까요?

| 기업은 어떤 효용을 줄 수 있을까? |

그럼 메타버스 플랫폼은 우리에게 어떤 효용을 줄 수 있을까요? 당장 생각나는 것은 아마도 물질적인 보상일 것입니다. 돈이죠. 이미 크리에이터 이코노미를 통해 우리는 메타버스 세상에서 얼마나 많은 돈을 벌 수 있는지, 그리고 이용자들이 어떻게 수입을 얻고 있는지를 확인했습니다.

하지만 현실 화폐로 주어지는 보상은 모든 플랫폼에서 작동하지 않습니다. 모든 이용자들에게 공평하게 돌아가는 보상도 아니고요. 언론에 보도되는 어마어마한 보상 역시 소위 '탑티어Top-Tier'라 불리는 일부 이용자들의 몫입니다.

게다가 메타버스 플랫폼에서 돈을 벌 수 있다는 사실이 알려진 것은 얼마 되지 않은 일입니다. 돈을 벌 수 있는 장치가 마련된 것도 그리 오래되지 않은 일이고요. 〈로블록스〉〈제페토〉〈마인크래프트〉는 그 이전부터 이미 수억 명의 이용자를 확보하고 있었습니다. 이들이

메타버스 플랫폼을 찾아 크리에이터creator를 자처하는 이유는 무엇일
까요?

바로 이 플랫폼들이 메타버스가 줄 수 있는 효용을 이용자들에게
제대로 전달했기 때문입니다. 우리는 그 효용이 물질적인 보상이라
고 생각하지만, 지금까지 살펴본 메타버스의 특징을 바탕으로 한 꺼
풀 벗겨보면 또 다른 이유가 보입니다.

▌효용은 돈만이 아니다 ▌

그저 돈이 메타버스 세상을 유지하는 기둥이라면, 2000년대 초반 메
타버스의 원조로 등장했던 〈세컨드 라이프Second Life〉의 몰락이 설명
되지 않습니다. 〈세컨드 라이프〉에서는 내부 화폐인 린든 달러Linden
Dollar가 통용되었고, 이를 이용자들에게 월급으로 지급했습니다.

하지만 〈세컨드 라이프〉는 몰락했습니다. 가상세계에 대한 호기

2000년대 초반 선풍적인 인기를 끌었지만 스마트폰의 등장 이후 몰락한 아바타 기반 SNS 서비스 〈세컨
드 라이프〉. 린든 달러라는 내부 화폐를 이용한 경제 시스템도 갖췄다. ©Linden Lab

심으로 시작되었지만, 호기심만으로 세상을 유지했기 때문이죠. 거의 최초의 메타버스 플랫폼으로 등장해 선풍적인 인기를 끌었어도, 이용자들을 붙잡아둘 확실한 효용을 전달하지 못했기에 몰락한 것입니다.

지금의 메타버스 플랫폼의 성공은 그래서 다릅니다. 상상이 현실이 되는 공간의 특성을 잘 살리고 있죠. 메타버스의 핵심 요소인 오픈월드와 샌드박스를 적절히 활용해 이용자들에게 새로운 경험을 주고 있습니다.

예를 들면 이런 방식입니다. 어린 아이들을 보면 길을 걷다 아무 이유 없이 횡단보도의 흰색 부분만 밟고 가는 경우가 있습니다. 보폭이 따라가지 못하면 보호자의 손을 꼭 잡고서라도, 굳이 점프를 해서라도 이렇게 도로를 건너죠. 그 자체가 아이에게는 재미인 것입니다.

아니면 이런 경험도 있을 것입니다. 애인과 함께 산책을 하다가 계단이 나오면 가위바위보 게임을 해 이기면 한 계단씩 올라가는 방식으로 한참을 놀았던 추억 말이죠. 남들이 보기엔 뭐 하나 싶지만, 그들에게는 놀이이고 재미입니다.

로블록스에서는 이런 추억들을 모두 게임으로 만들 수 있습니다. 일상에서는 아무것도 아닌 나의 추억이나 사소한 규칙을 이용해서 게임을 만들고, 이를 다른 이용자들과 공유하며 즐길 수 있습니다.

이 자체로 메타버스 세상은 이용자들에게 효용감을 줍니다. 심지어 이런 나만의 추억에 공감하고 함께 즐기는 사람이 많아지면 최종적으로는 수익을 얻을 수도 있는 것입니다.

〈제페토〉도 마찬가지입니다. 평범한 회사원이 나도 제페토 스튜디오를 통해 디자이너가 될 수 있습니다.

메타버스 세상이 아니라면 평생 공책에 의류 디자인을 한다 해도 내가 디자이너가 아니라면 옷 한 벌 만들어 보기가 쉽지 않습니다. 하지만 메타버스에서는 누구나 디자이너가 될 수 있습니다. 퇴근길 지하철에서 떠올린 과감한 아이디어를 옷 위에 표현하고, 남들에게 보여줄 수 있습니다. 피드백을 받기도 쉽죠. 이 역시 제품으로 출시해 판매할 수도 있습니다.

▌업무시간과 경쟁해야 한다▐

최종적으로 메타버스 회사가 되려는 기업은 여가시간이 아니라 업무시간과 경쟁해야 합니다. 메타버스 세상을 게임이나 웹툰처럼 퇴근 후 쉴 때 잠시 들르는 공간이 아니라, 업무시간에 이용하는 공간으로 만들어야 한다는 것이죠. 이를 이루기 위해서는 우리 생활과 밀접하게 관련된 효용을 확실히 제공해야 합니다.

메타버스와 관련한 장밋빛 미래를 그리는 말 중에는 "우리 삶이 메타버스로 바뀐다" "현실 인류가 가상세계로 이주해서 삶을 영위한다" 등의 표현이 많이 있습니다. 아무렇지 않게 쓰이는 '삶'이라는 단어에 집중해볼 필요가 있습니다. 우리가 말 그대로 삶에서 여가로 보내는 시간이 얼마나 될까요? 대부분은 무언가 목적을 가지고 움직이게 됩니다.

회사에 앉아 일을 하는 시간만이 업무가 아닙니다. 우리는 은행을 가고, 쇼핑을 하고, 세탁을 하고, 장을 봅니다. 이를 통상 업무라고 이름을 붙이지는 않지만 우리 삶을 영위하기 위해 끊임없이 수행해야 하는 일들입니다.

지금은 모바일이 이 같은 업무의 많은 부분을 바꿔 놓았습니다. 대표적으로 쿠팡이 있겠죠. 장보기와 쇼핑을 터치 한 번으로 해결할 수 있도록 만들었습니다. 다음 순서가 메타버스입니다. 이런 업무들을 현실과 마찰없이frictionless 메다비스화할 때 메타버스 세상은 더욱 강력해질 것입니다.

어떤 업무를, 어떻게 메타버스화 할지가 메타버스에서 수익을 내려고 하는 이들이 고민해야 할 부분입니다. 여가시간을 장악하는 것을 뛰어넘어, 우리의 업무시간을 장악해야 합니다. 그래야 우리 삶 전체를 메타버스화할 수 있습니다.

물론 이런 변화에는 많은 시간이 필요하겠죠. 그리고 변화는 여가시간을 보내는 콘텐츠에서 먼저 일어나고, 이후 우리 삶의 다른 영역으로 스며들 것입니다. 스마트폰이 처음 등장했을 때 킬러 콘텐츠가 된 것들 역시 각종 게임이었습니다.

메타버스를 노리는 많은 기업들이 콘텐츠 기업을 인수하고, 그들과 손잡는 이유이죠. 여가시간을 먼저 장악하고, 그 이후에 우리의 삶의 부분 하나하나를 모두 메타버스화하려는 시도가 앞으로 벌어질 것입니다.

기업의 메타버스 활용,
어떻게 해야 할까?

›››

메타버스 시대를 맞은 기업들의 움직임이 바쁘다.
메타버스 전환, 모든 기업이 해야 하는 걸까?

그럼 기업의 메타버스 전환은 어떻게 해야 할까요? 기업의 메타버스 전환은 무엇인가요? 메타버스를 어떻게 활용해야 할까요? 메타버스 플랫폼을 만들면 될까요? 모든 기업이 메타버스 전환을 해야 할까요? 메타버스 시대를 맞는 기업들 앞에 놓인 질문들은 무수히 많습니다.

많은 기업의 담당자들이 이 질문에 대한 답을 찾으려 노력하고 있습니다. 여러 기업에서 관련한 팀을 꾸리거나 태스크포스TF를 구성했습니다. 사실 이 정도 상황이라면 좀 나은 경우입니다. 대부분 주로 모바일 앱, 모바일 전략을 담당하던 팀에 "메타버스도 한번 고민해보라"라며 업무를 보태주는 경우가 많습니다.

앞서 나열한 수많은 고민들처럼 뾰족한 답을 찾기는 쉽지 않습니다. 당장 메타버스에 대한 이해가 제각각입니다. 20대, 30대 직원들이 생각하는 메타버스와 40대, 50대 임원들이 생각하는 메타버스가 모두 다르죠. 그래서 논의는 표류하는 경우가 많습니다.

|모든 기업이 메타버스화할 필요는 없다|

많은 기업이 메타버스를 고민하고, 또 메타버스 세계에 뛰어들고 있습니다. 하지만 모든 기업이 메타버스를 무리해서 할 필요는 없습니다. 마치 업무 환경을 크게 개선하고, 당장 새로운 경험을 줌으로써 이용자들을 끌어들일 수 있는 마법의 지팡이처럼 메타버스가 소개되고 있지만 실제로는 그렇지 않습니다.

플랫폼을 만든다고 해서 이용자들이 무조건 몰려오는 것이 아닙니다. 메타버스 기술을 적용한다고 당장 혁신 서비스가 되는 것도 아니죠. 메타버스 세상에 사무실을 구축한다고 해서 회사가 더 잘 돌아가지도 않습니다. 메타버스를 적용하기까지는 치밀한 설계와 고민이 필요합니다.

글로벌 경영 컨설팅 전문업체 '엑센츄어Accenture'의 발표를 한 번 보겠습니다. 엑센츄어는 2019년 내놓은 보고서 'Waking Up To A New Reality'에서 산업별로 확장현실XR 기술을 이용할 수 있는 업무 비중에 대해 분류했습니다. XR은 소위 메타버스 기술이라고 불리는 기술이죠. 많은 기업들이 자사 서비스에 도입중인 VR 쇼룸, AR 착용 서비스 등이 모두 포함됩니다.

XR 기술을 이용할 수 있는 산업별 업무비중

평균	건강 및 사회서비스	제조	건설	교육	유통	광업
21%	35%	30%	30%	23%	23%	22%

정보통신	운송	유틸리티	관광	레저 및 기타 서비스	금융 서비스	비즈니스 서비스
22%	21%	20%	19%	17%	17%	16%

출처: Accenture 'Waking up to a new reality'(2019)

엑센츄어의 분석에 따르면 많은 산업의 영역에서 평균적으로 전체 업무의 21% 정도만을 XR 기술을 활용해 진행할 수 있다고 합니다. 그나마 비중이 가장 높은 업종이 건강 및 사회 서비스(35%), 제조(30%), 건설(30%), 교육(23%), 유통(23%) 정도입니다. 관광(19%), 금융 서비스(17%), 비즈니스 서비스(16%)는 비중이 낮은 업종에 해당하죠.

의외의 결과입니다. 지금 XR 기술이 가장 활발하게 사용되는 분야 중 하나가 관광이니까요. 또한 메타버스의 등장 이후 가장 많은 관심을 갖는 업종 중 하나가 은행이기도 하죠. 국내만 봐도 거의 대부분의 시중은행이 메타버스 안에 공간을 만들었습니다. 그중 가장 적극적이라고 할 수 있는 신한은행은 독자 메타버스 플랫폼 구축을 선언하기도 했죠.

이외에도 많은 기업들이 메타버스 플랫폼을 만들거나, 메타버스 플랫폼에 참여하거나, 메타버스 기술을 업무에 도입하는 방식으로 메타버스에 합류하려 하고 있습니다. 그 속도는 놀라울 만큼 빠릅니다. 하루가 멀다 하고 '세계 최초 메타버스에서 XX 개최' '국내 최초 메타버스에서 OO 행사 시도' 같은 헤드라인이 포털을 장식합니다.

하지만 "일단 뭐든 해봐!"라는 식의 접근으로는 노력이 빛을 발하지 못할 가능성도 높습니다. 마치 모바일 보급 초기, "일단 앱부터 만들어!"라는 식의 사고방식과 비슷하죠. 많은 앱들이 이렇게 만들어졌다가 소비자들의 선택을 받지 못한 채 앱스토어를 떠돌고 있습니다.

내부로 향할 것이냐, 외부로 뻗어나갈 것이냐?

기업의 메타버스 적용은 두 가지 방향에서 고민해야 합니다. '내부', 즉 기업 자체의 업무에 어떻게 활용할지가 하나, 그리고 '외부'가 하나입니다. 외부는 소비자입니다. 다시 말해 고객들에게 메타버스를 통해 어떤 경험을 제공할지에 대해 고민해야 한다는 말이죠.

업무에 적용하는 메타버스도 두 종류로 다시 나뉩니다. 하나는 우리가 흔히 이용하는 업무용 프로그램, 혹은 프로세스를 메타버스를 통해 어떻게 대체할지에 대한 고민입니다. MS 워드, 한컴 오피스와 같은 문서작성 프로그램부터 크게는 PC와 같은 하드웨어를 포함한 업무 환경을 어떻게 메타버스화할지에 대한 문제이죠.

다른 하나는 각 업종에서만 활용되는 업무 프로세스를 어떻게 메타버스를 통해 개선할지에 대한 고민입니다. 직원들의 교육부터 실제 현장에서의 활용까지, 해당 업종에서 꼭 필요하지만 비용과 시간이 많이 드는 일들을 메타버스 기술을 통해 효율화할 수 있죠.

소비자 혹은 이용자와 관련된 메타버스도 두 가지 갈래로 나눕니다. 메타버스 플랫폼을 활용하는 사례와 메타버스 기술을 이용하는 사례, 이렇게 둘로 나눠볼 수 있습니다. 플랫폼을 만들거나 플랫폼에 참여해서 소비자에게 새로운 고객경험을 선사하느냐, 메타버스 기술을 자사의 서비스에 적절히 활용해 새로운 고객경험을 선사하느냐의 문제이죠.

메타버스를 적용하면
회사가 바뀔까?

사무실을 메타버스 공간으로 옮기면 혁신이 일어날까?
직원들은 모두 행복할까?

    기업의 메타버스 적용은 두 가지 방향으로 나뉩니다. 대부분의 기업이 이용할 수 있는 범용 메타버스 기술과, 특별한 상황에서 활용할 수 있는 기술입니다.

    먼저 기업 내부에 메타버스를 적용하는 경우를 살펴보겠습니다. 많은 기업들이 앞다투어 메타버스를 기업에 적용하고, 또 홍보하고 있습니다. 앞서 정리해봤듯이 생산성을 높일 수 있는 각종 프로그램을 메타버스로 대체하는 경우와 특수한 상황에서 메타버스 기술을 활용하는 사례로 나눠볼 수 있습니다.

|PC에서 메타버스로, 업무 툴의 변화|

업무와 관련된 각종 업무 툴Tool을 메타버스화 하는 것은 어떤 기업이든 가능합니다. 내부적으로 일하는 방식을 개선하는 차원이죠. 많은 기업에서 지금도 진행하고 있는 디지털 트랜스포메이션Digital Transformation의 연장에 있다고 볼 수 있습니다.

대표적인 것이 가상 업무공간입니다. 단순히 가상 공간에 사무실을 구현한 것을 뛰어넘어 가상 공간에서 워드 작업을 하고, 그래픽 디자인을 하는 등 실제 업무도 메타버스에서 가능하게 되는 공간입니다.

페이스북에서 2020년 '오큘러스 퀘스트2'와 함께 공개한 〈인피니트 오피스Infinite Office〉가 이런 가상 업무공간의 대표적인 사례입니다. 침대에서든, 식탁에서든 기계만 착용하면 사무실 책상과 가상

페이스북에서 공개한 가상 사무실 〈인피니트 오피스〉. 침대에서든, 식탁에서든 기계만 착용하면 사무실 책상과 가상 모니터가 눈앞에 구현되는 시스템이다. ⓒFacebook

모니터가 눈 앞에 구현되는 시스템인데요, 가상 모니터를 터치하면 실제 모니터 화면을 마우스로 클릭하는 것처럼 조작할 수 있습니다. 빈 식탁 위로 시선을 옮기면 가상 키보드가 등장하고, 이곳을 두드리면 워드 작업도 가능합니다.

또한 최근 페이스북이 내놓은 〈호라이즌 워크룸Horizon Workroom〉 역시 유사한 기능을 제공합니다. 마찬가지로 '오큘러스 퀘스트2'를 통해 접속할 수 있는 아바타 기반의 가상 오피스 앱인데요. 자신의 PC 화면과 가상 오피스 속 내 컴퓨터 화면을 연동할 수 있습니다. 아바타

페이스북
인피니트 오피스 영상

가 바라보고 있는 가상 태블릿 PC에 공유받은 프레젠테이션 파일을 띄워놓고 가상 회의에 참석할 수 있죠.

이처럼 메타버스를 기업 업무 툴의 개념으로 도입하면 어떤 변화가 있을까요? 사무실을 메타버스 공간 안으로 옮기면 혁신이 일어날까요? 젊은 직원들은 아바타에 익숙하니 모두가 행복할까요? 답은 당연히 아닙니다.

다시 한 번 오프라인 사무실을 폐쇄하고 메타버스 플랫폼에 사옥을 지은 직방의 이야기를 해보겠습니다. 직방은 메타버스 전환으로 과연 어떤 효용을 주었을까요? 직원들에게 아바타를 만들어준 것이 그들에게 효용이 있을까요? 아바타를 이용한 근무로 재미를 주었을까요?

전혀 아닙니다. 메타버스로 전환하고 아바타를 도입한다고 해서

일은 변하지 않습니다. 회사에서 나의 모습이 아바타로 변화했고, 소통하는 수단이 음성 채팅으로 변한 것뿐이죠. 안성우 직방 대표도 기자간담회에서 "회사에 입사하고, 출근하고, 일하는 것에는 변함이 없다"고 못박았습니다. 즉 메타버스 플랫폼에서 일하는 것 자체에는 별다른 효용이 없다는 것을 알고 있는 것이죠.

대신 그들이 메타버스 근무로 얻은 것은 자유로운 근무지 선택입니다. 출퇴근 시간에 구애받지 않는 자유로운 근무를 가능하게 합니다. 쉽게 말해 모든 직원들이 굳이 직장 근처에 거주할 필요가 없다는 뜻이 되죠. 직방의 원래 사무실은 서울 서초구에 있었습니다. 서초구의 2021년 3월 평균 아파트 매매가는 18억 원을 넘습니다. 웬만한 직장인들은 감당하기 어려운 가격이죠. 물론 모든 직원이 서초구에 거주하지는 않겠지만 전·월세로 거주한다고 해도 부담스러운 가격입니다. 서초구 인근 지역도 비싸기는 마찬가지죠.

직방은 메타버스 전환으로 직원들의 주거 비용을 절감했습니다. 가상 사무실로 출근하면 상대적으로 집값이 저렴한 교외 지역이나, 심지어 자신이 원한다면 산골짜기 아래 집을 짓고서라도 직방 직원으로 남을 수 있습니다. 실질 소득의 상승이죠. 진짜 효용은 여기에 있는 것입니다.

| 현대차가 전 세계 디자이너와 동시에 작업하는 방법 |

메타버스 기반의 오피스 제품들이 전반적인 업무를 개선하는 범용 기술이라면, 각 기업과 산업별로 이용할 수 있는 메타버스 기술도

현대차의 VR 디자인 공간. 20명의 디자이너가 시간과 공간의 제약 없이 함께 모여 차량 곳곳을 살펴볼 수 있다. ©현대차

있습니다. 많은 기업들이 디자인, 생산, 직원 교육 등 특수한 상황에 맞게 직접 개발해서 이를 활용하고 있죠.

주로 현실의 제품 혹은 공장을 가상공간에 그대로 구현한 '디지털 트윈Digital Twin' 기술을 활용하는 것이 일반적입니다. 현실에서 비용이나 공간 문제로 하기 어려운 실험이나 교육을 가상공간에서 마음껏 할 수 있다는 게 장점이죠.

대표적으로는 현대차가 있습니다. 현대 2019년 150억 원을 투자해 VR 디자인 품평장을 세우기도 했습니다. 가상의 공간에서 신차 디자인을 평가할 수 있는 환경을 구축한 것이죠. 20명이 동시에 접속할 수 있는 이 공간에서는 전 세계에 흩어져 있는 현대차 디자이너들이 함께 모여 제품을 확인할 수 있습니다.

공중에 가상의 차량을 띄워두고, 버튼 한 번만 누르면 차량을 부품 단위로 분해해볼 수 있습니다. 부품의 재질, 컬러 등을 마음대로 바꿔보며 디자인을 살펴볼 수도 있죠. 바뀐 디자인을 실시간으로, 그것도 360도 살펴보며 의견을 나눌 수 있게 됩니다.

볼보Volvo도 2019년부터 신차 프로토타입 및 디자인, 능동형 안전 기술평가 작업에 AR을 적용했습니다. 폭스바겐Volkswagen도 전 세계 생산현장 120곳의 인터랙티브 3D 공간을 만들어 실시간 협업과 교육을 할 수 있는 환경을 구축했습니다.

영국 자동차 제조회사 재규어랜드로버Jaguar Land Rover Limited는 직원 훈련에 AR 기술을 활용하고 있습니다. AR 고글을 착용하고 화면 위에 구현된 차량을 분해하고 조립하며 기술을 익히는 것이죠. 차량 대시보드를 수리하는 법을 가르칠 때도 실제 차량의 대시보드를 분해할 필요가 없습니다.

공장 시스템을 개선하는 데에도 쓰입니다. BMW그룹은 2021년 4월 그래픽카드 제조회사 엔비디아nvidia와의 협업으로 실제 공장과 똑같이 구현한 '가상 공장' 프로젝트를 공개했습니다. 차량 1대당 100개 안팎의 옵션을 반

BMW의 가상 공장 영상

영해 하루 1만 대씩 생산하는 공장에서 부품 위치와 이동 경로, 라인을 변경해 가면서 불량률과 생산효율을 검증하는 방식이죠.

제네럴일렉트릭General Electric-GE 역시 2020년 기준으로 자신이 생산하는 각종 제품의 디지털 트윈을 운영하고 있습니다. 그 수는 120만여 개에 달하는데요, 펌프, 압축기를 비롯해 터빈, 발전소 등 작은

부분부터 전체 시스템까지 아우를 수 있는 솔루션을 제공하고 있습니다.

GE의 제품을 이용하는 기업들이 문제가 생길 수 있는 부분에 대해 미리 내다보고 관리할 수 있도록 돕는 것이죠. 제품을 사용하는 방법을 메타버스 세상에서 배우고, 또한 이를 실제 현장에 적용했을 때의 문제점까지 파악할 수 있게 돕습니다.

공장만이 아니라 고객을 상대하는 서비스업계에서도 메타버스를 통해 일하는 방식을 개선할 수 있습니다. 미국의 월마트Walmart는 중간 관리자로 승진할 때도 가상공간에서 평가를 진행합니다. 월마트 실제 점포를 그대로 따온 가상공간 속에서 화가 난 고객, 지저분한 매장 통로, 실적이 저조한 근로자 등 실제 업무현장에서 중간 관리자로서 해결해야 할 문제를 어떻게 대처하는지를 살펴보는 것이죠. 일반적인 필기 시험이나 면접보다 더욱 실감나는 상황에서 문제를 해결하는 모습을 확인할 수 있습니다.

메타버스 플랫폼에서 고객들과 만나려면

대세가 된 메타버스 공간 만들기.
과연 이것이 최선일까?

기업 내부에서 메타버스를 활용하는 방법도 다양하지만, 결국 기업들이 메타버스에 눈을 돌리는 이유는 고객에 있습니다. 가상세계로 접속하는 수많은 고객들을 내 플랫폼, 내 서비스로 끌어들이고 싶은 마음이죠. 이를 통해 데이터를 확보하고 새로운 서비스로 새로운 시대의 지배자가 되고 싶은 마음일 겁니다.

그렇다고 해서 모두가 메타버스 플랫폼을 만들어야 하는 것은 아닙니다. 그럴 수도 없고요. 플랫폼을 만들기 위해서는 통신, 그래픽, 심지어는 하드웨어까지 다양한 영역에 많은 자원이 투입되어야 합니다. 자본력이 있다고 해도 당장 이를 실행하기도 쉽지 않죠.

대신 적절한 플랫폼 위에 올라타서 어떤 효용을 이용자들에게 줄 수 있을지를 고민하는 편이 현실적입니다. 그냥 브랜드 공간을 만드는 데 집중하는 것이 아닙니다. 오픈월드와 샌드박스 요소들을 이용해 색다른 경험을 전달할 수 있습니다.

메타버스 세상에 세운 편의점이 어떤 효용을 줄 수 있을까요? 브랜드 홍보의 공간은 되겠지만 장기적인 관점에서 어떤 의미를 찾을 수 있을까요? 편의점 선반에 가지런히 정리된 사실감 넘치는 봉투 과자와 냉장고에 진열된 음료가 어떤 효용을 줄 수 있을지 고민해 봐야 합니다.

당장은 호기심에 한 번씩은 찾아볼 것입니다. 메타버스 자체가 신기하기 때문이죠. '집 앞 편의점이 이렇게 구현이 되다니!' 하지만 그 이후는 담보하기 어렵습니다. 아무리 큰 월드를 만들고 기업의 아이덴티티를 잘 반영해서 화려한 공간을 만든다고 한들, 메타버스에 대한 관심이 조금이라도 사라지면 관심을 받기 어렵습니다.

플랫폼의 특성과 이용자의 특성을 파악해 전혀 다른 발상을 해야 하죠. 굳이 공간을 만들어야 한다는 강박을 가질 필요도 없습니다. 브랜드의 이름으로 메타버스 세계에 참여해서 이용자들의 관심을 유도하고, 메시지를 전달할 수도 있죠.

▌메타버스 플랫폼, 잘 쓰기만 해도 된다▐

가장 쉬운 방법은 메타버스 플랫폼에 올라타는 것입니다. 이미 잘 운영되고 있고 수많은 이용자를 확보한 플랫폼 위에 공간을 생성하며 메타버스에 대한 경험을 쌓는 것이죠.

이런 움직임은 창구에서 고객들을 상대해야 하는 은행권에서 많이 보이고 있습니다. 하지만 은행의 움직임 역시 아직까지는 대부분 메타버스 플랫폼에 공간을 마련하는 수준에 머물러 있습니다. 그것도 고객과의 접점을 마련하기보다 사내 연수나 행장과 직원간의 소통 창구로 이용하고 있습니다.

하지만 이 중에서도 적절한 플랫폼 선택으로 새로운 경험을 주려는 곳도 있습니다. KB국민은행의 메타버스 영업점에 눈길이 가는 이유입니다. 대부분의 은행이 SNS 메타버스인 〈제페토〉를 선택해 사내 전용 공간을 꾸민 반면, KB국민은행은 고객을 상대하는 메타버스 공간을 만들면서 업무용 메타버스 플랫폼 〈개더타운〉을 선택했습니다.

〈개더타운〉은 아바타를 조종해 아바타끼리 가까이 다가서면 자동으로 화상 또는 음성 대화가 연결되는 업무 플랫폼입니다. KB국민은행은 이 기능을 활용해 〈개더타운〉 내에 차려진 가상은행 영업점에서 고객이 창구 직원 앞으로 가면 상담이 연결되도록 했습니다.

특정 상품이나 상담에선 대면 영업이 필수일 수밖에 없는 은행 영업 조건을 메타버스 내에서도 고스란히 재현할 수 있는 셈입니다. 다른 플랫폼에 비해 화려하지는 않지만 플랫폼의 작동 방식과 은행 업무 방식을 제대로 파악해 적절한 플랫폼을 선택한 것이죠. 이런 방식으로 고객들에게 비대면으로도 확실한 정보를 전달하면서 영업을 할 수 있죠.

고객 입장에서도 KB국민은행의 메타버스 세상에 접속하면 확실

현대차가 로블록스 세상에 구축한 공간 〈퓨처 모빌리티 시티〉. 이용자는 현대의 수소전기차 넥쏘를 지급받아 이곳저곳을 돌아다닐 수 있다. ©현대차

한 효용이 생기는 것입니다. 은행에 직접 가지 않아도 메타버스에 접속하기만 하면 상품에 대해 정확한 설명을 들을 수 있고, 은행 업무를 모두 처리할 수 있기 때문이죠. 메타버스가 더 이상 여가의 영역이 아니라 생활의 영역으로 들어오는 순간입니다.

현대차가 〈로블록스〉에 마련한 공간도 플랫폼을 활용해 새로운 고객경험을 전하는 좋은 사례입니다. 현대차는 2021년 9월 1일 로블록스 속 콘텐츠로 퓨처 모빌리티 시티Future Mobility City, 페스티벌 광장Festival Square을 공개했습니다. 추후 에코 포레스트Eco Forest powered by IONIQ, 연내 레이싱 파크Racing Park powered by N, 스마트 테크 캠퍼스 Smart Tech Campus까지 총 5개의 공간을 마련한다는 계획입니다.

게임 플랫폼인 〈로블록스〉에 마련된 것에서 짐작할 수 있듯 각 공간은 모두 게임입니다. 게임에 접속하면 현대차의 수소전기차인 넥쏘NEXO를 지급받을 수 있습니다. 차량에 내 아바타를 태우면, 화면에 계기판이 뜨면서 운전을 할 수 있게 됩니다. 이 차를 몰고 로블록스 세상을 이곳저곳 여행하면 되죠.

실제로 이용자들은 이곳에서 넥쏘를 몰고 서로를 쫓는 나름의 게임을 하고, 서로 들이받는 범퍼카 놀이를 즐기고 있습니다. 실제와 똑같이 구현된 현대차의 자동차들을 운전하며 그 모습에 익숙해지고 있습니다.

| 기업도 플랫폼의 플레이어가 될 수 있다 |

기업이 굳이 공간을 마련해야 할 필요는 없습니다. 기업도 메타버스 세상에서는 이용자입니다. 메타버스 세상에 적극 참여해서 소비자들과 소통하는 것만으로도 메타버스 세상이 주는 혜택을 누릴 수 있습니다. '기업도 플레이어Player'라는 마음을 가지면 할 수 있는 것들이 많다는 얘기죠.

대표적인 사례가 한국에도 입점했다가 지금은 철수한 미국의 햄버거 브랜드 '웬디스Wendy's'입니다.

2018년 〈포트나이트〉에서는 게이머들이 버거 팀Burger Team과 피자 팀Pizza Team으로 나뉘어 특별한 전장에서 전투를 벌이는 이벤트 '푸드 파이트Food Fight'가 열렸습니다. 많은 패스트푸드 브랜드들이 자신의 아바타를 생성에 이 전투에 참여했습니다.

이것은 좋은 홍보 기회였습니다. 자신의 활약으로 소속 음식 팀이 승리한다면 그곳에서 영웅이 될 수 있었겠죠. 다들 회사 내에서 팀

메타버스 플랫폼 〈포트나이트〉 속에 구현된 햄버거 브랜드 웬디스의 캐릭터. ©Wendy's

을 꾸리고, 포트나이트 실력이 좋은 직원을 찾느라 분주했습니다.

당연히 웬디스도 행사에 참여했습니다. 웬디스의 캐릭터인 빨간 머리 웬디의 모습을 하고 전장에 나타난 웬디스의 아바타는 전혀 다른 길을 선택합니다. 햄버거 브랜드의 아바타가 피자 팀을 선택한 것이죠.

그리고 게임이 시작되자 웬디는 전장 속에서 햄버거 팀이 패티를 보관하는 냉동고만 찾아다니며 도끼로 부수기 시작합니다. 〈포트나이트〉가 슈팅 게임이니 살아남기 위해서는 다른 사람을 총으로 쓰러뜨려야 하지만, 웬디는 아무 신경 쓰지 않고 냉동고만 부수고 다녔습니다. 그것도 9시간 동안이나요.

왜 그랬을까요? 웬디스가 다른 브랜드와 달리 냉동육을 사용하지 않는다는 것을 알리기 위한 퍼포먼스였습니다. "냉동고 따위 모두 부수어 버려도 우린 문제없다"는 메시지를 던진 것이죠. 이 모습은 방송을 중계하던 게임 스트리밍 서비스 트위치Twitch를 통해 그대로 송출되었습니다.

전장에 참여한 많은 게이머들이 처음에는 어리둥절해하다가 이내 웬디와 함께 도끼로 냉동고를 찾아다니며 부수기 시작했죠. 웬디의 돌발행동이 게임 자체의 룰을 바꿔버린 것입니다. 물론 이 광경을 본 시청자들에게도 강력하게 각인이 되었고요.

'포트나이트를 신선하게!Keeping Fortnite Fresh'라는 웬디스의 이 캠페인은 대성공을 거두었습니다. 웬디스 브랜드 노출 시간만 150만 분, 웬디스 사이트 방문율 119% 증가라는 엄청난 결과를 끌어냅니다. 이는 메타버스 마케팅의 중요한 순간으로 기록되었죠.

이후 광고계의 오스카라 불리는 '클리오 광고제'의 2개 부문에서 금상, 2개 부문에서 은상을 수상합니다. '칸 광고제'에서는 '소셜 앤

게임 속에서 냉동고를 파괴하고 다니는 웬디스의 아바타 웬디. 웬디스가 다른 브랜드와 달리 냉동육을 사용하지 않는다는 것을 알리기 위한 퍼포먼스이다. ©Fortnite

드 인플루언서' 분야 대상을 차지하기도 했습니다.

　이처럼 메타버스 세상에서는 굳이 플랫폼을 만들지 않더라도 플랫폼의 특성을 파악하고 아이디어만 낸다면 엄청난 효과를 거둘 수 있습니다. 웬디스는 내가 하고 싶은 대로 행동할 수 있는 오픈월드의 요소를 적절히 활용해 적과의 교전 대신 냉동고를 부수는 전략으로 성공을 거두었죠.

메타버스 기술만
잘 이용하면 어떨까?

▶▶▶ ─────────────────────────

이미 많이 보급되어 있는 메타버스 기술들을 활용하면 어떨까?
메타버스 기술을 활용해 새로운 고객경험을 제공하는 회사들.

군이 플랫폼이 아니더라도 이른바 'XR 기술'이라고 불리는 메타버스 기술을 활용하는 방법도 있습니다. 이 역시 산업의 특성에 맞춰 적절한 기술을 취사선택해 서비스와 결합한다면 많은 시너지 효과를 낼 수 있습니다.

▌증강현실로 만들어낸 초대장▐

애플은 2021년 9월 15일로 예정된 신제품 공개 행사 '애플 이벤트 Apple Event'를 앞두고 고객들의 메일로 행사 초대장을 발송했습니다. 초대장 한가운데 인쇄된 애플의 트레이드 마크 사과를 클릭하면 스마트폰 카메라가 자동으로 실행됩니다.

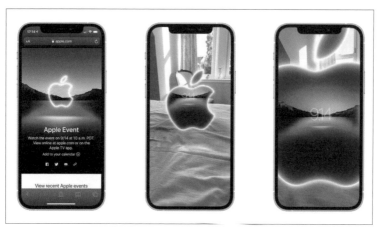

AR 기술을 활용한 애플의 신제품 발표회 초대장. AR 기술로 구현한 애플의 로고로 다가가면 또 다른 세상이 펼쳐지는 경험을 구현했다. ©Apple

　카메라를 들고 허공을 비추면 방금 이용자가 터치한 사과 마크가 아이폰의 AR 기능으로 구현되어 허공에 둥둥 떠다닙니다. 그리고 그 사과 안으로 무언가가 비치죠. 카메라를 들고 사과를 향해 다가가면 사과가 점점 커집니다.

　더 가까이 다가가면 이용자는 사과 안으로 들어가게 됩니다. 사과 안으로 들어가면 동틀녘의 호수가 펼쳐집니다. 그리고 그 호수 위에는 애플의 행사 날짜인 9.15가 빛을 내며 떠오릅니다. 이용자 주위를 둘러싸는 웅장한 배경음악과 함께요.

　이처럼 애플은 얼마 전부터 본격적으로 아이폰에 탑재하기 시작한 AR 기능을 활용한 초대장을 선보였습니다. 이는 AR 기술을 이용해 새로운 사용자 경험을 전달하기에 충분했습니다. 이용자들의 호기심도 자극했죠. 이 초대장만을 소재로 한 IT 유튜버들의 분석 영상이 국내외를 가리지 않고 쏟아졌습니다.

메타버스 기술을 소비자 경험 증대에 활용하고 있는 또 다른 분야가 유통입니다. 시간과 공간의 제약을 뛰어넘어 고객들이 제품을 미리 이용해보도록 돕는 데 이런 메타버스 기술이 주로 이용되죠.

특히 직접 착용해보지 않으면 제대로 알 수 없는 패션 분야에서 AR 기술을 많이 활용하고 있습니다. 대표적으로 여러 안경 브랜드에서 활용하고 있는 안경 가상 피팅fitting 솔루션 '라운즈ROUNZ'가 있습니다.

라운즈는 파일압축 프로그램 알집ALZip으로 유명한 이스트소프트가 개발한 솔루션인데요. 스마트폰 렌즈의 셀카 기능을 활용해 온라인 쇼핑몰에서 안경을 선택하면 이용자의 얼

와비파커의 가상 피팅 영상

굴 위에 안경을 구현해줍니다. 이 안경이 나에게 잘 어울리는지를 침대에 누워서도 확인할 수 있는 것이죠. 와비파커Warby Parker와 같은 미국의 안경 스타트업은 물론 젠틀몬스터Gentle Monster와 같은 한국의 안경 회사들도 이 기술을 적극 활용하고 있습니다.

명품 브랜드도 이 같은 가상 피팅에 적극적입니다. 구찌GUCCI는 자사의 신발을 가상으로 신어볼 수 있는 서비스를 제공하고 있습니다. 마찬가지로 AR 기술을 적용한 서비스인데요, 구찌 앱에서 원하는 신발을 고른 후 스마트폰 카메라를 발에 비추면 가상으로 선택한 신발을 착용해볼 수 있습니다.

스웨덴 가구회사 이케아도 〈이케아 플레이스IKEA Place〉라는 AR 기

AR 기술을 활용한 구찌의 신발 시착 서비스. 원하는 신발을 고른 후 스마트폰 카메라를 발에 비추면 가상으로 선택한 신발을 착용해볼 수 있다. ©Gucci

반의 모바일 앱을 운영하고 있습니다. 스마트폰 카메라로 가구 배치를 원하는 공간을 비추고, 앱을 실행하면 2천 개가 넘는 이케아의 가구 중 원하는 제품을 배치해볼 수 있습니다.

또한 가구를 배치하려는 실내 공간 크기에 따라 자동으로 제품 비율을 조절하는데요, 여기에 배치되는 가상의 가구 역시 해당 제품의 크기·디자인·기능까지 실제 제품 비율을 적용해 약 98%의 정확도를 자랑한다고 합니다. 가상으로 배치해본 뒤 마음에 들면 바로 앱에서 그 가구를 클릭해 구매하면 되고요.

비슷한 사례로는 미국의 인테리어 자재 전문업체 '로우스Loew's'가 있습니다. 로우스는 〈홀로룸Holoroom〉이라는 툴을 제공하는데요, 이용자들은 이를 통해 로우스에서 판매하는 인테리어 자재들을 미리 배치해보고 실제로 어떤 모습인지를 확인해볼 수 있습니다. 이를 통해 인테리어 시장의 단점이라고 할 수 있는 설치 후의 불확실성에 대한 고객들의 우려를 줄일 수 있었죠.

▎가상세계에서 장을 보면 집으로 배송 ▎

이처럼 AR 기술을 통해 고객들의 패인포인트를 해결하는 기업들이 있다면, VR 기술을 통해 고객의 편의성을 극대화하는 기업들도 있습니다.

월마트가 만든 VR 쇼핑몰이 대표적인 사례입니다. 이용자들은 월마트의 VR 매장에 접속해 실제 매장에 간 것처럼 카트를 끌고 이리저리 돌아볼 수 있습니다. 그러다가 원하는 상품이 있으면, 가상의 제품을 가상의 카트에 담으면 되죠. 쇼핑을 마치고 가상의 계산대로 이동하면 자동으로 결제가 이뤄지고 실제 제품이 문 앞으로 배송됩니다.

실제로 물건을 둘러보고, 상품을 확인할 수 있다는 오프라인 쇼핑의 장점과 집 밖으로 나가지 않고도 쇼핑을 할 수 있는 온라인 쇼핑의 장점을 결합했죠. 그리고 VR의 특성을 활용해 가상공간에서의 행동을 그대로 현실세계로 반영했습니다.

이탈리아 패션 브랜드 '돌체앤가바나Dolce & Gabbana' 역시 이와 비슷한 VR 쇼핑 경험을 제공합니다. 돌체앤가바나는 프랑스 파리, 이탈리아 로마, 일본 오사카 등에 위치한 자사의 부티크를 VR 속으로 옮겼습니다. 실제 매장과 구조, 상품 배치까지 현실의 매장 상황을

VR 콘텐츠를 활용해 주사에 대한 공포를 우회한 'VR 백신 프로젝트. ©Hermes Pardini

고려해 업데이트하죠.

단순히 이 공간을 쇼룸으로 이용한 것이 아닙니다. 이용자가 VR 부티크에 접속해 구경하다가 마음에 드는 상품을 클릭하면 바로 상담 직원에게 연결되도록 만들었습니다. VR 공간에서 물건을 살펴보면서 실제 직원에게 설명을 들을 수 있죠.

굳이 쇼핑이 아니더라도 VR을 이용해 문제를 해결하려는 시도들도 있습니다. 브라질의 '헤르메스 파디니Hermes Pardini'라는 의학 관련 회사에서 진행한 백신 캠페인입니다. 이 회사는 2017년 〈VR 백신VR Vaccine〉 프로젝트를 진행하는데요, 주사 맞기를 무서워하는 아이들을 겨냥한 프로젝트였습니다.

병원에 온 아이들에게 VR 헤드셋을 씌우면, 아이들의 눈앞에 애니메이션이 재생됩니다. 애니메이션은 악당을 막기 위해 영웅이 자신의 몸에 방어막을 작동해야 한다는 내용입니다. 애니메이션에 등장하는 영웅의 동료가 방어막을 작동하기 위해 '얼음 꽃가루'를 팔에 바르고, '불꽃 열매'를 붙여야 한다고 설명하죠.

간호사는 아이가 어떤 화면을 보고 있는지 외부 스크린을 통해 확인합니다. 그러다가 영웅의 팔에 '얼음꽃 가루'를 바르는 시점에 알콜 솜으로 팔을 소독합니다. 아이에게는 알콜 소독이 아니라 얼음꽃 가루를 바른 것이죠. 그러고 나서 '불꽃 열매'를 붙이는 장면이 나오면 주사를 놓습니다. 물론 아이는 고통을 느끼겠죠.

하지만 아이 입장에서는 이 고통은 방어막을 가동하기 위한 '불꽃 열매'의 고통인 것입니다. 주사에 대한 공포심을 우회하는 것이죠. 아이들이 주사의 고통보다는 주사바늘 그 자체를 무서워한다는 지점을 정확히 파악해 이를 해결했습니다. 실제로 아이들은 주사를 무서워하지 않았고, 아이들의 근육이 긴장하지 않아 접종하는 과정에서도 더 수월했다고 합니다.

사실 이 VR 백신 프로젝트는 기술적인 수준을 보면 매우 초보적인 단계의 VR 기술입니다. 콘텐츠 역시 단순하죠. VR 세상 속 등장인물과 이용자 사이의 인터랙티브 기능이 필요한 것도 아니고, 입력장치가 필요하지도 않

VR 백신 프로젝트 영상

습니다. 애니메이션 속 등장인물이 아이의 팔에 손을 가져다 대는 타이밍에 맞춰 알콜솜과 주사를 가져다 대기만 하면 됩니다. 하지만 약간의 발상의 전환, 그리고 사용자의 패인포인트를 잘 포착한 덕에 성공적인 프로젝트가 된 것입니다.

1년에 130억 번다는 버추얼 휴먼, 어떤 이들일까?

가상의 인플루언서에게 데이트 신청이 쇄도한다.
지금까지 개발된 메타버스 기술의 총집합인 가상인간.

    메타버스를 활용하고자 하는 기업들이 눈여겨봐야 할 또 다른 메타버스 기술이 있습니다. 그것은 바로 '버추얼 휴먼Virtual Human'들입니다. 버추얼 휴먼은 메타버스 기술의 총집합이자, 메타버스 그 자체라고도 할 수 있는 이들입니다.

    다른 이름으로는 가상인간, 디지털 휴먼Digital Human, 혹은 활용 방법에 따라 버추얼 인플루언서Virtual Influencer라고도 합니다. '컴퓨터 그래픽으로 제작된 사람'이라는 의미로 CGI 모델Computer Generated Imagery Model이라고 부르기도 합니다.

▌1년에 130억 버는 버추얼 인플루언서▐

얼마 전 유튜브 세상을 뜨겁게 달궜던 한 동영상이 있습니다. 유명 가수의 신곡 뮤직비디오도, 유명 유튜버의 방송도 아닙니다. 신한금융지주가 내놓은 생명보험사 신한라이프생명보험(신한라이프)의 광고였습니다. 광고 시작 20일 만에 유튜브 조회수 1천만 뷰를 달성했죠. 기업 광고로는 이례적인 일입니다.

광고는 단순합니다. 한 젊은 여성이 숲속과 도심, 지하철, 건물 옥상을 오가며 신나는 댄스를 선보이는 것이 전부입니다. 그런데 이게 왜 화제가 되었을까요? 바로 이 여성이 실제 사람이 아니었기 때문이죠. 많은 이들이 처음에는 이를 모르고 봤고, 그 사실을 알고 난 뒤에는 믿기지 않아서 한 번 더 보았습니다.

〈싸이더스 스튜디오엑스sidus-x〉에서 만든 가상인간 로지. 최근 신한라이프의 광고 모델로 발탁되며 화제가 되었다. ⓒ신한라이프

이 여성의 이름은 로지rosy. 2020년 8월 싸이더스 스튜디오엑스sidus-x에서 만든 가상인간입니다. 인스타그램에 계정을 만들며 첫 등장한 로지는 세계여행과 요가, 러닝, 패션, 에코라이프에 관심이 있는 22세 여성으로 자신을 소개했습니다. 인스타그램에 여행하는 사진과 자신의 셀카를 올리는 평범한 사람이었죠.

2020년 12월에 인스다그램을 통해 자신이 가상인간인 것을 밝혔습니다. 그때까지 그녀의 패션 센스에 반해 그녀의 인스타그램을 팔로우 한 사람의 수만 2만 6천여 명으로, 웬만한 인스타그램 셀럽Celebrity을 뛰어넘는 수치입니다. "한 번 실제로 만나서 밥이나 먹자"는 추파를 던지는 이용자들도 많았다고 하죠.

이후 로지를 광고 모델로 쓰고 싶다는 문의가 쇄도했습니다. 덕분에 서울시 중구 회현동 레스케이프와 서울 반얀트리호텔의 광고도 촬영했습니다. 2021년 8월부터는 쉐보레의 전기차인 볼트EUV의 모델로도 활동하고 있습니다. 제작사인 싸이더스 스튜디오엑스의 말로는 패션브랜드 20여 곳을 비롯해 100곳이 넘는 기업이 광고 제의를 했다고 하죠.

이런 가상인간을 이용한 마케팅이 처음은 아닙니다. 2021년 3월에는 LG전자가 만든 가상인간 김래아가 세계 최대 소비자 가전 전시회인 CES에 등장했습니다. 김래아는 LG전자의 기자회견에서 3분간 연설을 하는 등 존재감을 뽐냈습니다.

글로벌 명품 브랜드 샤넬의 광고 모델로 활동하고 있는 가상 인플루언서 릴 미켈라. ©Brud

전 세계에서 가장 많은 팔로어를 보유한 가상인간은 미국 스타트업 '브러드Brud'가 2016년 만든 가상 인플루언서인 릴 미켈라입니다. 미국 로스앤젤레스에 거주하는 브라질계 미국인으로 설정된 미켈라는 300만 명이 넘는 인스타그램 팔로워를 보유하고 있습니다. 틱톡, 유튜브까지 합치면 500만 명이 넘죠.

그녀의 인스타그램 유료 광고 게시물 하나의 가격은 8,500달러(약 1천만 원)입니다. 샤넬Chanel, 프라다Prada, 버버리Burberry, 루이뷔통LouisVuitton 등 수많은 명품브랜드의 모델도 맡았습니다. 이런 활동으로 미켈라는 2020년에만 1,170만 달러(약 130억 원)를 벌어들인 것으로 알려져 있습니다.

일본 스타트업 'AWW'가 만든 이마Imma도 7천만 엔(약 7억 원)을 벌어들였습니다. 이마는 가구 브랜드 이케아의 일본 광고 모델도 맡았습니다. 이케아는 2020년 8월 이마가 하라주쿠에 있는 이케아 매장에서 3일 동안 먹고 자며, 요가도 하고 청소도 하는 일상을 영상으로 만들어 유튜브에 공개했습니다. 가상 모델을 이용해 어떻게 이케아 가구'를 사용하는지 보여준 것이죠. 인스타그램 팔로워 34만여 명을 보유하고 있는 이마는 이외에도 포르쉐Porche, SK-Ⅱ와 같은 브랜드들의 광고 모델로도 발탁되었습니다.

▍변하지 않고, 논란 없고. 우리가 이들에게 열광하는 이유 ▍

기업들이 가상인간에 관심을 가져야 하는 이유, 그리고 이미 많은 기업들이 이들의 손을 잡으려는 이유는 무엇일까요? 이들은 여러 제약에서 자유롭기 때문입니다. 모델로 발탁한 이후에도 관리 측면에서 효과적입니다.

5인조 아이돌 그룹 하나를 육성하는 데 드는 비용이 평균 5억 원가량이라고 합니다. 대형 기획사의 경우 10억 원까지도 소비한다고 하죠. 데뷔를 한 이후에도 인기를 장담하기는 어렵습니다. 블랙핑크, 트와이스 같은 글로벌 그룹이 되기는커녕 이름을 들으면 알 정도의 그룹만 되어도 대성공이라고 할 정도입니다.

인기 궤도에 올라도 문제입니다. 최근 많은 연예인들과 셀럽들이

학교폭력 논란과 음주운전 등으로 방송가에서 사라졌습니다. 코로나19 시국에 방역수칙을 위반해 모임을 갖다가 논란에 휩싸이기도 했습니다. 이들을 모델로 기용한 기업 입장에서는 난처하죠. 계약을 해지하고 위약금을 청구한다고 해도 브랜드 이미지 손상을 막을 수는 없습니다.

그러나 가상인간은 이런 우려가 없습니다. 나아가 컴퓨터그래픽 CG으로 모든 장면을 연출할 수 있어 시공간의 제약을 받지 않습니다. 실제 사람과 달리 아프거나 늙지 않아 활동기간이 길다는 것도 장점입니다. 코로나19 시국에도 노마스크NoMask로 이곳저곳 다닐 수 있는 것 또한 매력입니다.

특정 고객을 타깃으로 한 맞춤형 광고에도 유리합니다. 예를 들어 로지는 MZ세대가 가장 선호하는 신체적 특성을 모아 얼굴을 만들었습니다. 태생부터 MZ세대를 공략하기 위해 만들어진 셈이죠.

이들을 관리하는 데에도 비용이 거의 들지 않습니다. 아이돌들을 매번 무대에 세우고 방송에 내보내기 위해 항상 동행하는 수많은 매니저들과 메이크업 담당자들이 없어도 됩니다. 예를 들어 LG전자의 가상인간 래아는 기획 단계부터 단 한 명의 기획자만이 이를 진행했다고 합니다.

이들의 가치는 더욱 상승할 전망입니다. 미국의 시장조사 업체인 '비지니스 인사이더 인텔리전스Business Insider Intelligence'에 따르면 기업들이 인플루언서에게 쓰는 마케팅 비용은 2019년 80억 달러(9조 1천억)에서 2022년 150억 달러(약 17조 원)로 늘어날 전망이라고 합니다.

그리고 미국 경제지 〈블룸버그Bloomberg〉는 이 마케팅 비용의 상당 부분을 가상 휴먼, 가상 인플루언서들이 차지할 것이라고 전망했죠.

▌메타버스가 가져올 변화의 결정체, '프리 가이'▐

가상인간은 메타버스가 가져올 삶의 변화의 결정체일지도 모릅니다. 기업들에게도 중요하지만, 메타버스 세상으로 이주를 꿈꾸는 일반 이용자들에게도 중요한 변화의 시작입니다.

가상인간은 지금까지 개발된 메타버스와 관련한 모든 기술의 총집합입니다. 당장 아바타 제작 관련 기술이 모두 동원됩니다. 3D 모델링부터 주변에서 반사되는 빛의 경로를 추적해 색 정보를 수집·저장하고, 표면에 표현할 색을 정하는 기술 '레이 트레이싱Ray Tracing' 기술까지 동원되죠.

사람의 피부에 빛을 비추면 빛이 얇은 피부층을 뚫으며 색이 바뀌는 것까지 구현이 가능해집니다. 그것도 실시간으로요. 이를 '리얼타임 레이 트레이싱Real-time Ray Tracing' 기술이라고 합니다.

그런데 이런 기술이 이제는 일상화될 전망입니다. 2021년 3월에 픽게임즈가 개발한 게임 엔진 〈언리얼 엔진Unreal Engine〉에서는 디지털 휴먼을 쉽고 빠르게 만들어낼 수 있는 기능 '메타휴먼MetaHuman'을 공개했습니다. 몇 주 또는 몇 개월이 소요되던 리얼타임 디지털 휴먼 제작 시간을 한 시간 이내로 단축하죠. 앞서 살펴봤던 가상인간들의 양산이 가능한 시대가 왔습니다.

이렇게 만들어진 가상인간의 인격을 형성하는 기술도 눈앞에 와

'언리얼 엔진'에서 공개한 디지털 휴먼을 쉽고 빠르게 만들어 낼 수 있는 기능 메타휴먼을 통해 생성된 가상인간들. ©EpicGames

있습니다. 우리가 수십 년 전에 상상하던 진짜 인공지능이 도래하게 된 것이죠. 지금의 가상인간은 진짜 인간이 그들의 뒤에서 인격을 대신합니다. 로지와 미켈라의 인스타그램 게시물은 이들을 만든 회사에서 직접 관리하고 있습니다.

하지만 언젠간 이들이 직접 인스타그램에 올릴 게시물을 만들고, 함께 게시할 멘트까지 정하는 날이 오겠죠. 그리고 이는 머지않았습니다. 개인정보 활용 문제로 운영을 중단한 AI 챗봇chatbot 〈이루다〉와 같은 서비스가 이들의 초기 단계이죠.

이용자와 실시간으로 자연스럽게 쌍방향 소통이 가능한 가상인간의 보급도 늘어나고 있습니다. 신한은행도 점포에 AI 은행원을 배치하기 시작했습니다. 인간의 말을 95% 가량 이해하고, 0.5초 안에 이를 인식해 응답을 내놓죠. 스칼렛 요한슨과 호아킨 피닉스 주연의

영화 〈프리 가이〉의 포스터. 자신이 '프리 시티'라는 오픈월드 게임 속 하나의 NPC(Non-Player Character)라는 것을 인지한 주인공 '가이'가 게임 서버가 폐쇄되기 전 이를 막기 위해 고군분투하는 내용이다.
©21st Century Fox

영화 〈그녀HER〉가 현실로 다가온 것입니다.

가상인간은 이제 호기심을 넘어 하나의 문화가 될 것입니다. 그리고 일상이 될 것입니다. 벌써 현실세계 곳곳에 자리한 가상인간이 어색하지 않은데, 메타버스 세상에선 마치 이웃처럼 우리 곁에 존재할 것입니다. 우리가 선택하지 않아도, 우리 근처에 섞여서 함께 살아가겠죠. VR로 구현된 가상세계에도, AR로 증강한 현실의 세상에도 이들이 등장할 것입니다.

최근 개봉작 중 〈프리 가이Freeguy〉라는 영화가 있습니다. 자신이

'프리 시티Free City'라는 오픈월드 게임 속 하나
의 NPCNon-Player Character라는 것을 인지한 주
인공 '가이'가 게임 서버가 폐쇄되기 전 이를
막기 위해 고군분투하는 내용입니다. 게임 속
에서 이용자들이 다가가야 말을 건네고, 임무

영화 〈프리 가이〉 예고편

Quest나 나눠 주던 NPC에게 인격이 생겼다는 신선한 소재의 영화이
죠. 이를 보면서 메타버스 세상을 생각했습니다. 내가 게임에서 만
났던 NPC들에게 인격이 생긴다면, 그리고 그들과 함께 살게 될 세
상에 대해서 말이죠.

■ 독자 여러분의 소중한 원고를 기다립니다

메이트북스는 독자 여러분의 소중한 원고를 기다리고 있습니다. 집필을 끝냈거나 집필중인 원고가 있으신 분은 khg0109@hanmail.net으로 원고의 간단한 기획의도와 개요, 연락처 등과 함께 보내주시면 최대한 빨리 검토한 후에 연락드리겠습니다. 머뭇거리지 마시고 언제라도 메이트북스의 문을 두드리시면 반갑게 맞이하겠습니다.

■ 메이트북스 SNS는 보물창고입니다

메이트북스 유튜브 bit.ly/2qXrcUb

활발하게 업로드되는 저자의 인터뷰, 책 소개 동영상을 통해 책에서는 접할 수 없었던 입체적인 정보들을 경험하실 수 있습니다.

메이트북스 블로그 blog.naver.com/1n1media

1분 전문가 칼럼, 화제의 책, 화제의 동영상 등 독자 여러분을 위해 다양한 콘텐츠를 매일 올리고 있습니다.

메이트북스 네이버 포스트 post.naver.com/1n1media

도서 내용을 재구성해 만든 블로그형, 카드뉴스형 포스트를 통해 유익하고 통찰력 있는 정보들을 경험하실 수 있습니다.

STEP 1. 네이버 검색창 옆의 카메라 모양 아이콘을 누르세요.   STEP 2. 스마트렌즈를 통해 각 QR코드를 스캔하시면 됩니다.
STEP 3. 팝업창을 누르시면 메이트북스의 SNS가 나옵니다.